作者简介

孟咸美 1963年生，江苏省泰州市人。1985年南京师大毕业分配至扬州师范学院工作，现任教于扬州大学法学院，主讲《经济法》等多门课程，硕士研究生导师。兼任江苏省法学会环境法研究会常务理事、扬州仲裁委员会仲裁员、江苏鉱云辰旭律师事务所律师、扬州市总工会“义工教授团”志愿者等学会职务及社会工作。

出版专著《房地产法学理论与实务》(光明日报出版社2016年)、《你所关心的消费者权益法律问题》（江苏人民出版社2001年）、《竞争法研究》（中央文献出版社2006年）、《金融监管法律制度研究》（经济日报出版社2014年）。主编全国高职高专通用教材《经济法》《物流法概论》（中国时代经济出版社2007年），参编法律硕士精品教材《金融法》（厦门大学出版社2012年），《房地产法学》（科学出版社2008年）等多部国家规划教材。在核心刊物及其他刊物发表学术论文五十多篇。1997年获江苏省普通高校教学成果奖二等奖，1999年《论合同的解释》获江苏省法学会优秀论文一等奖，2008年《竞争法研究》获江苏省高校第六届哲学社会科学优秀成果三等奖。

孟　昕 女，1990年12月出生，江苏省扬州市人，法学硕士，现任职于扬州大学广陵学院。在《扬州大学学报》等刊物发表《论公民环境权》《论商业银行强制性退市的法律监管》等论文三篇，出版专著《房地产法学理论与实务》(光明日报出版社2016年)。兼任扬州市总工会“义工教授团”志愿者。

夏圣坤 男，1972年11月出生，扬州市总工会“义工教授”进企业项目负责人，长期从事职工教育维护工作的研究与实践，具有较强的基层工作经验。

扬州大学出版基金资助

当代人文经典书库

劳动者权益保护研究

The Stady of the Protection of Laborers' Rights and Interests

孟咸美 孟 昕 夏圣坤◎著

经济日报出版社

图书在版编目（CIP）数据

劳动者权益保护研究 / 孟咸美，孟昕，夏圣坤著．—北京：经济日报出版社，2017.12

ISBN 978－7－5196－0253－6

Ⅰ.①劳…　Ⅱ.①孟…②孟…③夏…　Ⅲ.①劳动者—权益保护—劳动法—研究—中国　Ⅳ.①D922.504

中国版本图书馆 CIP 数据核字（2017）第 298692 号

劳动者权益保护研究

作　　者	孟咸美　孟　昕　夏圣坤
责任编辑	范静泊
出版发行	经济日报出版社
地　　址	北京市西城区白纸坊东街 2 号经济日报社 A 座 710
电　　话	010－63567683（编辑部）
	010－63588446　63567692（发行部）
网　　址	www.edpbook.com.cn
E－mail	edpbook@126.com
经　　销	全国新华书店
印　　刷	三河市华东印刷有限公司
开　　本	710×1000 毫米　1/16
印　　张	15
字　　数	237 千字
版　　次	2018 年 1 月第一版
印　　次	2018 年 1 月第一次印刷
书　　号	ISBN 978－7－5196－0253－6
定　　价	68.00 元

法学学科是实践性很强的学科，法学教育要处理好知识教学和实践教学的关系。要打破高校和社会之间的体制壁垒，将实际工作部门的优质实践资源引进高校，加强法学教育、法学研究工作者和法治实际工作者之间的交流。法学专业教师要坚定理想信念，带头践行社会主义核心价值观，在做好理论研究和教学的同时，深入了解法律实际工作，促进理论和实践相结合，多用正能量鼓舞激励学生。

——习近平总书记2017年5月3日视察中国政法大学重要讲话

目　录
CONTENTS

上篇　理论之光 …… 1

第一章　劳动者主体地位研究 …… 3

第二章　劳动者权利研究 …… 13

第三章　劳动者义务研究 …… 31

第四章　劳动合同制度研究 …… 37

第五章　劳动者社会保障权研究 …… 78

第六章　劳动者权益救济途径研究 …… 86

中篇　专题研讨 …… 109

第一章　劳动法基本原则及劳动政策分析 …… 111

第二章　劳动合同法分析 …… 120

第三章　工会法与职工民主参与权分析 …… 130

第四章　工资法分析 …… 141

第五章　社会保险法分析 …… 150

下篇　判解研究 …… 159

第一章　劳动合同纠纷判解研究 …… 161

第二章 特殊用工关系纠纷判解研究 …… 185
第三章 保密义务与竞业限制纠纷判解研究 …… 196
第四章 经济补偿金等纠纷判解研究 …… 203
第五章 社会保险纠纷判解研究 …… 215

参考文献 …… 226

后 记 …… 227

附录 本书著作团队所获相关证书复印件 …… 230

上篇 01

理论之光

第一章

劳动者主体地位研究

一、劳动法意义上劳动者分析

我国立法中的“劳动者”是一个笼统的概念。自从《劳动法》于1995年1月1日开始施行以来，“劳动者”开始成为一个重要的法律概念，但是受立法当时的社会环境和认识水平的限制，该法并没有给“劳动者”下任何定义，而是直接用“劳动者”这一概念涵摄所有“基于契约上义务在从属的关系所为之职业上有偿的劳动”的人。①《劳动合同法》沿袭了《劳动法》的这一范式，该法第2条将其规范的对象直接称为“劳动者”，既未界定劳动者的内涵与外延，也未对劳动者进行类型化区分，采取的是单一主体模型。然而实践表明，“劳动者”的含义往往过于宽泛，凡是具有劳动能力，以提供劳动获取报酬，并以劳动报酬作为自身及其家庭的生存生活资料来源的公民，都可以被称为劳动者。这就导致中国有8亿多劳动者，虽处于不同的阶层，归于不同的群体，但都在一个立法层面进行保护，都由统一的劳动法律规制。

近代民法认为，民事主体之间具有平等性与互换性，并据此对民事主体仅作极抽象的规定，即规定民事主体为“人”。它是对于一切人，不分国籍、年龄、性别、职业的高度抽象的规定。但是，自工业革命以来，随着经济的迅速发展，雇主占据着越来越多的资本，在经济地位上日趋强势，劳动者的地位则日益下滑，此消彼长，两者之间的差距越来越大。在雇主与雇员之间，所谓的平等性和互换性已经丧失，以抽象的人为规范对象的近代民法在调整二者之间

① 史尚宽著，《劳动法原论》，世界书局，1934年版第7页

的关系时，往往由于经济地位的不平等导致实质上的不公平。劳动法作为区别于传统民法的特别法遂应运而生，为避免因抽象人格导致的实质不公正，其基于“具体人”的理论预设，通过“对不同的人给与不同的对待”引入实质正义：首先，劳动者权益是具体的，而不是抽象的。其次，劳动者是分层次的，不同层次劳动者的具体利益是不同的。再次，劳动者本身也存在很大区别，有的勤奋敬业，有的消极疲沓，有的属于高学历人才，有的只能提供简单劳动。因此，劳动法关于“不平等主体”的认定，必须建立在“具体人”假设之上。所谓劳资双方的不平等性，只有在具体比较中才可能成立，倾斜立法也只能是向具体的弱势一方倾斜。所以，在劳动者的模型选择方面，不能过于单一，必须更加具体、更加细化，否则就难以确定倾斜的力度与方式。

当然，《劳动合同法》对劳动者并非绝对“一视同仁”，在个别制度设计上也体现了区别对待的立场，一是《劳动合同法》第 47 条对高收入人群体实行经济补偿金的“双限高”，二是《劳动合同法》第 22 条将竞业限制的人员限定为“用人单位的高级管理人员、高级技术人员和其他负有保密义务的人员”。这两个规则限制具有其合理性，也符合学界所主张的“建立多元主体模型、实施分类规制”的思路。①

二、家务服务员不是我国劳动法律保护的对象

从《劳动法》到《社会保险法》，家务服务员均不是我国劳动法律调整的对象。1994 年 7 月颁布的《劳动法》对雇主和家务服务员之间的关系不予调整。1994 年 9 月，劳动部制订的《关于 < 劳动法 > 若干条文的说明》第二条直接指明，家庭保姆不适用《劳动法》。1995 年劳动部实施意见“适用范围”第四条规定，家庭保姆不适用《劳动法》。2007 年 7 月，最高人民法院制订的《关于审理劳动争议案件适用法律若干问题的解释（二)》，在第七条中规定了六项不属于劳动争议的情形，家庭或者个人与家务服务员间的纠纷仍在其中。2007 年 6 月《劳动合同法》依然不调整雇主和家政工人之间的法律关系。

---

① 郧砚，《从单一走向多元：〈劳动合同法〉主体模型的解析与重构》，《现代法学》2013 年第 4 期

依照2011年《社会保险法》第二条之规定，国家建立工伤保险制度，在工伤情况下依法从国家和社会获得物质帮助的权利主体是公民，似乎家政服务员的工伤保险权利可纳入其调整范围。但该法第三十三条又规定，“职工应当参加工伤保险，由用人单位缴纳工伤保险费，职工不缴纳工伤保险的权益主体是建立了劳动关系的劳动者。另外，虽然该法规定全日制工作人员等灵活就业人员可以个人名义参加基本养老保险、基本医疗保险，家务服务员也可作为灵活就业人员自己缴费参加基本养老保险、基本医疗保险，但这两种保险实为所有公民的基本生活保险，与劳动者权益保护没有直接的关系。而工伤保险以劳动关系为前提，属于劳动者基本权益保障，社会保险法未将该项权利赋予灵活就业人员家务服务员也无参加工伤保险的途径，从上述法律规定可以看到，我国现行劳动法律法规不对员工型家务服务员以外的从业者提供任何劳动法律保护。

从属性一般表征和依附性一般表征均是从典型的劳动者判断而来的，这些表征在工厂雇佣劳动者中完整地具备，而作为劳动法适用范围的劳动者则往往不能全部兼备。从工厂雇佣劳动者不会有任何争议，也可以防止工厂雇主采用合同形式标准逃避责任；而用于认定非工厂雇佣者则往往会不能完全具备从属性或依附性的一般标准。此外的问题在于，既列举了劳动者从属性或依附性的一般表征，又明确一般表征无需全部具备，种种表征之间又如何取舍呢？除了容忍法官之自由裁量外，当然有表征取舍之要求，经济从属性和半依附性理论正是表征取舍要求的理论化。由此可以看出，家务服务员不具备劳动者的典型表征。

1. 从属性理论中的劳动者

从属性理论是从雇佣概念入手的，雇佣包括相向的两种行为：劳务给付行为和报酬给付行为。劳务给付必然伴随着一定程度的人格从属，这是劳务给付之本质要求，而自劳务给付之上发展出雇主之惩戒权则超载了雇佣理论，乃至超越了私法自治的范畴。由些来看，人格从属性已非雇佣意义上的人格从属，也无怪乎大陆法上普遍存有雇佣合同向劳动合同的术语切换。此切换的结果是，劳动法上劳动者之本质并非雇佣，正如婚姻法上之夫妻绝非契约而已。报酬给付则伴随着一定程度的经济从属，而从报酬给付之上发展出雇主之经营性质、劳动者之经济依附则同样超越了雇佣理论，实质上进入了社会立法的范畴。故而，无论经济从属性，还是组织从属性等等，虽然不同于人格从属性的推理路径，却同样溢出雇佣理论的解释框架。可以肯定，从属性理论中的劳动者不是雇佣理论中的受雇人。

目前关于从属性理论之阐释仍然以人格从属性为核心表征，然而弱化人格从属性，不强调劳动给付之上的管理和惩戒，强调报酬给付之上的经济从属和组织从属，在当下越来越具有切实的现实意义，这同越来越多的承揽关系与雇佣关系的模糊现象是相一致的。此时，从属性理论在合同之上走得更远，以至打破了雇佣、承揽、委托之界限，何为劳动法上的劳动者越来越具有独立于合同之外的理论意义。然而，这只是个案的，在大陆法上，让劳动合同完全脱离传统合同的类型化框架是极其困难的。但是，可以肯定的是，从属性理论的发展，劳动法上的劳动者的本质必然实现自性质到表征、表征重塑性的过程。而诸多的表征整合在一起，劳动法上的劳动者就是我们传统概念中的工人。

2. 依附理论中的劳动者

依附性理论是从主仆观念入手的，控制与依附呈一体两面，控制与独立则一分为二。从依附性判断来识别独立合同和雇员同样在合同之上方有雇员，然而雇员之认定并不拘泥于合同类型，故而也没有拆解合同要素的思维框框。依附性理论虽然在起点上确认控制特征，却同样面临问题，而实质上降低控制的标准，如半依附性之说。所谓半依附性，如同大陆法上的经济从属性。在英美法上，越来越多的劳动立法中用劳动者代替雇员，也很少纠缠于合同特征。在传统工厂工人越来越少，新型产业工人多元化塑型的背景下，依附性理论的基础似乎要优于从属性理论的基础。

3. 劳动法上的劳动者是工人（产业受雇人）

虽然从属性理论和依附性理论来自不同的法系，其理论基础也有所差异，但是比较两种理念认定劳动者的一般表征几近一致。在笔者看来，这说明，劳动法上劳动者之本质既非契约，也非身份，我们应当从诸多表征中去凝练我们对劳动法上劳动者的本质认识。而在社会生活中的“工人”恰恰表明了劳动者之本质。转化为劳动法上之术语，可界定为“产业受雇人”。同样，产业雇佣劳动也是认知劳动者的关键，从历史上看，产业雇佣劳动正是工人群体产生的社会基础；从劳动立法史来看，工人正是劳动立法关注的对象。脱离开工人，劳动立法就无所依存①。

三、劳动法关于劳动者主体资格的规定

劳动合同的主体，即劳动法律关系当事人“用人单位”和“劳动者”。劳动合同的主体是由法律规定的，具有特定性，一方是用人单位，另一方是劳动者。不具有法定资格的公民与不具有用工权的组织和个人都不能签订劳动合同。

1. 用人单位：即法律允许招录和使用劳动力的组织。这些组织包括中华人民共和国境内的企业、个体经济组织、民办非企业单位，还包括国家机关、事业单位、社会团体。《劳动合同法》与《劳动法》相比，在原有的用人单位的基础范围上有所扩大，增加了民办非企业单位。民办非企业单位，是指企业事业单位、社会团体和其他社会力量以及公民利用非国有资产举办的、从事非营利性社会服务活动的社会组织，包括各类民办院校、科研院所等。

按照我国劳动法律法规和劳动政策的规定，某些私营企业、个体工商户等，不具有法人资格的经济组织和社会组织，也可以招录和使用劳动力从事社会生产活动，但其与劳动者建立劳动关系签订劳动合同时，必须具备法律规定的用工权利能力和行为能力。不具有用工权利能力和行为能力的经济组织或社会组织，所签订的劳动合同是无效劳动合同。无效劳动合同不受法律保护，企业签订无效劳动合同需承担相应法律责任。

2. 劳动者：按照《劳动合同法》第 2 条的规定，劳动者包括：与中华人民共和国境内的企业、个体经济组织、民办非企业单位建立劳动关系的劳动者，与国家机关、事业单位、社会团体建立劳动关系的劳动者。劳动法律意义上的劳动者特指那些具有劳动权利能力和劳动行为能力的公民。

我国《劳动法》仅对劳动者的最小年龄作了特别限制，例如《劳动法》第 15 条第 1 款规定：“禁止用人单位招用未满 16 周岁的未成年人。”这就是我国公民取得劳动权利能力和劳动行为能力的法定资格。当然也有特殊情况，《劳动法》第 15 条第 2 款又规定：“文艺、体育和特种工艺单位招用未满 16 周岁的未成年人，必须依照国家有关规定，履行审批手续，并保障其接受义务教育的权

---

① 李海明，《论劳动法上的劳动者》，《清华法学》2011 年第 2 期

利。”另外，新的《劳动合同法》中对于劳动者的最高年龄也并未作出限制。最高人民法院行政审判庭《关于超过法定退休年龄的进城务工农民因工伤亡的，应否适用〈工伤保险条例〉请示的答复》（［2010］行他字第10号）认为，“用人单位聘用的超过法定退休年龄的务工农民，在工作时间、因工作原因伤亡的，应当适用《工伤保险条例》的有关规定进行工伤认定”。《最高人民法院劳动争议司法解释（三）的理解与适用》对已达退休年龄，但未依法享受基本养老保险待遇的，其与用人单位的关系认定为劳动关系，属于《劳动法》调整范围。

因此，企业在签订劳动合同时，除了自身具备签订劳动合同的主体资格条件之外，还要审查对方的情况，如有不符合法律规定的条件和情形的，则应当及时予以排除，以免给企业带来不必要的损失。

四、企业分支机构与劳动者订立劳动合同效力分析

根据我国公司法律相关规定，企业可以通过设立子公司、分公司、办事处、代表处等形式进行公司运作，其中除子公司具有独立法律人格之外，其余均属于公司分支机构而不具有独立的法律主体地位。但各分支机构也都拥有自己的员工，这些分支机构与劳动者签订的劳动合同效力如何，该怎么区分？

（1）以是否取得营业执照和登记证书为依据，赋予已经取得营业执照和登记证书的企业分支机构用人单位的资格：

（2）未取得营业执照和登记证书的分支机构，可以在用人单位的委托下，以用人单位名义签订劳动合同；

（3）当用人单位的分支机构不能全部承担对劳动者的相应法律责任时，则由用人单位承担剩余部分的责任，最终用人单位的分支机构和用人单位共同承担起对该劳动者完整的法律责任。

上述情况以外的，既未取得营业执照和登记证书，也未取得授权委托的企业分支机构或社会团体分支机构，实际上只是企业或社团法人的一个部门，不具有任何独立承担法律责任的能力和可能性，该种情况下与劳动者所签订的合同为无效合同。如企业分支机构因该原因导致劳动合同无效，将依法承担无效劳动合同的相关法律后果。因此，企业务必完善必要的主体审核程序，以免发生劳动合同无效情形。

五、法律上“等组织”招用劳动者地位分析

《劳动法》第2条对其适用范围作了规定，根据《劳动法》第2条和1995年《劳动部关于贯彻执行〈中华人民共和国劳动法〉若干问题的意见》，劳动法的适用范围具体为：

（1）各类企业和与之形成劳动关系的劳动者；

（2）个体经济组织和与之形成劳动关系的劳动者；

（3）国家机关、事业组织、社会团体实行劳动合同制度的以及按规定应实行劳动合同制度的工勤人员；

（4）实行企业化管理的事业组织的人员；

（5）其他通过劳动合同与国家机关、事业组织、社会团体建立劳动关系的劳动者。

如上所述，“劳动者”排除了公务员和比照实行公务员制度的事业组织和社会团体的工作人员，以及农村劳动者（乡镇企业职工和进城务工、经商的农民除外）、现役军人和家庭保姆等。按照当时的设计，就是将劳动者分为两部分，一部分是公务员和参照公务员管理的人员，按照《公务员法》进行管理；另一部分按照《劳动法》进行管理。随着市场经济的发展，劳动关系呈现多样化，劳动法的调整范围已不适应劳动关系客观发展的需要。因此，《劳动合同法》在《劳动法》的基础上，扩大了适用范围，即增加了民办非企业单位等组织作为用人单位，并且将事业单位聘用制工作人员也纳入《劳动合同法》调整。此外，《劳动合同法》还根据征求意见的情况和现实劳动关系的需要，对非全日制用工作了专门规定。企业是以盈利为目的的经济性组织，包括法人企业和非法人企业，是用人单位的主要组成部分，是劳动法的主要调整对象。

个体经济组织则是指雇工7个人以下的个体工商户。

民办非企业单位是指企业事业单位、社会团体和其他社会力量以及公民个人利用非国有资产举办的、从事非营利性社会服务活动的组织，如民办学校、民办医院、民办图书馆、民办博物馆、民办科技馆等。目前我国民办非企业单位超过30万家。

《劳动合同法》第2条明确规定其适用范围为企业、个体经济组织、民办非

企业单位，同时对其他组织适用劳动合同法作了抽象的规定，即“等组织”也属于劳动合同法的适用范围。但是，《劳动合同法》对“等组织”具体指哪些组织并未作明确规定，笔者认为应包括企业代表组织（比如企业联合会、工商联）、事业单位代表组织、社会团体代表组织、民办非企业单位代表组织以及个体工商户代表组织等。

根据《劳动合同法实施条例》第三条规定，包括会计师事务所、律师事务所等在内社会服务中介机构类型的合伙组织和基金会由于属于社会团体或者民办非企业单位等组织，也属于可以适用劳动合同法的范围。通常会计师事务所、律师事务所的组织形式比较复杂，有的采取合伙制，有的采取合作制，它们不属于本条列举的任何一种组织形式，但它们招用助手、工勤人员等，也要签订劳动合同，因此，也需要适用本法，但对于个人创办的非合伙组织则目前尚无明确规定。

六、董事、监事、经理的劳动者地位分析

实践中，对于董事、监事与公司是否存在劳动关系有颇多争议，主要有以下观点：

1. 认为董事、监事与经理都是公司的高级管理人员，应当属于劳动者中的一种，与企业存在劳动法律关系；

2. 认为董事、监事等是根据《公司法》的规定，由股东会选任，向股东会报告工作，并非由公司直接聘请，其行使的职责也主要以经营决策为主，与公司之间无明显的劳动关系从属性，有别于一般的劳动者，因此不存在劳动合同关系；

3. 认为公司董事、监事身份较为特殊，不是纯粹意义上的劳动者，介于普通劳动者和非劳动者之间，属于特殊劳动合同关系，即非标准劳动合同关系；

4. 公司经理由董事会聘任或解聘，对董事会负责，是主持公司日常管理工作的高级职员，由公司支付报酬，与公司具有劳动合同关系；董事、监事与经理的合同主体有别，并非受聘于公司，不能算是标准的劳动合同关系，不受《劳动合同法》的调整，而是受《公司法》《民法通则》《合同法》的调整。

综上，大部分人认为：当公司董事、监事与公司发生关于股东会、董事会相关决议效力侵害董事、监事权利的纠纷问题，不属于劳动仲裁委员会管辖范围和受案范围；而公司经理则因为由公司支付报酬，与公司具有劳动合同关系。董事、监事与经理的合同主体有别，董事、监事并非受聘于公司，不能算是标准的劳动合同关系，不受《劳动合同法》的调整，而是受《公司法机》《民法总则》《合同法》的调整。

笔者认为：根据劳动法律相关规定，构成劳动关系的基本要素有二：其一，劳动者与用人单位之间存在隶属关系；其二，劳动者依法成为用人单位的成员，在用人单位从事的劳动属于该用人单位的具体业务，以工资为主要生活来源。公司董事、监事、经理与企业是否存在劳动关系应分情况而定，主要是根据报酬的支付形式和涉及具体法律事项的职责范围而定，即公司董事、监事、经理如未在公司领取工资、报酬，或者仅以股权或其他形式作为激励机制的（此种情形，在国外更多采用的是以董事、监事津贴的形式实现报酬给付）不属于标准的劳动合同关系；如果涉及到的事务为公司决策类而非劳动者权益类的，也不属于劳动合同法调整的范围，例如公司章程中规定变更执行董事须经过全体股东同意，或规定任期内不得撤销执行董事职务的，但经 2/3 股东表决权即罢免了董事长或董事职务，董事对于该决议效力提出异议的，属于公司法董事权益范畴，而不属于人事法律关系，应根据《公司法》相关规定向法院提起确认股东会决议无效的诉讼，而不是依据《劳动合同法》向劳动仲裁委员会提起劳动仲裁。

在实践中，也不排除董事、监事本身就属于法人股东即上级公司的员工，其受指派而担任下级企业董事、监事，也就是说在担任董事、监事之前已与法人股东公司存在劳动合同关系，因而客观上不能同时与任职公司建立事实劳动关系；但若排除上述情况，如董事、监事非上级企业员工的情况下在接受股东会任命的同时与任职公司签订了劳动合同，自愿约定由任职公司支付工资报酬，建立公司与劳动者关系的，则符合劳动法律合同关系特征，此时，该董事（监事）就具备了劳动者的双重身份。在这种情形下，董事、监事因工资报酬、福利待遇等问题与公司之间发生纠纷，该纠纷就属于劳动争议而应当依据《劳动合同法》及《劳动合同法实施条例》等劳动用工方面的法律、法规进行处理。

对于经理也是同样道理，在没有签订劳动合同的情况下，主要判断依据为是否领取公司工资性劳动报酬，如果仅获取股权激励而不领取工资的，也不能判断其与公司存在劳动法律关系。

第二章

劳动者权利研究

一、劳动者的特定资格权利是享有就业择业权和劳动契约缔结权①

尽管宪法宣示性地承认了公民的劳动权利，表明宪法承认每一个公民均可以将劳动作为谋生或获取收入来源的手段，但这种宪法权利需要通过部门法的具体设定才有可能得到落实或实现。劳动者作为自身劳动力的所有者，要实现自己的劳动权利，就需要劳动法承认劳动者享有与资方订立劳动契约以让渡自身劳动力使用权与货币相交易，并以此获取工资报酬的权利。这是因为劳动法上的劳动者要能够使自己和家庭获得生活资料和经济收入，就必须要在法律上能够通过市场交易的方式出让自己的劳动力使用权，并且通过与用人单位订立劳动契约的方式明确劳动关系和工资报酬。

从法律的角度看，劳动法上的劳动权至少包含有以下含义：其一，它是劳动法对自愿出让自己的劳动力使用权，接受用人单位管理并向单位提供劳动以获取工资的人群所授予的一项权利；其二，它是劳动法给予劳动者以劳动力所有者的民事平等权主体身份，将自身的劳动力使用权当做交易标的，通过市场交易的方式自由地出让自己的劳动力使用权，与劳动力需求方平等地订立劳动契约的权利；其三，它是劳动者依照法律和自己的真实意思表示出让自己的劳动力使用权以获取工资报酬的权利。可见，劳动权是劳动法上的劳动者享有的特定资格权利，这种权利至少包括就业择业权、市场交易权、劳动缔约权等。

根据国际劳工组织和世界各国的关于禁止使用童工的劳动立法，资方不得

① 秦国荣，《劳动权的权利属性及其内涵》，《环球法律评论》2010 年第 1 期第 59 - 68 页

招用不满16周岁的公民提供劳动，雇用童工乃是为法律严令禁止的违法犯罪行为，由此也就表明不满16周岁的公民不能享有与资方缔结劳动契约形成劳动关系，并向资方提供劳动以获取报酬的权利，即不能享有以出让自己的劳动力来获得工资收入的权利，由此也就意味着不满16周岁的公民不能享有劳动法上的劳动权。而因丧失劳动能力或达到法定退休年龄必须退出劳动关系的公民可以享有进入社会保障法律体系，接受国家和社会物质帮助的权利，但由于其丧失了劳动法上的劳动者资格，因而也就不能享有劳动法上的劳动权。当然，需要指出的是，尽管上述主体因不属于劳动法上的劳动者而不能享有劳动法上的劳动权，即不能通过与资方订立劳动契约形成劳动关系，以给付劳动契约约定的劳动方式获取工资收入的权利，但由于他们作为公民并没有丧失宪法所赋予的劳动权利，因而上述公民作为民法主体仍然可以享有民商法与合同法上的劳动收益权，即他们仍然可以通过出卖自己的劳动、服务或劳务产品等方式获取劳动报酬，这些民法、合同法意义上的劳动行为以及由此所获得的报酬收入同样应受到法律的保护。

在实际生活中，劳动者要能够实现自己的劳动权，还需要劳动者具有劳动行为能力。这种劳动行为能力是指劳动者作为劳动力所有者所享有的订立与履行劳动契约的能力，它主要包括市场交易能力（包括择业能力、谈判能力等）、履行契约能力（包括学历、知识、劳动技能等）等。就是说，尽管法律授予了劳动者享有让渡自身劳动力使用权，通过向资方提供约定劳动的方式获取工资报酬的劳动权，但这并不意味着每一个劳动者都能够自动地实现这一权利。劳动者只有根据资方的生产与经营特点和内部分工协作要求，通过劳动力出让的市场交易和竞争与资方缔结劳动契约形成现实的劳动关系后才能真正实现劳动法赋予的劳动权。

可见，劳动者享有的劳动权，实质上乃是劳动者以让渡自身劳动力使用权获取工资报酬的就业择业请求权与劳动契约缔结权。这种权利在法律上表现为劳动者享有就业与不就业的自主权，享有在不同的行业、不同的用工单位和不同的地点提供和让渡自身劳动力使用权的择业权，享有以自己的劳动力使用权作为交易标的与用工方进行协商谈判，确定工作内容和工资报酬的交易权，享有与资方平等协商缔结劳动契约的权利。

从权利平衡的角度说，劳动者的劳动权与资方的用工自主权在法律上乃是一对相互对应的权利。劳动法在授予劳动者享有劳动权的同时，也赋予资方享有用工自主权，即资方在法律上享有在市场上选择适合自己内部协作分工需要的劳动者的权利，享有与劳动者就劳动力使用权的让渡进行平等协商和交易，以此为标的与相应劳动者订立劳动契约的权利。这种权利包含资方的用工进人权、市场交易权和劳动缔约权等在内的资格权利群，表明劳动法对劳资双方享有的市场主体平等权和自由交易权的具体设定与平等保护。

可见，立法设定劳动权的形式意义在于法律应保护劳动者享有与资方平等自由地进行劳动力使用权与资本或货币的市场交易，以及自愿地订立劳动契约形成劳动关系的权利。其本质内涵乃是法律明确保护劳动者享有以出让劳动力使用权谋取生活资料和工资报酬的权利，目的在于维护劳动者的生存权及个人发展权，保护劳动者作为劳动力所有者所享有的基本人权。其经济意义则在于劳动者以自身的劳动力使用权即人力资本的货币资本的相互交易、结合与协作，以此实现彼此的经济利益与生存发展要求。

二、劳动者在履行劳动给付义务过程中享有的劳动者基本权利

劳动法视野中的劳资关系，乃是劳资双方通过平等协商订立和履行劳动契约，形成特定劳动隶属身份关系与协作关系的法律关系。从法律的角度来看，劳资关系的特点在于：其一，劳动者作为自身劳动力的所有者与资方作为生产资料或货币的所有者在法律上乃是所有权平等的主体；其二，劳资双方在市场上乃是平等与自由交换的市场主体，彼此以等价交换的方式进行货币与劳动力使用权的市场交易；其三，劳资双方按照劳动法的要求订立劳动契约，约定各自的权利义务；其四，劳资双方在法律上具有权利义务相对应的特性，资方在履行支付劳动者工资或劳动力价值的对价义务的情况下，享有使用、消费劳动者劳动力使用权的权利；劳动者则在履行接受资方管理，向资方提供约定劳动义务的情况下，享有取得工资报酬的权利；第五，劳资双方不仅存在具有经济内容的民事契约关系，而且存在具有人身隶属特性的内部身份伦理关系。一句话，劳资双方当事人之间所形成的法律关系及其内容是：双方以劳动者劳动力的使用权和支配权为交易对象，以平等协商和市场交易的方式订立以劳动者提

供和给付劳动作为确立彼此权利义务关系的劳动契约，由此形成法律上的合意、平等和互利的法律关系和内部管理与隶属关系。

劳动者在与资方缔结劳动契约前，享有劳动法上的劳动权，资方则享有自主用工选择权。由于双方形成的乃是具有身份隶属特性的合同或契约关系，因而双方应当按照缔约的基本要求享有相应的合同权利和承担相应的合同义务。比如双方在订立劳动契约前要履行先合同的告知义务，应当将各自情况如实相告。劳动者应当告知资方真实的身份、学历、特长、年龄、身体状况等，资方则应当告知劳动者提供的岗位、录用条件、薪资标准、工作内容、履约地点、职业危害等。在订立劳动契约过程中，应按照平等公平的原则约定劳动者的工作岗位、内容、在劳动分工中的角色和地位、工资报酬等。任何一方如果没有履行如实告知义务，导致另一方损失或契约不能履行的，应承担缔约过失的损害赔偿责任。

从劳动关系形成的法律过程来看，劳动者与资方形成劳动法律关系可分为缔约与履约这两个既相互独立又相互联系的阶段。缔约阶段发生在市场交易领域，劳动者“在市场上，他作为‘劳动力’这种商品的所有者与其他商品的所有者相遇，其他商品的所有者作为资方通过合同获得对劳动者的支配权，而劳动者则以履行约定劳动义务的方式获得了工资报酬的请求权。劳资双方订立劳动契约后，劳动者与资方在法律上就形成了特定的契约关系与身份关系，成为资方企业利益共同体的一员。劳动者在获得工资报酬的情况下，有义务接受资方的统一指挥、协调、调遣和支配，向资方提供和给付劳动，履行约定的劳动义务。在这里，资方作为劳动者劳动力使用权的购买方，劳资双方一旦订立和履行劳动契约，则在法律上表明劳动者“劳动力的使用价值，即劳动力的使用，劳动，就属于资本家了”。劳动者向资方提供劳动的过程实际上是“资本家消费劳动力的过程”，劳动者的这种劳动乃是“从属于资本的协作劳动”。

如果说劳动者在订立劳动契约之前，劳动对他来说乃是一种抽象的法定权利（就业权、择业权与缔约权）的话，那么劳动者接受资方内部规章与纪律的约束，服从资方的统一管理与指挥，按照劳动契约向资方提供劳动，则属于劳动者应承担的具体约定义务。换言之，劳动者按照契约向资方提供劳动乃是其履行约定义务的法律形式，劳动者向资方提供约定劳动的履约过程，既是其劳动权的实现过程，也是其履行劳动契约约定义务的过程。如果劳动者拒不接受用工者的内部劳动分工、协作和管理，不向用工者提供约定的劳动，则用工者可以依据合法的内部规章制度和劳动纪律对劳动者给予内部的处罚等。

由此可见，法律对劳动权的设定与保护，乃是在立法上承认劳动者享有以让渡自己的劳动力使用权谋取工作岗位和工资报酬的权利，享有通过与资方平等协商缔结劳动契约的权利，享有以自身的劳动力使用权或人力资本与资方进行谈判协商的市场交易权利。所以，我们在研究劳动权时，只能在劳资双方的市场交易领域理解和思考这一概念，而不能将这一概念延伸到劳动契约的实际履行领域即劳动者按照劳动契约向资方提供约定劳动的生产工作领域。因为一旦劳动者与资方协商一致订立劳动契约成功就业，即表明其劳动权得到了实现。而劳动者在履约阶段所提供的劳动对其而言并不是一种权利，而是按照约定应当履行的合同义务。

需要特别指出的是，由于劳动者出让的是劳动力使用权而不是所有权，更不是出卖劳动者自身（不是卖身为奴），因而为了确保劳动者的劳动力能够反复使用不受损害，为了保障劳动者的人格和身心健康不受侵犯，劳动者在向资方提供劳动，履行约定义务的过程中，依法不仅享有契约主体的各项权利，而且享有作为公民或民事主体的各项权利，我们将劳动者作为公民在履行劳动契约过程中所享有的基本权利称之为劳动者权利。

劳动者权利是一个范围非常广泛的概念，它首先是指劳动者作为一个公民和人所享有的宪法法律规定的各项公民权和基本人权；其次是指劳动者作为民法主体所享有的各项民事权利；再次是指劳动者作为以向资方提供约定的劳动活动的获得权：工资报酬收入和生活资料的群体所享有的与劳动活动有关的相关权利。由于这些权利与劳动者劳动权的实现过程紧密相连，因而我们可以将其看做是与劳动权有着内在关联的基本权利。劳动者在劳动过程中享有的基本权利主要包括：

其一，工资权。对劳动者而言，工资权具有极为特殊的法律意义，劳动法对劳动者享有的这种权利采取了强制性保护的态度。一方面，劳动法对于劳资双方基于各自真实意思表示，自主约定工资的做法给予了确认。劳动者依据劳动契约所享有的这种工资权，实质上乃是其契约约定权利。这种权利具有合同法上的债权意义，资方根据工资约定对劳动者负有支付工资报酬的债务义务；另兰方面，由于劳动者获得的工资报酬直接关系到劳动者本人及其家庭的生存与发展，因而各国劳动法均规定有最低工资保障制度，要求资方应当在最低工资标准以上支付劳动者工资。如果资方给付劳动者的工资低于最低工资标准，则应当承担行政责任和民事赔偿责任。这样，工资权在这里就具有双重性质，它既是劳动者作为劳动契约一方当事人所享有的契约债权，同时也是国家基于劳动者身份所给予的一种生存保障权，更是国家运用强制性立法所确定的资方必须要切实履行的法定义务。

其二，人身权。从人身权的属性来看，它是劳动者作为公民按照宪法规定所享有的基本人权，或者说是劳动者作为公民所享有的基本权利在劳动领域中的具体体现。从权利的等级位阶来看，人身权高于劳动权。劳动者的劳动权及其实现是以人身权为基础的，劳动权与人身权之间当然有着内在的必然联系，两者在内容上存在着相互包容性。正因如此，尊重和保护劳动者的人身权乃是资方必须履行的法定义务。无论当事人在合同中是否对此作出约定，资方对于进入劳动工作领域的所有劳动者必须承担保护其人身权、人格权等不受损害的法定义务或默示义务。

其三，社会权利。劳动者作为社会主体所享有的社会权利，乃是一个非常庞杂的权利群，它至少应包括社会保障权、结社权等各具不同属性的权利。劳动权虽然不能涵盖上述权利，但劳动者享有的这些权利与劳动权及其实现之间确实存在着不可分割的联系。

三、劳动权的性质①

概括起来，对国家或者政府而言，不应该对劳动力市场有任何的干预，它们所应采取的应是一种完全放任的态度，从而实现劳动者的自由流动，进而带动资本的自由流动；对于劳动者而言，他们在劳动力市场上有选择劳动的自由，有排除强力干预的自由，这种自由是一种消极自由。古典自由主义与新自由主义对劳动权理解的区别只是在于，各自所面对的具体的社会状况有所不同，譬如新自由

① 陈学超、杨春福《劳动权性质论》，《南京社会科学》2004 年第 3 期第 64 – 69 页。

主义者所强烈反对的垄断在古典自由主义时期都尚未出现。对于劳动者的消极自由，有的国家在立法上也予以了确认，譬如日本宪法就规定了保障劳动者的劳动基本权，以及承认劳动者团体行动的正当性，规定对其不应压制、干涉，并且在《工会法》第一条第二款中也做了明确的规定，免除刑事责任。但是在资本主义社会，劳动者是一无所有的，宪法法律的规定根本不能充分保障劳动者消极自由的权利，他们很多时候还仍然受到国家权力的干预，甚至是压制。

笔者认为，自由权不是僵硬的教条，对于自由权的理解，不可一味地因循守旧，固步自封，否则势必会造成对自由权的理解愈来愈狭窄，进而陷入窘境。在劳动权的性质所属上，我们对前人的自由主义劳动权理论进行必要的阐释和补充，试图使劳动权重新回归到自由权的范畴中去。

劳动者除了有消极的免于强力干预的自由以外，还应该有积极的自由。即按自己意愿从事劳动以及在劳动中获得国家帮助的自由。对于劳动权的积极自由方面，国家有义务立法提供劳动权的立法保障。从社会契约论的观点看，卢梭就认为人们是为了共同的幸福才让渡出一部分权利组成国家，因此国家对它的每一个成员的幸福负有义务并承担责任。卢梭还认为，当社会契约赋予国家以生存和生命后，就需要由法律来赋予它以行动和意志。所以，劳动权的保障还需要并应该由法律来确定，因为立法的最高目的也应该是人民的幸福。日本宪法规定了团结权、团体交涉权（集体谈判）和团体行动权等三种权利，此三者总称“劳动基本权”，又称“劳动三权”。但在日本劳动基本权的用法非常广泛，有学者概括了劳动基本权的三种含义：(1) 包括日本《宪法》第 25 条规定的内容，即保障国民的生存权利；第 27 条规定的保障劳动权和第 28 条规定的保障劳动者的团结权、团体交涉权和团体行动权等三权。即包括了所有劳动者所应有的基本人权。(2) 依日本《宪法》第 27 条、第 28 条所使用的“所有国民”这一规定，其权利主体不限于劳动者或“勤劳者”，而是指广大国民的“劳动三权”问题。(3) 关于生存权的对象也不只是指劳动者本身，而是指广大国民大众而言。劳动基本权和生存权是相依相存的，“一般地说来，在社会权性质侧面的劳动权的根底之下，蕴存着生存权。这就要在劳动的领域中，实现生存权的基本目的，即要确保人确实能够像人那样生活”。这里的“劳动基本权”（包括生存权）体现的都是劳动者的积极自由方面。

我们还应注意到，每个自然人的身体状况是有差异的，尤其残疾人、妇女以及儿童等，他们的劳动能力在劳动力市场上明显居于弱势。美国著名法学家德沃金认为政府应该平等地关怀和尊重人民。对于这些劳动力市场上的弱势群体，政府应该立法提供特别的保护。这一点还具有平等保护的意味。

也许在这里我们还有必要讨论一下，一方面我们要求国家对劳动力市场不要干预，另一方面我们又认为国家应该立法以确立劳动者的积极自由，甚至应该为劳动力市场上的弱势群体提供特别的保护，在此二者之间，是不是自相矛盾的呢？在这里，我们提出了劳动权立法的一个检测标准，这个标准包括两个方面的内容：（1）一般地，劳动者享有免于国家干预的权利；（2）国家对劳动权的立法应该只局限于国家同劳动者之间的关系，换言之，关于劳动权的立法的唯一目的只是确定和保证劳动者对国家所享有的权利，这些权利包括上面我们讨论的团结权、团体交涉权和团体行动权等。

四、女职工及未成年工特殊权益保护

（一）对女职工的劳动保护

针对女职工的生理结构以及女性几个必经的特殊时期需要给予特别的照顾和保的特点，考虑女性健康，维护女职工的合法权益，减少和解决女职工在劳动和工作中因生理特点造成的特殊困难，法律特别规定对女职工给予特殊的保护政策。迄今为止，涉及女职工特殊保护的法律、法规主要有《劳动法》《妇女权益保障法机》《女职工劳动保护规定》《劳动部关于女职工禁忌劳动范围的规定》以及劳动部的其他行政规章和各地的地方性法规。

1. 确保劳动权利

法律明确规定凡适合妇女从事劳动的单位，不得拒绝招收女职工，女职工与男职工实现同工同酬。确保女职工享有合法、公平的劳动权利。

2. 明确劳动禁忌

《劳动部关于女职工禁忌劳动范围的规定》禁止女职工从事下列劳动：

（1）矿山井下作业。矿山井下作业系指常年在矿山井下从事各种劳动。不包括临时性的工作，如医务人员下矿井进行治疗和抢救等。

（2）森林业伐木、归楞及流放作业。《上海市女职工劳动保护办法》规定还包括不能从事以下工作：人工锻打、人工装卸、冷藏、强烈振动的工作。

（3）（体力劳动强度分级）标准（以下简称《标准》）中第四级体力劳动强度的作业。国家标准〈体力劳动强度分级》（GB3869－83）中规定的第Ⅲ、Ⅳ级的体力劳动强度。体力劳动强度的大小是以劳动强度指数来衡量的，劳动强度指数是由该工种的平均劳动时间率、平均能量代谢率两个因素构成的。劳动强度指数越大，体力劳动强度也越大；反之，体力劳动强度就越小。

（4）建筑业脚手架的组装和拆除作业，以及电力、电信行业的高处架线作业。

（5）连续负重（指每小时负重次数在6次以上）每次负重超过20公斤，间断负重每次超过25公斤的作业。

3. 特殊期内的劳动保护

女职工有四个特殊的时期：经期、孕期、产期、哺乳期。处于这几个特殊生理时期的女性，特别需要保护。因此，法律又分别作出不同的保护规定：

（1）经期。

女职工在经期禁止从事：

①食品冷冻库内及冷水等低温作业。

②《体力劳动强度分级》标准中第四级体力劳动强度的作业。

③《高处作业分级》标准中第三级（含三级）以上的作业。

（2）孕期。

女职工在怀孕期间，所在单位不得安排其从事国家规定的第三级体力劳动强度的劳动和孕期禁忌从事的劳动，不得在正常劳动日以外延长劳动时间，对不能胜任原劳动的，应当根据医务部门的证明，予以减轻劳动量或者安排其他劳动。怀孕7个月以上（含7个月）的女职工，一般不得安排其从事夜班劳动；在劳动时间内应当安排一定的休息时间。怀孕的女职工，在劳动时间内进行产前检查，应当算作劳动时间。

（3）产期。

女职工生产期间，产假为90天，其中产前休假15天。难产的，增加产假15大。多胞胎生育的，每多生育1个婴儿，增加产假15天。女职工怀孕流产的，其所在单位应当根据医务部门的证明，给予一定时间的产假。另外，如符合晚育条件的，则一般还可以在原来90天的基础上延长30天。

（4）哺乳期。

女职工有不满1周岁的婴儿的，其所在单位应当在每班劳动时间内给予其2次哺乳（含人工喂养）时间，每次30分钟。多胞胎生育的，每多哺乳1个婴儿，每次哺乳时间增加30分钟。女职工每班劳动时间内的两次哺乳时间，可以合并使用。哺乳时间和本单位内哺乳往返途中的时间，算作劳动时间。同时，女职工在哺乳期内，所在单位不得安排其从事国家规定的第3级体力劳动强度的劳动和哺乳期禁忌从事的劳动，不得延长其劳动时间，一般不得安排其从事夜班劳动。

此外，还明确规定在上述（2）－（4）这三个时期内，不得降低女职工基本工资，用人单位不得依据《劳动合同法》第40、41条规定解除劳动合同，女职工比较多的单位还应当按照国家有关规定，以自办或者联办的形式，逐步建立女职工卫生室、孕妇休息室、哺乳室、托儿所、幼儿园等设施，并妥善解决女职工在生理卫生、哺乳、照顾婴儿方面的困难。检查费、接生费、手术费、住院费和药费由医保经费开支，未缴纳医保由所在单位负担，费用由原医疗经费渠道开支。

（二）女职工特殊假期的工资发放标准

对于女职工怀孕期间的假期，应分段计算，一般可划分为保胎假（医疗机构出具证明）、产前假（单位同意）、产假（正常生育、难产、多胎、晚育）、流产假、哺乳期、哺乳假（针对体弱儿）。产假期间的工资是按照原工资的100%发放，这是由国务院法规规定的，另外，假期工资的标准主要依据各地的地方性法规确定。

（1）保胎假：对于该假期无法律规定，一般不超过6个月，主要遵循医疗机构的证明。

《国家劳动总局保险福利司关于女职工保胎休息和病假超过六个月后生育时的待遇问题给上海劳动局的复函》（1982年，现在依然有效）规定，女职工按计划生育怀孕，经过医师开具证明，需要保胎休息的，其保胎休息的时间，按照本单位实行的疾病待遇的规定办理。因此，保胎假期间，女职工只能拿到病假工资。

（2）产前假：经单位同意一般在2个月时间左右。《江苏省女职工劳动保护特别规定》规定可以享受不得低于本人原工资总额80%的工资待遇。那么工资总额的组成部分有哪些？根据国务院批准、由国家统计局发布的《关于工资总额的规定》规定，工资总额是指各单位在一定时期内直接支付给本单位全部职工的劳动报酬总额，它由六个部分组成：计时工资、计件工资、奖金、津贴和补贴、加班加点工资。

（3）产假：该假期分为正常生育假、难产假、多胎和晚育等情况，一般正常生育假期在90天左右；难产的增加15天；多胎的每多一胎增加15天；晚育的增加30天。

女职工在产假期间的工资照发，即100%工资发放。需要指出的是，女职工流产假的工资同产假工资一样，按全额支付。流产假的假期根据劳动部《关于女职工生育待遇若干问题的通知》规定，女职工怀孕不满4个月流产时，应当根据医务部门的意见，给予15天至30天的产假；怀孕满4个月以上流产时，给予42天产假；产假期间，工资照发。而有些地方作了更加宽松的规定，如《江苏省女职工劳动保护特别规定》规定，妊娠3个月内自然流产，给予产假30天；妊娠3个月以上、7个月以下自然流产者，给予产假42天；七个月以上的，产假90天。

（4）哺乳假：哺乳阶段分为哺乳期、哺乳假两种形式。哺乳假不同于哺乳期，一般哺乳期是仍旧照常上班的，哺乳期为1年，按照100%工资发放工资。而哺乳假一般是针对生育体弱儿的情形才出现的休假，哺乳假期间的工资发放具体由各地方规定。

因此，各地企业可以参考当地的《女职工保护办法》对目前的企业的实际发放标准进行相应的调整。

（三）女职工特殊时期的法律保护

鉴于女职工的特殊生理期，《劳动合同法》《女职工劳动保护规定》等法律法规均明确对女职工予以保护。在实践中，很多女职工误认为因怀孕或其他特殊生理期而获得了“免死金牌”，有的甚至仗着自己是孕妇企业拿她没办法，有恃无恐，违反劳动纪律；有的打算生完小孩，享受完政策优惠就离职；还有的女职工早在进人单位的时候就隐瞒了怀孕的事实，但她等企业录用了以后才提出怀孕的事实，且要求企业不得解除劳动合同并正常发放工资。这种情形下，企业就觉得自己稀里糊涂当了一回“冤大头”，这对企业显然也是不公平的。其实，企业面对这样的孕妇并不是完全没辙，还是可以通过法律手段维护企业的正当合法权益，只要符合《劳动合同法》第39条的规定，企业仍然可以提出解除劳动合同，并且无须支付经济补偿金：

（1）在试用期间被证明不符合录用条件的；（2）严重违反用人单位的规章制度的；（3）严重失职，营私舞弊，给用人单位造成重大损害的；（4）劳动者同时与其他用人单位建立劳动关系，对完成本单位的工作任务造成严重影响，或者经用人单位提出，拒不改正的；（5）因本法第26条第1款第1项规定的情形致使劳动合同无效的；（6）被依法追究刑事责任的。

（四）对未成年工劳动保护

未成年工的法律特殊保护是针对未成年工处于生长发育期的特点，以及接受义务教育的需要采取的特殊劳动保护措施。且未成年工从生理上正处于成长阶段，不适宜参加过度繁重的工种或进入有毒、有害的工作环境进行劳作而特别规定了相关保护制度。

1. 健康检查。用人单位应按下列要求对未成年工定期进行健康检查：

（1）安排工作岗位之前；

（2）工作满1年；

（3）年满18周岁，距前一次的体检时间已超过半年。

未成年工的健康检查，应按《未成年工特殊保护规定》（以下简称《规定》）所附《未成年工健康检查表》列出的项目进行。用人单位应根据未成年工的健康检查结果安排其从事适合的劳动，对不能胜任原劳动岗位的，应根据医务部门的证明，予以减轻劳动量或安排其他劳动。

2. 劳动禁忌。根据《规定》，用人单位不得安排未成年工从事以下范围的劳动。

（1）《生产性粉尘作业危害程度分级》国家标准中第一级以上的接尘作业；

（2）《有毒作业分级》国家标准中第一级以上的有毒作业；

（3）《高处作业分级》国家标准中第二级以上的高处作业；

（4）《冷水作业分级》国家标准中第二级以上的冷水作业；

（5）《高温作业分级》国家标准中第三级以上的高温作业；

（6）《低温作业分级》国家标准中第三级以上的低温作业：

（7）《体力劳动强度分级》国家标准中第四级体力劳动强度的作业；

（8）矿山井下及矿山地面采石作业；

（9）森林业中的伐木、流放及守林作业；

（10）工作场所接触放射性物质的作业；

（11）有易燃易爆、化学性烧伤和热烧伤等危险性大的作业；

（12）地质勘探和资源勘探的野外作业：

（13）潜水、涵洞、涵道作业和海拔3000米以上的高原作业（不包括世居高原者）；

（14）连续负重每小时在6次以上并每次超过20公斤，间断负重每次超过25公斤的作业。

（15）使用凿岩机、捣固机、气稿、气铲、铆钉机、电锤的作业；

（16）工作中需要长时间保持低头、弯腰、上举、下蹲等强迫体位和动作频率每分钟大于50次的流水线作业；

（17）锅炉司炉。

另外，在该《规定》第4条还明确：未成年工患有某种疾病或具有某些生理缺陷（非残疾型）时，用人单位不得安排其从事以下范围的劳动：

（1）《高处作业分级》国家标准中第一级以上的高处作业；

（2）《低温作业分级》国家标准中第二级以上的低温作业；

（3）《高温作业分级》国家标准中第二级以上的高温作业；

（4）《体力劳动强度分级》国家标准中第三级以上体力劳动强度的作业；

（5）接触铅、苯、汞、甲醛、二硫化碳等易引起过敏反应的作业。

3. 保护登记：对未成年工的使用和特殊保护实行登记制度。

（1）用人单位招收使用未成年工，除符合一般用工要求外，还须向所在地的县级以上劳动行政部门办理登记。劳动行政部门根据《未成年工健康检查表》上《未成年工登记表》，核发《未成年工登记证》。

（2）各级劳动行政部门须按《规定》第（3）（4）（5）（7）条的有关规定，审核体检情况和拟安排的劳动范围。

(3) 未成年工须持《未成年工登记证》上岗。

(4)《未成年工登记证》由国务院劳动行政部门统一印制。

未成年工上岗前用人单位应对其进行有关的职业安全卫生教育、培训；未成年工体检和登记，由用人单位统一办理和承担费用。

(五) 未成年工与“童工”的区别

未成年工是指年满16周岁，未满18周岁的劳动者，其不同于童工。根据我国法律规定，童工一般不满16周岁，法律明确禁止企业雇佣童工（从事体育等特招工种的除外），并由劳动行政部门实施监督和处罚管理职能：以每使用1名童工每月处5000元罚款的标准进行处罚，在该处罚力度上再责令限期将童工送交其父母或监护人，从责令限期改正之日起，按照每使用1名童工每月处以10000元罚款的标准处罚，并由工商行政部门吊销其营业执照或由民政部门撤销其民办非企业单位登记。严重的则根据《中华人民共和国刑法》的规定，追究相关刑事法律责任。但法律并未禁止使用未成年工，而且还以法律、法规的形式明确保障未成年工的特殊劳动权利。

(六) 企业违反对女职工和未成年工劳动保护规定的法律责任

《女职工劳动保护规定》第12条明确规定，女职工劳动权益受到侵害时，有权向所在单位的主管部门或者当地劳动部门提出申诉。受理申诉的部门自收到申诉书之日起30日内作出处理决定；女职工对处理决定不服的，可以在收到处理决定书之日起15日内向人民法院起诉。对违反本规定侵害女职工劳动保护权益的单位负责人及其直接责任人员，其所在单位的主管部门，应当根据情节轻重，给予行政处分，并责令该单位给予被侵害女职工合理的经济补偿；构成犯罪的，由司法机关依法追究刑事责任。

各级劳动部门负责对女职工劳动保护规定的执行进行检查。各级卫生部门和工会、妇联组织有权对该规定的执行进行监督。另外，用人单位对女职工造成损害的，应当承担赔偿责任。用人单位造成女职工身体健康损害的，除按国家规定提供治疗期间的医疗待遇外，还应支付相当于医疗费用25%的赔偿费用。

《劳动法》第95条规定：用人单位违反本法对女职工和未成年工的保护规定，侵害其合法权益的，由劳动行政部门责令改正，处以罚款；对女职工或者未成年工造成损害的，应当承担赔偿责任。

《违反〈中华人民共和国劳动法〉行政处罚办法》第12条规定：用人单位有下列侵害女职工和未成年工合法权益行为之一的，应责令改正，并按每侵害一名女职工或未成年工罚款3000元以下的标准处罚：（1）安排女职工从事矿山井下、国家规定的第四级体力劳动强度的劳动和其他禁忌从事的劳动；（2）安排女职工在经期从事高处、低温、冷水作业和国家规定的第三级以上劳动强度的劳动；（3）安排女职工在哺乳未满1周岁的婴儿期间从事国家规定的第三级以上体力劳动强度的劳动和哺乳期禁忌从事的其他劳动及安排其延长工作时间和夜班劳动的；（4）安排未成年工从事矿山井下、有毒有害、国家规定的第四级体力劳动强度的劳动和其他禁忌从事的劳动。

《劳动保障监察条例》第23条规定：用人单位有下列行为之一的，由劳动保障行政部门责令改正，按照受侵害的劳动者每人1000元以上5000元以下的标准计算，处以罚款：（1）安排女职工从事矿山井下劳动、国家规定的第四级体力劳动强度的劳动或者其他禁忌从事的劳动的；（2）安排女职工在经期从事高处、低温、冷水作业或者国家规定的第三级体力劳动强度的劳动的；（3）安排女职工在怀孕期间从事国家规定的第三级体力劳动强度的劳动或者孕期禁忌从事的劳动的；（4）安排怀孕7个月以上的女职工夜班劳动或者延长其工作时间的；（5）女职工生育享受产假少于90天的；（6）安排女职工在哺乳未满1周岁的婴儿期间从事国家规定的第三级体力劳动强度的劳动或者哺乳期禁忌从事的其他劳动，以及延长其工作时间或者安排其夜班劳动的；（7）安排未成年工从事矿山井下、有毒有害、国家规定的第四级体力劳动强度的劳动或者其他禁忌从事的劳动的；（8）未对未成年工定期进行健康检查的。

五、患病及非因工负伤员工劳动保护

根据我国《劳动合同法》及《企业职工患病及非因工负伤医疗期规定》，企业应保障患病员工和非因工负伤的职工在患病和负伤期间的合法权益，即对该类职工有一定的特别保护，具体体现在医疗期的休息和治疗依法享有劳动合同期限之内应享有的医疗期的工资待遇等方面。

（一）医疗期待遇和医疗保险

1. 医疗期：医疗期是指企业职工因患病或非因工负伤停止工作治病休息不

得解除劳动合同的时限。

《劳动合同法》明确规定，劳动者患病或者非因工负伤，享有医疗期待遇，在规定的医疗期内企业不得解除劳动合同。《企业职工患病或非因工负伤医疗期规定》第2条规定："医疗期是指企业职工因患病或非因工负伤停止工作治病休息不得解除劳动合同的时限。"第3条规定：企业职工因患病或因工负伤，需要停止工作医疗时，根据本人实际参加工作年限和在本单位工作年限，给予3个月到24个月的医疗期：（1）实际工作年限10年以下的，在本单位工作年限5年以下的为3个月；5年以上的为6个月；（2）实际工作年限10年以上的，在本单位工作年限5年以下的为6个月；5年以上10年以下的为9个月；10年以上15年以下的为12个月；15年以上20年以下的为18个月；20年以上的为24个月。"第4条规定："医疗期3个月的按6个月内累计病休时间计算；6个月的按12个月内累计病休时间计算；9个月的按15个月内累计病休时间计算；18个月的按24个月内累计病休时间计算；24个月的按30个月内累计病休时间计算。"

劳动部《关于贯彻〈企业职工患病或非因工负伤医疗期规定〉的通知》第1条关于医疗期计算问题第2款规定，病休期间，公休、假日和法定节日包括在内。第2条关于特殊疾病的医疗期问题第1款规定，根据目前的实际情况，对某些患特殊疾病（如癌症、精神病、瘫痪等）的职工，在24个月内尚不能痊愈的，经企业和劳动主管部门批准，可以适当延长医疗期。

2. 病假工资：根据劳动部《关于贯彻执行〈中华人民共和国劳动法〉若干问题的意见》（以下简称《劳动法意见》）第59条规定，职工患病或非因工负伤治疗期间，在规定的医疗期间内由企业按有关规定支付其病假工资或疾病救济费，病假工资或疾病救济费可以低于当地最低工资标准支付，但不能低于最低工资标准的80%。

3. 疾病救济费：根据《劳动法意见》第59条规定，职工患病或非因工负伤治疗期间，在规定的医疗期内由企业按有关规定支付其病假工资或疾病救济费，病假工资或疾病救济费可以低于当地最低工资标准支付，但不能低于最低工资标准的80%。对病假工资和疾病救济费的规定是选择方式。可见，对于病假工资与疾病救济金只能适用其一，即或适用病假工资，或适用疾病救济金，但不论适用哪一种待遇，均不能低于最低工资标准的80%。

4. 医疗待遇：《国务院关于建立城镇职工基本医疗保险制度的决定》（以下简称《决定》）第3条规定，要建立基本医疗保险统筹基金和个人账户。统筹基金和个人帐户要划定各自的支付范围，分别核算，不得互相挤占。要确定统筹基金的起付标准和最高支付限额，起付标准原则上控制在当地职工年平均工资的10%左右，最高支付限额原则上控制在当地职工年平均工资的4倍左右。起付标准以下的医疗费用，从个人账户中支付或由个人自付。起付标准以上、最高支付限额以下的医疗费用，主要从统筹基金中支付，个人也要负担一定比例。超过最高支付限额的医疗费用，可以通过商业医疗保险等途径解决。统筹基金的具体起付标准、最高支付限额以及在起付标准以上和最高支付限额以下医疗费用的个人负担比例，由统筹地区根据以收定支、收支平衡的原则确定。国务院《关于完善城镇社会保障体系的试点方案》第4条第3款规定，个人账户主要用于小病或门诊费用，统筹基金主要用于大病或住院费用。

根据《决定》第7条第2款规定，建立城镇职工基本医疗保险制度工作从1999年初开始启动，1999年底基本完成。各省、自治区、直辖市人民政府要按照本《决定》的要求，制定医疗保险制度改革的总体规划，报劳动保障部备案。统筹地区要根据规划要求执行。另外，《关于城镇职工基本医疗保险诊疗项目管理的意见》规定，各省（自治区、直辖市，下同）劳动保障行政部门要根据国家基本医疗保险诊疗项目范围的规定，组织制定本省的基本医疗保险诊疗项目目录，可以采用排除法，分别列基本医疗保险不予支付费用的诊疗项目目录和基本医疗保险支付部分费用的诊疗项目目录；也可以采用准入法，分别列基本医疗保险准予支付费用的诊疗项目目录和基本医疗保险支付部分费用的诊疗项目目录。对于国家基本医疗保险诊疗项目规定的基本医疗保险不予支付费用的诊疗项目，各省可适当增补，但不得删减；对于国家基本医疗保险诊疗项目范围规定的基本医疗保险支付部分费用的诊疗项目，各省可根据实际适当调整，但必须严格控制调整的范围和幅度。

5. 补充医疗保险：根据国务院《关于建立城镇职工基本医疗保险制度的决定》及《关于完善城镇社会保障体系的试点方案》第4条第4款的规定，建立社会医疗救助制度。有条件的企业可以为职工建立补充医疗保险，提取额在工资总额4%以内的从成本中列支。

（二）企业提出合同解除的约束

针对患病或非因工负伤职工，企业行使劳动合同解除权相对职业病和工伤处理的情形要放得宽松，除了法律规定的医疗期内企业不得解除与患病职工和非因工负伤职工的劳动合同外，在医疗期结束后，企业享有解除劳动合同的权利。根据《劳动合同法》40条规定，“有下列情形之一的，用人单位提前30日以书面形式通知劳动者本人或者额外支付劳动者一个月工资后，可以解除劳动合同……”其中第一项就是劳动者患病或者非因工负伤，在规定的医疗期满后不能从事原工作，也不能从事由用人单位另行安排工作的。但是，企业若要根据此条款提出解除劳动合同还必须符合以下几个条件：

（1）提前告知：企业要解除劳动合同须提前告知患病或非因工负伤的职工或支付相当于一个月工资的“代通知金”（企业具有选择权，可选择等到通知期限届满正式解除或不等通知期限届满直接支付“代通知金”）。

（2）提出解除合同的时间：企业解除劳动合同须在规定的医疗期届满后（在规定的医疗期内，企业不能提出解除劳动合同）。

（3）无适合工作岗位：不能从事原工作，也不能从事由用人单位另行安排的工作的（排除企业故意安排不适合的工作或难度明显大于前一工作岗位而迫使劳动者主动离职的情形）。

（三）确保企业提出解除劳动合同的程序合法

按照最高人民法院《关于审理劳动争议案件适用法律若干问题的解释》第13条的规定，因解除劳动合同引发的劳动争议由用人单位负责举证，即由用人单位证明患病职工医疗期满不能上班工作。如果不能举证的，用人单位将承担举证不能的法律后果。因此，为确保用人单位解聘患病职工或非因工负伤职工的程序合法，建议用人单位在患病职工或非因工负伤职工医疗期内，要将他们的医疗情况等资料予以留存，包括病历资料、医生开具的休息建议、请假申请，或当事人自述不能胜任新安排岗位工作的书面说明等，有时企业还可以采用考核达标法进行客观测评，考察患病职工或非因工负伤职工在医疗期结束后是否能够胜任原工作或另行安排的新工作。届时，上述材料可为企业提供解除劳动合同的事实依据，并作为职工医疗期满不能上班工作的有力证据。

第三章

劳动者义务研究

一、劳动者一般义务分析

在劳动关系存续期间，围绕劳动者提供劳动力与用人单位支付劳动报酬这一对主要义务，双方当事人之间还会交付劳动报酬这一对主要义务。这些权利和义务的内容虽然林林总总，但我们却可以从中发现它们在总体上依循着一条最基本的逻辑脉络，即劳动者对用人单位负有忠实（又称忠诚、诚实）义务，用人单位对劳动者负有保护（又称保护照顾）义务，这一基本义务以及由此衍生的各项权利便构成了劳动法律关系的重要内容。

在国际上，“忠实义务”被普遍认为是雇员义务的应有之义。例如，根据英国普通法中的默示条款理论，雇员一般被认为有下列义务：服从合理命令的义务，尽到合理的注意义务及合理的行使职权的义务；保持忠诚的义务；诚实的义务，竞争禁止义务，不得滥用秘密信息的义务；不得妨碍雇主业务的义务；详细报告义务。又如，在加拿大，无论雇用合同是否明文规定，每一个雇员均有义务对雇主保持忠诚。所谓忠诚义务，是指雇员必须一心一意地、忠诚地、诚实地为雇主工作。忠诚义务的定义非常广泛，任何行为只要是不诚实的、有损于雇主声誉的或使雇员的利益与雇主的利益相冲突的，就均属禁止之列。再如，根据德国的相关立法，雇员的义务有劳动义务、忠诚义务、竞业禁止义务三个方面，其中忠诚义务又分为服从的义务、守密的义务和勤勉的义务。

这些共同要素主要包括：

（1）义务目标。“为了使雇主所追求之目的得以实现，劳工乃负有忠实义务。”由此可见，法律确认和设置此项义务的现实目的，主要是为彰显和保护用人单位（雇主）一方的权益，换言之，该义务的主要受益者就是作为权利人的用人单位。当然，这种保护并不是单向的，而是在“利益平衡”理念和“倾斜保护”宗旨的指导下实施的，并且被保护的用人单位利益必须是合法的、值得保护（或曰应予保护）的利益。此外，作为对劳动者忠实义务的一种回应，用人单位一方对劳动者应当承担保护（保护照顾）义务。这两项对称性义务的正确履行和良性互动，无疑有助于构建和发展和谐稳定的劳动关系，并惠及国家和社会。因此可以说，确立劳动关系，可惠及国家和社会；确立劳动者忠实义务的终极目标，是为了实现“劳资共赢”的最佳利益格局。

（2）义务主体。忠实义务的承受主体，毫无疑问是劳动关系中的劳方当事人（劳动者）。此处劳动者的范围仅限于作为雇主相对人而存在的受雇人（雇员、雇工），而不包括雇主（雇用人）或者雇主代表。某公民之所以需要承担劳动者忠实义务，正是基于其“劳动者”的身份，而非其他社会角色。例如，《公司法》（2013 年 12 月 28 日第十二届全国人民代表大会常务委会员第六次会议修改）第 147 条规定：“董事、监事、高级管理人员不得利用职权收受贿赂或者其他非法收入，不得侵占公司的财产。”此项忠实义务从总体上看不属于在此讨论的范围，因其并不是根据劳动关系而是基于资本授权经营关系和公司治理结构而产生的，实系这些特殊人员（主要是雇主代表）基于履行参与决策、监督、管理等职责的需要而必须承担的一项法定义务。还应说明的是，本书所谓“劳动者”仅指劳动法意义上的劳动者，若不是在《劳动法》覆盖范围内的劳动者群体（诸如公务员、农村劳动者等），则亦不属于本书的研讨对象。

（3）义务内容。与本项义务的预设目标相对应，劳动者忠实义务的内容是指为实现用人单位的合法权益而应由劳动者履行的各种行为，其中既包括积极作为的义务，也包括消极不作为的义务。就该义务的履行形态来看，主要表现为劳动者的服从、注意、协力、增进利益、保密等行为。就该义务所涉及的履行范围而言，既包括劳动关系直接覆盖的领域，也包括劳动关系的合理延伸部分。就该义务的性质而论，主要涉及劳动合同义务，但也在一定程度上涉及侵权之债等其他私法领域，甚至可能涉及公民言论自由等公法领域的问题（如劳动者的“公益告发”行为等）。就该义务的履行时段而言，既包括劳动关系存续期间，也包括劳动关系结束后的一定期间内。

（4）义务渊源。劳动者忠实义务的产生既有其道德渊源，又有其法律渊源。

劳动法将其中的道德义务有条件地转化为法律义务，从而实现此项劳动者“服从义务”之履行，既需要劳动者具备诚实、善意的内心状态（如“爱岗敬业”的职业操守和“自律”精神），也需要辅之适度的外部强制（如用人单位劳动规章制度的制定、法律责任的实施等“他律”手段）。这些渊源在理论上可以概括为该义务的法理基础。

二、劳动者特殊义务分析

所谓竞业禁止，是指竞业禁止义务主体不得将自己置于其责任和个人利益相冲突的地位或损害公司利益的活动，即不得为自己或第三人经营与其办理的同类事业。

法律秩序是一个层次分明的价值判断的内部体系，一个受到各方面约束的法律价值标准的层级秩序。劳动合同法中的竞业限制制度，是以保护商业秘密、抑制或削弱竞争对手的竞争、保持自身的竞争优势为终极价值目的。从微观层面，竞业限制制度关注的是市场经济中竞争主体之间具体的竞争行为；从宏观层面，竞业限制关注的是建立良好有序的市场竞争体系，防止因不正当竞争给市场的正常运转带来消极的影响。而公司法对董事的竞业禁止，是建立在以主体之间平等的委任关系基础之上，是董事忠实义务的具体体现，其目的是为了防止董事的贪婪和自私行为，以保护公司利益，虽然也具有限制竞争的客观目的，但并不以限制竞争为其直接目的。公司董事的竞业禁止制度，源于“寻求公司内部董事与公司之间的利益平衡”。劳动者的竞业限制与公司董事的竞业禁止具有较大差异，主要表现在以下几个方面：

第一，法律关系主体地位不同。依据《劳动合同法》第 23、24 条的规定，我国对于劳动者的竞业问题使用的是“竞业限制条款”或者“竞业限制协议”；而关于公司董事的竞业问题，按照惯例一般称为“法定的竞业禁止义务”。我们认为，这种称谓上的差别，其意义在于可以反映两者具有不同的法律关系，并由此反映出各自法律关系中双方主体地位的差别，其中前者以双方主体地位不平等性为主要特征，后者以双方主体地位平等为特征。劳动合同中劳动者的竞业限制协议，是建立在劳动合同法律关系上，而劳动合同的本质属性是人身上的从属性和经济上的从属性，劳动合同中这种从属性特征决定了劳动合同双方主体法律地位上的不平等性。公司董事的竞业限制义务是建立在董事与公司之间的委任关系之上，两者的法律地位平等。鉴于劳动合同法律关系中劳动者具有人身及经济上的从属性，劳动合同的双方主体法律地位具有不平等性，劳动者的竞业限制应当归于劳动法的范畴。公司董事与公司的关系属于委任关系，董事与公司之间属于平等的民事主体，因此，就董事与公司之间的权利义务问题应当适用《公司法》《合同法》等民商事法律规定。

第二，立法宗旨和目的不同。劳动合同中的竞业限制制度表面上看是为了保护用人单位的商业秘密，但是，基于应当首先保护劳动者生存权、就业权等基本人权的要求以及劳动者在劳动法律关系中所处的从属性地位，立法的宗旨应当首先是对竞业限制的限制，其次才是对于用人单位合法利益的考虑。而公司董事的竞业禁止制度，关注的是公司内部董事与公司之间的利益平衡问题，其立法宗旨要求公司董事履行忠实义务，把保护公司的合法利益放在首位。

第三，适用主体范围不同。依据《劳动合同法》第 24 条规定竞业限制的人员限于用人单位的高级管理人员、高级技术人员和其他负有保密义务的人员”；《公司法》第 149 条规定的竞业禁止的主体范围为董事、高级管理人员，关于高级管理人员的范围可以通过章程予以确定，属于公司自治范畴。通过比较上述两项规定可以看出，劳动合同法规定的竞业限制主体需以负有保密义务为前提条件，与保密义务密不可分（参见《劳动合同法》第 23 条）；而公司法并不以是否知悉公司商业秘密为前提而直接课以董事、经理、高级管理人员竞业禁止义务，即公司法上的竞业禁止义务主体是以担任公司特定职务为前提条件，与其忠诚义务密不可分。

第四，义务和责任的内容不同。《劳动合同法》规定了负有保密义务的劳动者在订立竞业限制条款后，其在离职后负有不得竞业的义务。由于其主要的目的是为了保密，因此，劳动者的主要义务表现为以竞业限制的方式来履行保密义务。对于用人单位而言，其主要义务是给付补偿金的义务。关于责任方面，《劳动合同法》规定劳动者应当向用人单位支付违约金，另外，给用人单位造成损失的，应当承担赔偿责任。虽然《劳动合同法》关于经济补偿数额未有限制性规定，但是参照国外判例以及合同法对价原理，经济补偿数额应该与离职后劳动者因竞业限制协议履行遭受损失成正比，如德国法本无规范劳工离职后竞业禁止契约之明文。但德国联邦劳工法院却以判决例之方式，将《德国商法典》

第 74 条、75 条有关对商人竞业限制之相关规定适用于劳工。其规定，离职后竞业禁止期间内，雇主应支付补偿，禁止竞业期间每一年的补偿，其数额应不得低于员工离职时依约能取得的报酬之半，当事人就每一年禁止竞业期间所约定的数额低于法定标准的，其离职后竞业禁止约定对劳动者无拘束力。《最高人民法院劳动争议司法解释（四）》第六条规定："当事人在劳动合同或者保密协议中约定了竞业限制，但未约定解除或者终止劳动合同后给予劳动者经济补偿，劳动者履行了竞业限制义务，要求用人单位按照劳动者在劳动合同解除或者终止前十二个月平均工资的 30% 按月支付经济补偿的，人民法院应予支持。前款规定的月平均工资的 30% 低于劳动合同履行地最低工资标准的，按照劳动合同履行地最低工资标准支付。"

而公司董事的竞业禁止义务，其体现的是董事的忠实义务。尽管公司法在董事的忠实义务中也规定了"不得擅自披露公司秘密"的义务，但是该保密义务是与竞业禁止义务并列的忠实义务的一种，此与订有竞业限制条款的劳动者主要负有保密义务不同。关于董事违反竞业禁止义务的责任问题，公司法规定的是公司可以行使"归入权"，即"董事违反法律规定的忠实义务所得的收入归公司所有"，同时，如果给公司造成损失的，应当承担赔偿责任。

第五，义务期间不同。劳动者的竞业限制主要是在离职后（我国《劳动合同法》也并不否认用人单位与劳动者可以签署在职期间的竞业限制条款），《劳动合同法》限制该期间为不超过两年。而董事的竞业止是在在职期间，董事离职后不负有竞业禁止义务，但应当负有后合同义务，即基于诚实信用原则依据《合同法》第 92 条规定承担保密义务。当然，对董事离职后的竞业禁止问题，公司也可以与离任董事签订竞业禁止协议，但是，这种竞业禁止协议与劳动者的竞业限制条款不同，离职董事的这种竞业禁止协议显然不属于劳动关系的范畴，而应归于普通民事合同的范畴。

第六，纠纷解决方式不同。劳动者的竞业限制条款属于劳动合同条款，应当按照劳动争议纠纷处理，具体依据《劳动法》《劳动合同法》《劳动争议调解仲裁法》等法律及相关法规和规章。在处理程序上，应当适用劳动仲裁前置，对劳动仲裁裁决不服后方能向法院提起诉讼。而董事的竞业禁止义务是公司法明确规定的义务，在不存在义务免除的情况下，董事（也含监事高管）应当向公司承担侵权责任。由于公司董事与公司的关系属于委任关系，因此原则上应当作为普通的民事合同纠纷案件，直接向人民法院提起诉讼，具体依据《民法通则》《公司法》《合同法》《侵权法》等法律及相关法规。然而，当公司董事与公司之间就董事离职后的竞业问题订立了竞业禁止协议，基于该协议发生纠纷解决，到底是适用劳动争议处理程序，还是一般民事诉讼程序在实务中存在分歧。审判实践中一般有两种意见：

（1）应适用劳动争议处理程序，因为公司法规定的竞业禁止义务是属于在职期间的法定义务，对于董事离职后的竞业禁止义务必须要有合同约定。由于离职后竞业禁止同样与董事的工作权发生冲突，因此必须适用劳动合同法有关离职后竞业限制的规定，如经济补偿、竞业禁止时间、地域范围等有所限制。相应地，发生纠纷就必须适用劳动争议处理程序，劳动仲裁前置。（2）董事与公司的关系是委任关系，属于民事关系，而非劳动法上的劳动者，因而其与公司签订的竞业禁止协议属于民事协议范畴，而不能归于劳动合同范畴。相应地，既不能适用劳动合同法的实体规定，也不能适用劳动争议处理的程序性规定。所以，一旦基于协议发生纠纷，可直接向法院提起民事诉讼。笔者赞同第二种观点，认为董事与公司的竞业禁止协议不具有劳动合同的性质，不应适用劳动合同法的规定，其纠纷解决方式亦不能适用劳动争议的处理程序。

此外，由于两者在法律本质、义务责任等方面的不同，在相应的立法技术上也应该有所区分。其中，对于公司董事的竞业禁止义务，立法不宜过多地干预，应当鼓励当事人意思自治，尽量交由当事人自行解决处理。在劳动者的保护方面，立法则应当给予更多的关注和支持，如现行的《劳动合同法》已经体现了国家对于劳动者的倾斜保护。

第四章

劳动合同制度研究

一、劳动合同订立

（一）签订劳动合同要注意“三期”

在签订合同过程中需要注意如下三个问题：书面劳动合同应在何时签订？对于试用期该如何约定？服务期约定在什么条件下有效？简称为“三期”，即书面合同签订期、试用期和服务期。

1. 书面合同签订期

根据我国《劳动合同法》规定，建立劳动关系，应当订立书面劳动合同，已建立劳动关系，未同时订立书面劳动合同的，应当自用工之日起 1 个月内订立书面劳动合同。未订立的，根据《劳动合同法》第 82 条规定：用人单位自用工之日起超过 1 个月不满 1 年未与劳动者订立书面劳动合同的，应当向劳动者每月支付 2 倍的工资。而满 1 年仍未签订的，则视为与劳动者订立无固定期限劳动合同。

分析上述规定不难发现，企业与劳动者建立劳动关系，签订书面劳动合同的宽限期为 1 个月，也就是说在用工开始后的 1 个月内签订均不违法。《劳动合同法》自 2008 年 1 月 1 日起施行，那么，如在 2008 年 1 月 1 日前已建立劳动关系，未订立书面劳动合同的，最晚可至 2008 年 2 月 1 日订立书面劳动合同，赔偿责任起算时间为 2008 年 2 月 1 日而不是 2008 年 1 月 1 日。在实践中，也有企业利用“用工开始”的起算点不同而逃避一些法律责任。但纵观各类不签订书面合同的企业的情况，不愿意与劳动者签订书面劳动合同，无非是为避免承担工伤赔偿责任风险、社会保险的缴纳等法律义务。但事实上，此种不规范操作可能反而会给企业带来更多不利因素。

（1）从证据角度讲，不少企业的用工开始或劳动关系的建立还是具有较明显特征的，如工资发放、打卡记录、工牌或进出厂房工作证件的发放等，即便不与劳动者签订书面劳动合同，劳动者仍然可以通过向劳动部门申请认定，根据上述所显示的证据确认事实劳动关系的存在。劳动和社会保障部《关于确认劳动关系的有关事项通知》对此作了规定。

（2）从违法成本的角度讲，用人单位为节省缴纳社会保险的开支，不与劳动者签订书面劳动合同，其实反而增加了企业承担各类工伤赔偿责任的风险，缺少了来自社保机制的保障和补偿功能。反之，已参保人员可获工伤保险赔偿，相对还能减轻企业所承载意外风险的压力。

《劳动合同法》未明确规定劳动者不愿意签订劳动合同的情形，仅规定企业应该签订劳动合同的时间和未签订的法律后果。换言之，仅从《劳动合同法》第82条规定看，不论主观上谁想签谁不想签，只要1个月期满后没有签合同，企业就要承担支付每月2倍工资的赔偿责任。但《劳动合同法实施条例》第5条明确规定：自用工之日起1个月内，经用人单位书面通知后，劳动者不与用人单位订立书面劳动合同的，用人单位应当书面通知劳动者终止劳动关系，无需向劳动者支付经济补偿，但是应当依法向劳动者支付其实际工作时间的劳动报酬。笔者认为，这是对劳动者不愿意签订劳动合同的明确规定，增加了《劳动合同法》的可操作性，对保护企业利益有一定的积极意义，在1个月的宽限期届满的时候，企业完全有权因为劳动者不愿意签订书面劳动合同而提出终止劳动关系，并且不用支付赔偿金。必须注意的是法律规定“用人单位应当书面通知终止劳动关系”中的“应当”而不是“可以”则说明如逾期超过这1个月的宽限期不书面通知终止劳动关系的，用人单位仍须承担未签订书面劳动合同的责任。

2. 依法约定试用期

（1）试用期的概念及意义。

试用期是用人单位对新招收的合同制职工进行思想品德、劳动态度、实际工作能力、身体情况等进行进步考察的期限。根据我国劳动法的规定，全日制用工劳动合同可以规定试用期，也可以不规定试用期，具体视各企业自身情况而定，其期限的长短可由企业根据不同工种的实际情况确定，但最长不得超过 6 个月。

试用期对于用人单位与劳动者双方都有一定的保障，对双方来说均保留一定的考虑时间，有利于接下来劳动合同的更好履行，近似于保险合同的“反悔期”，只不过《劳动合同法》中对于用人单位的反悔是加以一定期限的，用人单位与劳动者反悔的条件是不对等的。例如：《劳动合同法》第 39 条第 1 项规定：在试用期间劳动者被证明不符合录用条件的，用人单位可以解除劳动合同，用人单位在试用期解除劳动合同的，还应当向劳动者说明理由。显然，只有劳动者被证明不符合录用条件的时候才能够提出，且需要说明理由，不是任意解除；而劳动者则只要提前 3 日通知用人单位就可以提出解除，且法律未对其赋予说明理由的义务。法律这样规定，是出于保护劳动者弱势群体的考虑，同时对一小部分不规范的试用期一满就解雇员工的企业起到定的约束和规制作用，保障了劳动者的权利，但对员工在试用期随意向企业提出解除合同则没有相应措施，企业招聘成本的支出仍存有风险。

《劳动合同法》第十九条规定：劳动合同期限三个月以上不满一年的，试用期不得超过一个月；劳动合同期限一年以上不满三年的，试用期不得超过二个月；三年以上固定期限和无固定期限的劳动合同，试用期不得超过六个月。

同一用人单位与同一劳动者只能约定一次试用期。

以完成一定工作任务为期限的劳动合同或者劳动合同期限不满三个月的，不得约定试用期。

试用期包含在劳动合同期限内。劳动合同仅约定试周期的，试用期不成立，该期限为劳动合同期限。

第二十一条规定：在试用期中，除劳动者有本法第三十九条和第四十条第一项、第二项规定的情形外，用人单位不得解除劳动合同。用人单位在试用期解除劳动合同的，应当向劳动者说明理由。

（2）对约定试用期的限制。

根据《劳动合同法》的规定，劳动合同期限 3 个月以上不满 1 年的，试用期不得超过 1 个月；劳动合同期限 1 年以上 3 年以下的，试用期不得超过 2 个月；3 年以上固定期限和元固定期限的劳动合同试用期不得超过 6 个月。法律除了对试用期长短的限制之外，还规定同一用人单位与同一劳动者只能约定一次试用期。实践中经常出现续订劳动合同时仍载有试用期条款的情形，这是不符合法律规定的，将按照无效条款处理。此外，以完成一定工作任务为期限的劳动合同或者劳动合同期限不满 3 个月的，以及非全日制用工的均不得约定试用期。

试用期是整个劳动合同期限中的一段特殊期限，也包含在劳动合同期限内。原则上，在试用期企业就应当履行劳动合同实施过程中的薪酬义务、劳动保障义务、缴纳社会保险义务等。劳动合同仅约定试用期的，试用期不成立，该期限为劳动合同期限。如违反法律规定，即超过法定的试用期期限或者法律规定原本不得约定试用期，但试用期已经履行的，由用人单位以劳动者试用期满月工资为标准，按已经履行的超过法定试用期的期间向劳动者支付赔偿金。

另外，很多企业对于试用期工资的理解存在一定的误区，将试用期工资等同于基本生活费或更低，甚至是无偿的。根据我国《劳动合同法》规定，劳动者在试用期的工资不得低于本单位同岗位最低档工资或者劳动合同约定工资的 80%，并不得低于用人单位所在地的最低工资标准。试用期工资规定只要满足其中一个条件就可，但由于对“80%”相对应的概念又出现疑惑，很多企业对这条规定本身又有两种不同的理解：这 80% 仅是针对劳动合同约定工资的 80%，还是也针对本单位同岗位最低档工资的 80%？立法部门的倾向则包含了如下三个层次：第一，80% 既指劳动合同约定工工资的 80%，也指本单位相同岗位最低档工资的 80%；第二，试用期工资只要符合两者中的一个标准就可以；第三，无论用人单位和劳动者在试用期选择适用哪一个标准，都不得低于用人单位所在地的最低工资标准。

3. 附条件的服务期

（1）服务期概念。

服务期是指由于用人单位提供专项培训费用，对劳动者进行专业技术培训，用人单位与该劳动者在劳动合同中或者在服务期协议里约定的该劳动者应当为用人单位提供劳动的时间期限。在服务期内，劳动者如果提前离职，应当按照约定向用人单位支付相应的违约金。在实践中，企业往往考虑工作开展的稳定性，希望减少人事变动以及控制人才外流等原因会要求劳动者在本企业工作满一定年限才能离开，但对于服务期限的约定是选择性的，而不是劳动合同的必备条款，并且有效服务期约定是有前提条件的。

（2）设置服务期条款的积极意义。

对于企业来说，对员工进行培训，提高员工整体素质，优化企业人力资源结构，有利于企业发展，同时通过服务期承诺的约定稳定企业人力资源配置，在保障企业利益方面起到良好作用，这样以来也提高了企业对员工开展专项培训的积极性；对于员工来说，在获得工作的同时，业务技能也得到了提升，不需要额外支付费用便可提高自身素质，为在日后的劳动力市场中赢得更好的竞争优势奠定基础；这样以来在用工双方之间形成一个良性循环。

（3）约定服务期的前提条件。

《劳动合同法》第22条第1款规定：用人单位为劳动者提供专项培训费用，对其进行专业技术培训的，可以与该劳动者订立协议，约定服务期。可见，服务期的约定是有条件的，即用人单位提供了专业技术培训，并支付了专项费用，除此之外，服务期约定无效。

《劳动合同法》中对于“专业技术培训”未进一步明确，或许是考虑到实践中培训的复杂性和多样化的原因，所以实践中对于是否属于专业技术培训存在不同的理解，有人认为只要是专业技术培训且企业为其支出了专项培训费用，并不必然以脱产作为判断依据，因为可能很多培训都是在职期间进行的培训，也不以上岗前培训或基本日常培训等培训内容为区分标准，更不以培训开支的费用达到某一特定数额才满足条件。但也有人认为应对“专业技术培训”进行狭义解释，才有利于保护劳动者权益，例如：将“专项”定义为是否专门委托专业机构进行培训，将日常培训认定为非专业技术培训而予以排除在外。并且各地高院、劳动执法部门对于专项培训的定义也有所区别，例如浙江省高院民一庭《关于审理劳动争议若干问题的意见》（以下简称《意见》）（浙法民一［2009］3号）中规定了：“‘专业技术培训’是指为提高劳动者特定技能而提供的培训，不包括上岗前的培训和日常业务培训。”培训费用包括了直接费用和间接费用，即除了提供专项培训所花费的培训费以外，还应包括培训期间的差旅费和食宿费用等。浙江省高院民一庭在前述《意见》中还进一步明确了“培训费用”，不包括劳动者接受专项培训期间的基本工资。

(4) 解除服务期承诺的不同情形和不同法律后果。

劳动合同的解除，是否就意味着服务期承诺的自然解除，而无须承担违约责任？笔者认为应当区分情形加以对待。

其一，用人单位过错导致劳动者单方提出合同解除。

根据《劳动合同法实施条例》第 26 条规定，当出现《劳动合同法》第 38 条的情形时，即用人单位未按照劳动合同约定提供劳动保护或者劳动条件的；未及时足额支付劳动报酬的；未依法为劳动者缴纳社会保险费的；规章制度违反法律、法规的规定，损害劳动者权益的；以欺诈、胁迫的手段或者乘人之危，使劳动者在违背真实意思情况下订立或者变更劳动合同的情形致使劳动合同无效的；法律、行政法规规定劳动者可以解除劳动合同的其他情形的以及用人单位以暴力、威胁或者非法限制人身自由的手段强迫劳动者劳动的，或者用人单位违章指挥、强令冒险作业危及劳动者人身安全的，劳动者可以解除劳动合同，不视为违反服务期的约定。在符合上述条件时，劳动者可解除服务期承诺并无须向企业支付违约金。

其二，劳动者故意迫使用人单位单方提出合同解除。

在实践中，有些劳动者为了不再与用人单位保持劳动关系，故意违反用人单位规章制度、严重失职、同时与其他用人单位建立劳动关系给用人单位造成损失，迫使用人单位主动提出与其解除劳动合同，以该种手段规避应当支付给用人单位的违约金。事实上，《劳动合同法实施条例》已明确规定劳动者严重违反用人单位的规章制度的情况：劳动者严重失职，营私舞弊，给用人单位造成重大损害的；劳动者同时与其他用人单位建立劳动关系，对完成本单位的工作任务造成严重影响，或者经用人单位提出，拒不改正的；劳动者以欺诈、胁迫的手段或者乘人之危，使用人单位在违背真实意思的情况下订立或者变更劳动合同的；劳动者被依法追究刑事责任的，用人单位提出解除劳动合同的，劳动者仍须向用人单位支付违约金。也就是说，对于劳动者故意违反规章制度，严重失职故意迫使单位提出解除劳动合同的，单位仍有权向其主张违约金。

（二）扣押“三金”和“人事档案”不合法

1. 法律规定

根据《劳动合同法》第 9 条的规定，用人单位招用劳动者，不得扣押劳动者的居民身份证和其他证件，不得要求劳动者提供担保或者以其他名义向劳动者收取财物。所以，如果企业以各种名义收取押金、保证金或者随意设置违约金条款等均会因为违法而不受法律保护。

2. 例外情形

（1）可设定担保的例外情形：

劳动者占有用人单位价值较高的财产时，用人单位与劳动者约定设置担保条款的效力也并非绝对无效。根据《劳动合同法》第 9 条的规定，用人单位不得在招工时扣押劳动者身份证件、要求劳动者提供担保或收取劳动者财物。但在劳动合同履行过程中，对于劳动者占有用人单位价值较高的财物，用人单位为防止财物灭失或被轻易毁坏，与劳动者约定设置相应的合理担保，法律没有禁止，可以认定为有效。但若该约定为流押、流质担保，或者名义上为财物“担保”实际上却是要求劳动者购买该财物的，该约定无效。

（2）可约定违约金的例外情形：

A. 双方约定服务期承诺，企业已提供专项培训费用，对其进行专业技术培训的。

B. 双方约定保守用人单位的商业秘密和与知识产权相关的保密事项的；

C. 双方约定离职后劳动者负有竞业禁止义务，且从离职后起企业支付补偿金给员工的。

（三）两类劳动合同的比较鉴别

1. “固定”与“无固定”的概念

（1）固定期限劳动合同是指用人单位与劳动者约定合同终止时间的劳动合同；

（2）无固定期限劳动合同，则是用人单位与劳动者约定无确定终止时间的劳动合同。

这两种劳动合同与以完成一定工作任务为期限的劳动合同，共同构成了我国现行劳动合同的三种法定形式。简言之，例如：固定期限劳动合同需要在劳动合同中“劳动期限”一栏里填写工作期限为：X年X月X日起至Y年Y月Y日止，而无固定期限劳动合同则不填写或直接填写“无固定期限”。

2. 固定期限与无固定期限劳动合同的相同点

（1）固定期限劳动合同与无固定期限劳动合同的解除和终止适用的法定条件是一样的

（2）用人单位在合法解除或终止劳动合同的时候都是不用支付经济补偿金或支付相应补偿金，均不需要承担赔偿金，而在违法解除劳动合同的时候都是同样需要承担赔偿责任。即在合法解除或终止时，根据劳动者在本单位工作的年限，每满1年支付1个月工资的标准向劳动者支付经济补偿；6个月以上不满1年的，按1年计算；不满6个月的，向劳动者支付半个月工资的经济补偿。而在违法解除或终止时，依照上述规定的经济补偿标准的2倍进行赔偿。

3. 固定期限与无固定期限劳动合同的区别

（1）终止期限：要说两种劳动合同的区别就在当企业不想继续留用该劳动者的时候处理不同，决定一个员工的去留的自主权方面所受限制不同，固定期限劳动合同有劳动合同期限，届满时自然终止，只要等到合同期满就符合法定终止条件；而无固定期限劳动合同既然是没有期限的，就没有“自然终止”一说，若非出现法定情形，合同就得一直履行下去。

（2）留用优先权：对劳动者而言，在企业进行经济性裁员的时候，无固定期限劳动合同的员工具有优先于短期固定期限劳动合同员工被企业留用的权利（长期固定期限劳动合同员工也同样享有优先留用权）。并且，在企业裁员后6个月内如需要重新招用人员的，应当通知被裁减的人员，并在同等条件下优先招用已被裁减的这部分符合无固定期限和长期固定期限劳动合同的员工。

（3）违法成本：正如上述第1点所说，固定期限劳动合同是有自然终止的期限的，而无固定期限劳动合同则是没有期满自然终止的，如不出现法律规定可以提前解除的情形，企业要单方面提前解除则必定是违反法律规定的，而需要比自然期限届满终止的劳动合同多支出1倍的经济补偿金。

4. 针对无固定期限劳动合同的劳动法律比照

（1）《劳动法》第 20 条规定：劳动合同的期限分为有固定期限、无固定期限和以完成一定的工作为期限。劳动者在同一用人单位连续工作满 10 年以上，当事人双方同意续延劳动合同的，如果劳动者提出订立无固定限期的劳动合同，应当订立无固定限期的劳动合同。

（2）(劳动合同法》第 14 条规定：无固定期限劳动合同，是指用人单位与劳动者约定无确定终止时间的劳动合同。用人单位与劳动者协商一致，可以订立无固定期限劳动合同。有下列情形之一，劳动者提出或者同意续订、订立劳动合同的，除劳动者提出订立固定期限劳动合同外，应当订立无固定期限劳动合同：

①劳动者在该用人单位连续工作满 10 年的；

②用人单位初次实行劳动合同制度或者国有企业改制重新订立劳动合同时，劳动者在该用人单位连续工作满 10 年且距法定退休年龄不足 10 年的：

③连续订立 2 次固定期限劳动合同，且劳动者没有本法第 39 条和第 40 条第 1 项、第 2 项规定的情形，续订劳动合同的。

用人单位自用工之日起满 1 年不与劳动者订立书面劳动合同的，视为用人单位，与劳动者已订立无固定期限劳动合同。

（3）结合新、旧法律，进行对照就会发现，《劳动合同法》在原来《劳动法》已有的基础上扩充了 2 项内容，即现在应当签订无固定期限劳动合同的情形为以下 4 种：

①劳动者在该用人单位连续工作满 10 年的；

②用人单位初次实行劳动合同制度或者国有企业改制重新订立劳动合同时，劳动者在该用人单位连续工作满 10 年且距法定退休年龄不足 10 年的；

③连续订立 2 次固定期限劳动合同，且劳动者没有本法第 39 条和第 40 条第 1 项、第 2 项规定的情形，续订劳动合同的。

④用人单位自用工之日起满 1 年不与劳动者订立书面劳动合同的，视为用人单位与劳动者已订立无固定期限劳动合同。

《劳动合同法》删除了对“当事人双方同意续延劳动合同的”限制，即只要连续工作满10年的，不需要双方同意，只要劳动者单方提出续订企业就要接受。并且还规定了相应的赔偿责任，用人单位违反规定不与劳动者订立无固定期限劳动合同的，自应当订立无固定期限劳动合同之日起向劳动者每月支付2倍的工资的赔偿责任。可见，《劳动合同法》对于该情形规定了实际惩罚措施，比《劳动法》规定得更加严格。

二、劳动合同变更

劳动合同的变更是指用人单位与劳动者依法订立劳动合同后，在劳动合同尚未始履行或者尚未履行完毕之前，经用人单位和劳动者双方当事人协商同意，对劳动合同内容作部分修改、补充或者删减的法律行为。《劳动合同法》第35条规定，用人单位与劳动者协商一致，可以变更劳动合同约定的内容；变更劳动合同，应当用书面形式；变更后的劳动合同文本由用人单位和劳动者各执一份；在变更过程中也必须遵循合法、公平、平等自愿、协商一致、诚实信用的原则。可见，劳动合同变更的主动权并非完全掌握在企业一方，有的由用人单位提出，也有的是由劳动者提出。

（一）劳动合同变更的法律特点

1. 劳动合同变更的时间必须在劳动合同订立后，尚未开始履行或尚未屉行完毕前，也就是说劳动合同期限未订立前和劳动合同期限届满后都不能进行变更；

2. 劳动合同变更必须依据法律规定的程序，遵循自愿、公平、协商一致的原则进行变更；

3. 劳动合同变更是建立在原劳动合同的基础之上，即原合同条款未进行变更的部分仍然有效，但有冲突的部分以变更后的条款为准。

4. 若企业未依据法定程序变更劳动合同或擅自变更劳动合同给劳动者一方造成损失的，将面临承担赔偿的法律风险；

5. 劳动合同变更未达成一致意见的，可能成为合同解除的事由。

（二）劳动合同变更的事由

1. 主观原因：劳动合同的变更不排除劳资双方在主观上存在的就业意愿和聘用意愿的表示。具体是指客观条件未发生变化的情况下，劳动者出于纯个人原因所表现出的变更合同意愿，如希望从原来的岗位上调换到更加具有挑战性的岗位上，或希望从原来外勤的岗位转为内勤岗位上，或要求提高工资报酬，或要求集团公司或总公司将其分配到就近的办公地点的分公司工作等等；而相对的用工单位的用工意愿较多是通过企业主或高管的主观意愿来表达，结合劳动者本身的劳动技能、工作表现来决定是否对其进行岗位调整、加薪或者决定解聘，是否继续留用等。但劳资各方仅有主观条件的成就并不必然导致劳动合同的变更，还须进一步协商形成合意后加以确定。

2. 客观原因：这种客观条件的成就使得当事人原来在劳动合同中约定的权利义务的履行成为不可能或没有意义。这时法律允许当事人对劳动合同有关内容进行变更。主要有：

（1）由于不可抗力的发生，使得原来合同的履行成为不可能或者失去意义。“不可抗力”是指当事人所不能预见、不能避免并不能克服的客观情况，如自然灾害、战争等。

（2）客观经济情况变化致使劳动合同的继续履行造成过离代价而失去经济上的“价值”，也就是所谓的“情势变迁”。根据《劳动合同法》第 40 条第 3 款的规定，劳动合同订立时所依据的客观情况发生重大变化，致使劳动合同无法履行，经用人单位与劳动者协商，未能就变更劳动合同内容达成协议的，用人单位在提前 30 日以书面形式通知劳动者本人或者额外支付劳动者 1 个月工资后，可以解除劳动合同。由此可以确定，劳动合同订立时所依据的客观情况发生重大变化，是劳动合同变更的一个重要事由。

例如：

从劳动者的客观原因方面来说，如劳动者的身体健康状况发生变化：包括患病或非国工负伤、职业病或工伤造成的劳动能力部分丧失、孕产女职工特殊时期岗位调整、职业技能不能胜任本岗位所需等，造成原劳动合同所设定工作岗位不再适合该劳动者的情形，企业就得调整相应工作岗位，提供合适的工作给劳动者。在此情况之下，企业就需要与劳动者变更原劳动合同关于工种、岗位的内容，相应的待遇也可能随之调整。

从用人单位的客观原因方面来说，随着公司规模的发展壮大，将员工派往分支机构工作或者从基层调动员工到总部的工作变动也是经常性的；企业为适应市场竞争的需要，必要的进行部门整合、调整产业方向、改组生产线等，均需要对相关人事劳动关系作相应变动，并且根据经济发展的需要，企业间的横向合作、交流更加深入，用人单位将员工派往合作单位工作的情形也屡见不鲜。除此之外，企业组织形式发生变化，包括企业的分立、合并，企业住所地发生变化等也会导致劳动合同关系的变更，尤其近年来城市格局加速演变，根据城市建设规划和工业区块发展计划，部分工业生产型企业和环境污染较严重的企业迁出主城区，很多劳动者的上下班就变得极不便利，由此产生劳动合同变更和解除相关的劳动纠纷也是较为常见的。

（三）员工外派与劳动合同变更

除前面提到的劳动合同履行过程中企业发生资产重组、并购所引起的劳动合同变更及因企业转产、技术革新以及员工不能胜任原工作岗位等非职工原因或职工原因造成用工双方的劳动合同变更之外，最常见的就是企业将员工指派到下属企业、分支机构或承包经营单位等外派的情形，对于该种非职工原因造成的岗位变动和工资变动等劳动合同内容的变更，法律也有特别要求。

1. 企业员工外派的性质

这里所指的员工外派不同于劳务派遣，是指员工与本公司存在劳动合同关系，具有明确工作岗位的前提下，因公司业务发展的需要，公司将自己单位的职工派往所合作或下属单位就某个特定项目提供技术支持的人员调整，主要有两种：

（1）一种是公司将本企业员工派遣至其他合作单位负责特定项目或合作工程的跟进、技术调试等，也称职工外借，即将员工派往与本公司无法律隶属关系的单位工作。

（2）另一种则是公司将本企业员工指派到公司下属子公司或办事处等分支机构工作的情形。指派到下属企业的又可细分为派驻到下属子公司（有挫立法律主体资格的企业）和企业分支机构（如分公司、办事处等不具有独立法律主体资格的机构，同时也包含部分承包经营项目等）。

员工外派的实质不同于《劳动合同法》中规定的劳务派遣：首先，该公司不具有劳务派遣的主体资质，其经营范围与法律规定的劳务派遣单位不同，劳务派遣单位则是专门从事劳务输出的机构，而上述提到的公司经营的是其他实体性的行业；其次，劳动力的输出是基于企业间的合作关系而在短期内向接收单位提供辅助性的工作帮助和技术指导，简言之，是建立在一个现存的项目基础之上的，而劳务派遣则是为实现劳务输出目的而进行的劳动力储备。并且根据《劳动合同法》的规定，用人单位或者其所属单位不得自设劳务派遣单位向本单位或者所属单位派遣劳动者。而企业基于合作关系，或者向内部分支机构提供的人员调整和配备并不是法律所禁止的自设和自我输出。

2 外派法律风险防范

从外派的人员范围来看，主要属于不涉及企业商业秘密、具有较强的专业技术性的范畴的人员，也有部分是企业机构人员设置时有富余而进行的人力资源调整。但这样的调整也可能因为用人单位主体不清和权利义务不明确而给企业带来纠纷，所以必须做好风险防范工作。

（1）企业职工外借的情形的处理

劳动部《关于贯彻执行〈中华人民共和国劳动法〉若干问题的意见》中明确规定："企业富余职工、请长假人员、请病假人员、外借人员和带薪上学人员，其社会保险仍按规定由原单位和个人继续缴纳。"可见，原用人单位的劳动法律责任不因员工外派而消除。

由于外派劳动者原本不是隶属于借用单位的，原用人单位应当与借用单位签订借用合同，约定借用时间、借用人员、借用期间的借用单位与劳动者之间的权利义务，包括工资待遇和各项社会保险待遇等。同时，原用人单位还应与劳动者变更劳动合同条款中关于新的工作地点、工作条件等内容，以免发生不必要的纠纷。另外，如果三方自愿协商同意，也可以由原用人单位与劳动者解除原劳动合同关系，而由借用（新）单位与劳动者重新签订劳动合同，具体享受的待遇和补偿办法均可以自行约定，只要遵循公平、自愿、公正的原则，均不违反法律规定。

（2）企业将职工指派到下属企业或分支机构的处理

企业将职工派往下属企业或分支机构工作的情形在用工实践中较为常见，但由于实践中企业职工下派情形往往错综复杂，有的合同签订主体与用工主体不一致，有的两个主体均未与劳动者签订劳动合同，且出现劳动纠纷，劳动关系和用工主体的确认就存在一定的麻烦。

我们通常认为，企业与劳动者之间是否存在劳动合同关系或者事实劳动合同关系主要依据工资的发放主体、养老保险的缴纳主体、劳动地点和劳动内容综合判断。

劳动和社会保障部在《关于确立劳动关系有关事项的通知》中规定："用人单位招用劳动者未订立书面劳动合同，但同时具备下列情形的，劳动关系成立：（一）用人单位和劳动者符合法律、法规规定的主体资格；（二）用人单位依法制定的各项劳动规章制度适用于劳动者，劳动者受用人单位的劳动管理，从事用人单位安排的报酬的劳动；（三）劳动者提供的劳动是用人单位业务的组成部分。"

各地高院又结合劳动部门相关规定及《最高人民法院关于审理劳动手议案件适用法律若干问题的解释》《最高人民法院关于审理劳动争议案件适用法律若干问题的解释（二）》，就劳动争议审理相关事项专门制定指导性意见。例如江苏省高级人民法院《劳动争议案件审理指南》规定，人民法院认定双方是否存在劳动关系时，可审查下列证据：①工资支付凭证或记录，缴纳各项社会保险费的记录；②用人单位向劳动者发放的"工作证""服务证"等身份证件；③考勤记录；④劳动者填写的用人单位《招聘登记表》《报名表》等招用记录。

结合上述地方高院对劳动关系认定的规定，笔者认为，处理企业下派员工劳动法律关系时应分情况进行分析：

其一，企业将职工指派到下属分支机构，当该机构为未依法取得营业执照或者登记证书的分支机构，其不具有用工法律主体资格，职工仍保持与企业的劳动合同关系，不存在劳动合同主体争议。

其二，企业将职工指派到下属企业，当该下属企业为已依法取得营业执照或者登记证书的主体时，可以依法成为用工主体，法律允许其作为用人单位直接与劳动者订立劳动合同，在这种情况下企业与职工原本的劳动合同关系（包括事实劳动关系）是否因此视为被下属企业的事实劳动关系所替代？笔者认为应分情况而论，如与原企业签订过劳动合同，但未与新用人单位签订合同的，按照劳动合同签订时的原单位作为用人单位主体；如前后两个单位都未与之签订劳动合同的则分别为：

(1) 工资、劳动保险均由上级企业承担的：上级企业与劳动者劳动合同存续，只对工作地点和内容进行部分变更，用工主体未变。

(2) 工资、劳动保险均由下属企业直接支付的：下属企业与劳动者事实劳动关系成立，从理论上说，就不能避免原单位与职工的书面劳动合同或事实劳动合同关系与现用人单位的事实劳动关系之间的对立冲突，但司法实践中，一般会将现用人单位认定为实际用工主体。建议企业与劳动者签订补充协议明确哪一方为用工主体，进一步明确劳动双方的权利义务关系，避免日后不必要的纠纷。

(3) 工资、劳动保险分别由上级企业和下属企业承担：有人会说这种用工形式并不是非全日制用工，不能成就与多单位并存劳动关系的说法。但事实上两者均符合用工主体的特征，且均有依据被认定为用人单位，因而在司法实践中仍有可能使两企业承担连带责任而被列为共同被告。

其三，将员工派往承包经营部门的责任分配

随着企业经营形式的变化，较多中小企业在内部实行承包经营模式，即经营风险由承包者自负以实现企业利润最大化，成本最小化。一般承包者为企业内部职工，但有时也采用对外竞价的形式。这类承包经营往往是留用企业原有员工，工作内容、工作地点、工资标准基本照旧。在这种情况下，很多企业为了减轻自身法律责任，乐于跟承包者约法三章，例如约定工资、保险、工伤赔偿等义务均由承包者承担与企业无干系。但事实上，这样的约定对于企业来说也未必真正可以免责，因为我国《劳动合同法》规定，个人承包经营期间因个人承包经营者违反法律规定而对劳动者造成的损害，个人承包经营者应对其违反法律的行为承担责任，对劳动者的损害承担赔偿责任。同时针对个人承包经营者侵害劳动者权益，却没有足够的能力对劳动者进行赔偿，或者个人承包经营者逃避承担赔偿责任，劳动者很难得到赔偿的现象，《劳动合同法》为有效保护劳动者的合法权益明确规定对于个人承包经营者招用劳动者违反法律规定给劳动者造成损害的，应当由发包的组织代个人承包经营者承担连带赔偿责任。因此，个人承包经营者招用劳动者违反本法规定给劳动者造成损害的，虽然是由于个人承包经营者的违法行为造成的，但发包组织仍应承担连带赔偿责任，当然，个人承包经营者也不能拒绝承担赔偿责任。个人承包经营者招用劳动者时违反本法规定对劳动者造成的损害，劳动者既可以要求个人承包经营者全额或者部分赔偿，也可要求发包的组织全额或者部分赔偿。诉讼中，劳动者既可以单独起诉发包组织或者个人承包经营者，也可将发包组织或者个人承包经营者列为共同被告。

此外，劳动部《关于企业内部个人承包中保险待遇问题的复函》也指出：企业的承包只是企业的经营管理方式之一，并不能改变职工的身份，也不能改变职工与用人单位之间的劳动合同关系。劳动部办公厅《关于对企业在租赁过程中发生伤亡事故如何划分事故单位的复函》中明确规定：企业在租赁、承包过程中，如果承租方或承包方无经营证照，仅为个人（或合伙）与出租方或发包方签订租赁（或承包）合同，若发生伤亡事故应认定出租方或发包方为事故单位。劳动和社会保障部《关于确立劳动关系有关部门事项的通知》明确规定："建筑施工、矿山企业等用人单位将工程（业务）或经营权了包给不具备用工主资格的组织或自然人，对该组织或自然人招用的劳动者，由具备用工主体资格的发包方承担用工主体责任。"

（四）公司形式变更时劳动合同的变更

1. 公司组织形式变更

公司组织形式发生变更包括：普通有限责任公司变更为股份有限公司、国有企业改制、公司发生合并、被其他公司兼并或者发生公司分立等等。《公司法》第 9 条规定："有限责任公司变更为股份有限公司，应当符合本法规定的股份有限公司的条件。股份有限公司变更为有限责任公司，应当符合本法规定的有限责任公司的条件。有限责任公司变更为股份有限公司的，或者股份有限公司变更为有限责任公司的，公司变更前的债权、债务由变更后的公司承继。"

2. 公司资质信息变更

公司资质信息，一般是指在工商部门所依法进行登记的企业基本信息。如：企业名称、注册号、企业注册资本、法定代表人、企业负责人、技术负责人、公司类型、经营范围、企业主管部门等，当上述内容部分发生变动的情况下，公司本身并未发生变动，企业主体依旧，企业与劳动者的劳动关系未发生变化，劳动合同照旧履行。

3. 公司分立和合并时劳动合同的变更

1. 公司分立

是指一个公司依据法律、法规的规定，经过公司股东会决议，改组成两个或两个以上的公司。具体可以分为创设分立和派生分立（存续分立）。

（1）创设分立：在创设分立的情况下，原公司解散，并成立新的公司，即A公司分立为B公司相C公司，A公司消灭。

（2）派生分立：在派生分立的情况下，原公司发生变更，并成立新的公司，即A公司派生出B公司，从原来的一家A公司，变成现在的A公司和B公司。

2. 公司合并

是指两个或两个以上的公司通过订立合并协议，按照《公司法》及相关法律的规定，组成一个新公司的法律行为。根据我国《公司法》的有关规定，公司合并发生以下法律后果：参与合并公司主体资格发生变化；合并公司的权利义务模括承受；合并公司的股东成为合并后公司的股东，具体要分为就设合并和吸收合并。

（1）新设合并：在新设合并的情况下，原两家以上公司合并成为一家新的公司，原公司解散，即A公司与B公司合并后成为一家C公司，A公司、B公司主体都消灭。

（2）吸收合并：在吸收合并的情况下，其他公司并入其中一家公司当中，除该家公司存续外，其他公司均解散，例如：A公司与B公司合并，从A、B两家公司变为一家A公司，其中B公司主体消灭。

实践中，很多企业在合并或分立后便纷纷开始减员，对原有企业的劳动者以企业主体发生变化为由解除原来签订的劳动合同。《劳动合同法》第34条规定，用人单位发生合并或者分立等情况，原劳动合同继续有效，劳动合同由承继其权利和义务的用人单位继续履行。至此，劳动合同承继有了明确的劳动法依据。根据劳动部《关于贯彻执行〈中华人民共和国劳动法〉若干问题的意见》第13条的规定，用人单位发生分立或合并后，分立或合并后的用人单位可依据实际情况与原用人单位的劳动者遵循平等自愿、协商一致的原则变更劳动合同；如果双方无法就劳动合同的变更达成协议，可以协商解除合同。同时，第37条根据《民法通则》第44条第2款“企业法人分立、合并，它的权利和义务由变更后的法人享有和承担”的规定，用人单位发生分立或合并后，分立或合并后的用人单位可依据其实际情况与原用人单位的劳动者遵循平等自愿、协商一致的原则变更、解除或重新签订劳动合同。在此种情况下的重新签订劳动合同视为原劳动合同的变更，用人单位变更劳动合同，劳动者不能要求经济补偿。

可见，企业合并、分立后，双方也可以通过协商变更、解除或者重新签订劳动合同，但如果双方没有作特别约定的情况下，劳动关系首先是承继的。

（五）公司股权、资产变动时劳动合同的变更

随着市场经济的发展，国际、国内市场竞争日趋激烈，全球各大中小公司的股权、资产几乎每时每刻都在发生着流转，其中还有跨国境的股权收购（不排除敌意收购)，另外就是普通的股权转让、资产转让、融资担保抵债等等，金融危机的影响更加速了部分企业的资产重组和并购。事实上，股权转让和资产转让这两种情形下，对企业原有的劳动关系的影响是完全不同的。

1. 股权转让时劳动关系处理

（1）股权转让的概念

股权转让是指本公司的股东（包括法人股东和自然人股东）将自己持有的股份依法进行流转，以受让方给付股权转让款的对价作为让渡条件，让渡后由受让方作为该公司新的股东。

（2）股权转让对劳动关系的法律效果

股权转让的主体是公司股东，非公司本身，而劳动关系是建立在公司与劳动者之间的契约，因此，从法律效果上只是公司股权结构发生变化，并不发生劳动关系的变动，原劳动合同继续有效。但在实践中，不少企业的实际控制人可能因股权转让后发生变更控股权转移，新的决策和改革措施或裁员计划也会随之实施，只是各企业针对自己的不同实际情况，计划实施的长期和短期目标不，对于不打算留用的部分员工分别按照等待合同期满终止或当机立断型的直接解除合同并进行经济补偿等不同方式进行处理（以上主要是针对非国有企业的股权转让)。固有股权转让的法律程序相对于非国有股权转让规定的更加严格，其中对于涉及职工合法权益的，还应当听取职代会的意见，并形成职代会同意转让的决议。但非国有企业中涉及股权转让的，转让方与受让方之间仅根

据《公司法》关于股权转让及股东义务的相关规定处理，并不涉及职工劳动关系迁移和善后问题，因此没有规定必须经过职工同意，更无须职代会决议。

2. 资产收购时的劳动关系处理①

1）资产收购的概念。

资产收购，指收购公司向目标公司收购公司资产的法律行为。目标公司将其所拥有的全部或部分资产进行流转，收购公司向目标公司支付所收购资产的对价或者采取置换的形式。现在比较常见的一种就是资产并购，例如：通过收购企业的部分资产（比如说一个企业的销售部门或一个生产车间收购方将企业所有的生产及经营设备、专有技术及客户关系等作为一个整体接收，其不同于股权收购和股权转让，资产收购、资产转让的行为主体是公司本身，而非股东。在实际操作中，有部分企业进行的资产转让就是整体资产转让，资产经过出让后，受让公司再对其所接手的资产中有价值的部分进行剥离，再行重组或分立公司；或者收购公司在收购该目标公司资产之前，就先行设立新公司，以新公司名义进行收购等等。

2）资产收购对劳动关系的法律影响。

A. 针对国有企业改制工作：相关政策规定必须做好职工的安置和衔接工作，《劳动部办公厅关于对破产企业职工安置问题的复函》以及《企业国有产权转让管理暂行办法》规定，企业转让涉及职工合法权益的，应当听取转让标的企业职工代表大会的意见，对职工安置等事项应当经职工代表大会讨论通过，职工安置方案属于审批机关审查范围。根据财政部 2009 年 6 月 25 日发布的《财政部关于企业重组有关职工安置费用财务管理问题的通知》，国家出资企业在改制、产权转让、合并、分立、托管等方式实施重组过程中，就涉及产权关系变动、股权结构调整的企业重组中，有关职工安置费用财务管理问题应遵循如下规定：

（1）企业重组过程中，按照国家有关规定支付给解除、终止劳动合同的职工的经济补偿，以及为移交社会保障机构管理的职工一次性缴付的社会保险费，

---

① 胡燕林，《中小企业劳动用工七大风险防范》中国法制出版社 2009 年版，第 140—145 页。

按照《企业财务通则》第60条规定执行，其中产权转让的按本通知第7条规定执行。

（2）企业重组过程中涉及的离退休人员和内退人员有关费用，应按照“人随资产、业务走”的原则，由承继重组前企业相关资产及业务的企业承担。

企业对上述费用实行预提的，在重组过程中评估企业净资产价值时，根据权责一致原则，对企业资产未来可能实现的收益，也应当予以评估确认。

企业对预提的上述费用不符合本通知规定的，在重组过程中评估企业净资产价值时，应当按照本通知规定予以调整确认。

（3）企业重组过程中，对符合重组企业所在设区的市以上人民政府规定的离退休人员统筹外费用，经批准可以从重组前企业净资产中预提，预提年限应当按照中国保监会发布的《中国人寿保险业务经验生命表》计算。

国家对离休人员安置另有规定的，从其规定。

（4）企业重组过程中，对符合法律、行政法规以及国务院劳动保障部门规定条件的内退人员，其内退期间的生活费和社会保险费，经批准可以从重组前企业净资产中预提。

内退人员的生活费标准不得低于本地区最低工资标准的70%，同时不得高于本企业职工平均工资的70%，并应与企业原有内退人员待遇条件相衔接，经职工代表大会审议后，在内退协议中予以明确约定。

（5）重组企业按照本通知第（3）（4）条预提的有关费用，应当分别计算离退休人员和内退人员的预提年限，并以重组基准日相关费用为基数，以同期限历史平均通胀率计算未来各期企业应支付的费用后，再按照同期限银行贷款利率进行贴现计算。预提费用计算公式如下：

$$一次性预提费用 = \sum_{t=1}^{T}\frac{f_t \times (1+r_1)^t}{(1+r_2)^t}$$

其中，T为预提年限，t为预提年限内第t期费用，r_1为预提年限同期限内历史平均通胀率，r_2为预提年限同期限银行贷款利率。

（6）企业实行分立式重组，将离退休人员和内退人员移交存续企业或者由上级集团公司集中管理的，上述预提费用由重组后企业以货币资金形式支付给管理单位。重组后企业如货币资金不足，可以自重组完成日起5年内分期支付，但应当按照重组基准日 5 年期银行贷款利率向管理单位支付分期付款的利息。有关利息支出作为重组后企业财务费用处理。

B. 针对非国有企业资产收购的处理：根据《劳动合同法》等相关规定，因不可抗力或出现致使劳动合同全部或部分条款无法履行的其他情况，如自然条件（地震、海啸等不可抗力的因素）、企业迁移、被兼并、企业资产转移等，使原劳动合同不能履行或不必要雇行的情况。当合同因客观情况无法履行的，需经用人单位与劳动者协商，如果劳动者与用人单位未能就变更劳动合同内容达成协议的，原劳动合同所确立的劳动关系就没有存续的必要，在这种情况下，用人单位有权解除劳动合同，并且用人单位须根据《劳动合同法》规定进行经济补偿。

不同收购情形的法律后果：根据非国有企业并购和重组时不同的具体情形，也会产生不同的法律后果：

其一，转让资产后清算消亡的企业主体：

实践中，很多转让企业以整体形式将资产进行出售，而后对企业进行清算，将清算后的利润分配给股东（在企业债务、股东分红、劳动者报酬和经济补偿等当中，劳动者的工资和经济补偿处于企业清算中优先支付地位）。在这种情形下，劳动者与企业的劳动合同关系在企业清算完毕和主体注销时就自行终止了，即合同订立时所依据的客观情况已发生重大变化，致使劳动合同无法履行。

其二，转让部分生产线或部门的企业主体：

现阶段，比较常见的是收购方企业只收购目标企业中的个别部门或部分生产线的情形，现在国内资产并购处置大部分还是按照资产归资产处置、员工归企业本身留用的方案操作。但归企业本身留用的该部分员工，又可能回复到由于客观原因导致合同无法继续履行的“裁员”的局面。实践中，转让双方可根据资产转让双方协商，约定具体该生产线上或部门内的劳动者是跟随企业走，还是跟随项目（资产）走，这在欧洲大部分国家都有专门的《劳工保护法》明确规定（劳工关系跟企业走），但也有个别国家规定劳动者跟随项目（资产）走，例如德国。

但我国《劳动合同法》没有明确规定，笔者认为，我国也可以借鉴欧洲国家的做法，将收购过程中的劳动关系处理以立法形式进一步明确，加强并购活动的可操作性。

三、劳动合同解除

（一）企业单方面解除劳动合同

1. 解除劳动合同的法律依据

《劳动合同法实施条例》第19条将用人单位解除劳动合同的情形分为：

（1）用人单位与劳动者协商一致的；

（2）劳动者在试用期间被证明不符合录用条件的：

（3）劳动者严重违反用人单位的规章制度的；

（4）劳动者严重失职，营私舞弊，给用人单位造成重大损害的；

（5）劳动者同时与其他用人单位建立劳动关系，对完成本单位的工作任务造成严重影响，或者经用人单位提出，拒不改正的：

（6）劳动者以欺诈、胁迫的手段或者乘人之危，使用人单位在违背真实意思的情况下订立或者变更劳动合同的；

（7）劳动者被依法追究刑事责任的；

（8）劳动者患病或者非因工负伤，在规定的医疗期满后不能从事原工作，也不能从事由用人单位另行安排的工作的；

（9）劳动者不能胜任工作，经过培训或者调整工作岗位，仍不能胜任工作的；

（10）劳动合同订立时所依据的客观情况发生重大变化，致使劳动合同无法履行，经用人单位与劳动者胁商，未能就变更劳动合同内容达成协议的；

（11）用人单位依照企业破产法规定进行重整的；

（12）用人单位生产经营发生严重困难的；

（13）企业转产、重大技术革新或者经营方式调整，经变更劳动合同后，仍需裁减人员的；

（14）其他因劳动合同订立时所依据的客观经济情况发生重大变化，致使劳动合同无法履行的。

结合《劳动合同法》第39条、第40条、第41条规定分析，用人单位提出解除劳动合同的主要依据可归纳为如下两种：①劳动者工作表现；②客观情况的变化。其中第 39 条针对的是劳动者工作表现，而第 40 条和 41 条则可一同纳入客观情况的变化范畴。

2. 根据劳动者工作表现的解除情形

主要体现在《劳动合同法》第 39 条。该条明确规定劳动者有下列情形之一的，用人单位可以解除劳动合同：①在试用期间被证明不符合录用条件的；②严重违反用人单位的规章制度的；③严重失职，营私舞弊，给用人单位造成重大损害的；④劳动者同时与其他用人单位建立劳动关系，对完成本单位的工作任务造成严重影响，或者经用人单位提出，拒不改正的；⑤因本法第 26 条第 1 款第 1 项规定的情形致使劳动合同无效的；⑥被依法追究刑事责任的。

（1）在试用期间被证明不符合录用条件的。

劳动合同的试用期是考察劳动者各方面条件是否符合用人单位的具体要求的一个特别的期限，在这个特殊时期里，如用人单位发现劳动者不符合劳动合同条件或者招聘岗位的要求的，则可以提出解除劳动合同，而无需支付经济补偿金。

（2）严重违反用人单位的规章制度的。

规章制度是用人单位用以保障企业管理、要求劳动者遵守劳动纪律的企业内部规范。严重违反用人单位规章制度的，用人单位有权提出解除劳动合同，并无须支付经济补偿金。但企业要注意的是，怎样对“严重”程度进行把握和定性是比较复杂的问题，也是企业在实践操作中比较有难度的一个问题。到底怎样算是“严重”对各企业来说可能都不同，标准不一，就拿给企业造成损失金额来讲，可能对大型企业来说造成几万元损失是小损失，但可能对小型企业来说就算是巨额损失了，所以存在一个参照的依据问题，因而为了便于把双方的责任和义务落到实处，便于操作，企业应当在规章中明确哪类情形属于“严重”。另外，规章制度本身的合法性也是企业首先要把好关的，程序上和实体上均要合法，否则，规章无效就不能要求员工继续遵照执行，且不能作为提出解除劳动合同的事由。

（3）严重失职，营私舞弊，给用人单位造成重大损害的。

劳动者在自己工作岗位上玩忽职守，严重失职、中饱私囊等恶劣行为给企业造成重大经济损失或其他损失的情形，用人单位可以提出解除劳动合同，并且无须向该劳动者支付经济补偿金。其中，企业需要注意的问题也是规章制度或者劳动合同中应当明确“严重”“重大损害”的程度以及损害范围，便于提供解除劳动合同的相关依据。

（4）劳动者同时与其他用人单位建立劳动关系，对完成本单位的工作任务造成严重影响，或者经用人单位提出，拒不改正的。

按照我国劳动法律规定，非全日制用工劳动者可以同时与几家企业存在劳动关系，对全日制是否只能与一家用人单位建立劳动关系并未明确规定，但从立法条文内容看和实践操作来说，我国对于全日制用工的规定排除适用双重劳动关系。原劳动部于1996年10月31日颁布的《关于实行劳动合同制度若干问题的通知》，其中第17条规定：“用人单位招用取工平时应查验终止、解除劳动合同证明，以及其他能够证明该职工与任何用人单位不存在劳动关系的凭证，方可与其签订劳动合同。”我们还可以从相关法规看。1991年6月26日发布的《国务院关于企业职工养老保险改革的决定》要求用人单位必须为劳动者缴纳社会保险，不难发现除了非全日制工以外，一个劳动者只能与一个用人单位存在劳动关系，因为一个劳动者只有一个社会保险账号，也就是说不存在全日制用工劳动者与多家用人单位的劳动关系同时成立的情形，且即便是从事非全日制用工的劳动者可以与一个或者一个以上用人单位订立劳动合同，后订立的劳动合同也不得影响先订立的劳动合同的履行，如劳动者已对完成本单位工作任务造成严重影响的，企业则可以提出解除劳动合同。但企业也需要注意收集证明造成“严重影响”的和员工还在其他单位工作的相关证据材料，该举证责任在企业一方。

（5）因《劳动合同法》第26条第1款第1项规定的情形致使劳动合同无效的。即指劳动者以欺诈、胁迫的手段或者乘人之危，使用人单位在违背真实意思的情况下订立或者变更劳动合同的，劳动合同无效。《劳动合同法》将本条属于合同“无效”的情形又列入“解除”范畴，本身存在法理上的矛盾，“无效”与“解除”是两个不同的概念，笔者认为这是《劳动合同法》立法时的一个比较有缺憾的瑕疵。但对企业来说，可能多了一项可以去操作去比照的解除合同的依据，也未必不好。在确认劳动合同无效和解除劳动合同之间，企业可以自行选择，这两种情形下，企业均无须支付经济补偿金。

(6) 被依法追究刑事责任的。

劳动者因触犯国家刑法而被追究法律责任时，劳动者的行为和造成的后果是较为严重的，具有社会危害性，使用人单位正常生产程序和日程安排受耽误甚至陷人混乱状态，此时，用人单位有权解除与劳动者的劳动合同，且无须向劳动者支付经济补偿金。值得企业注意是，法律规定“被依法追究刑事责任的”情形具体包括哪些？对于那些轻微犯罪，甚至可以不认为是犯罪的，或者过于轻微可以不予追究刑事责任的，如何处理？检察院免予起诉或法院免予刑事处分的是否不属于“被追究刑事责任的”？

根据劳动部《关于贯彻执行（中华人民共和国劳动法〉若干问题的意见》第 29 条规定，“被依法追究刑事责任”是指以下三种情形：①被人民检察院免予起诉的；②被人民法院判处刑罚（包括主刑：管制、拘役、有期徒刑、无期徒刑、死刑；附加刑：罚金、剥夺政治权利、没收财产）的；③被人民法院依据《刑法》第 32 条免予刑事处分的。

3. 根据客观情况变化的解除情形

(1) 劳动者方面的客观情况发生变化。

A. 职工患病或非因工负伤的，在医疗期满后，不能从事原工作也不能从事由用人单位另行安排的工作的，用人单位提前 1 个月通知劳动者本人，可以解除劳动合同，企业要注意这与职工患职业病和工伤的情况待遇是不一样的。

B. 劳动者不能胜任工作，经过培训或者调整工作岗位，仍不能胜任工作的，用人单位提前 1 个月通知劳动者本人，可以解除劳动合同。在实践中，某些劳动者学习能力差，不能接受知识更新，不能跟上工作进度等，因此法律规定劳动者不能胜任工作的，用人单位可以解除劳动合同。企业需要注意的是，劳动者不能胜任工作的，也应保留相关事实依据，并且经过培训或调整工作岗位，这一步骤不可少如果未进行培训或调整工作岗位就解除与劳动者的劳动关系，是不符合该项要求的。另外，企业也不能故意刁难劳动者故意将其调换工作。

C. 劳动合同订立时所依据的客观情况发生重大变化，致使原合同无法履行，经当事人协商不能就变更劳动合同达成协议的，用人单位提前 1 个月通知劳动者本人，也可以解除劳动合同。

另外，在发生上述3类情况时，如不提前30日通知劳动者就直接希望与劳动者解除劳动合同的，用人单位也可以选择额外支付劳动者1个月的工资的方式解除，注意这里是在“提前通知”和支付“代通知金”之间选择其一，是“或者”而不是“并列”的关系。企业可以根据自身实际情况，决定是提前通知还是直接支付“代通知金”。

（2）企业方面的客观情况发生变化。

正如“劳动合同的变更”中提到的由于自然灾害、战争等不可抗力导致的企业无法继续履行合同，或因企业改产、重组、破产等原因造成劳动合同无法继续履行或无履行的必要的，则用人单位可以解除劳动合同。另外，如用人单位与劳动者订立劳动合同时所依据的客观情况发生重大变化也可以提出解除劳动合同，但企业必须慎重使用该依据，客观情况一般是指因不可抗力或企业条件发生变化等无法避免的情况，还应包括订立劳动合同所依据的法律、法规已经修改或者废止，因企业根据市场变化调整经营策略或者产品结构发生转产、调整生产任务或者生产经营项目时所依据的客观情况发生变化的结果，导致原劳动合同全部或者部分条款元法履行。劳动合同订立时所依据的客观情况发生变化，与原劳动合同无法继续履行之间存在法律上的因与果的关系。

用人单位以订立合同时所依据的客观情况发生重大变化为由解除劳动合同，还必须符合下述条件：一是客观上出现了诸如企业被兼并、迁移、资产转移等的重大变化；二是此类情况变化使劳动合同无法履行；三是经双方就变更劳动合同内容不能达成协议；四是提前30天以书面形式通知劳动者本人。

4. 对企业单方解除劳动合同的法律限制

其一，不得解除劳动合同的情形规定。

根据《劳动合同法》第42条的规定，劳动者有下列情形之一的，用人单位不得依照本法第40条、第41条的规定解除劳动合同：

（1）从事接触职业病危害作业的劳动者未进行离岗前职业健康检查，或者疑似职业病病人在诊断或者医学观察期间的；

（2）在本单位患职业病或者因工负伤并被确认丧失或者部分丧失劳动能力的；

（3）患病或者非因工负伤，在规定的医疗期内的：

（4）女职工在孕期、产期、哺乳期的；

（5）在本单位连续工作满 15 年，且距法定退休年龄不足 5 年的；

（6）法律、行政法规规定的其他情形。

其二，提前通知或支付“代通知金”的规定。

“代通知金”：指代替企业提前 30 天通知所支付的额外的 1 个月工资，不同于经济补偿金。该 1 个月工资标准按照该职工上个月的工资标准确定。如上海高院《关于适用〈劳动合同法〉若干问题的意见》中提到，《劳动合同法实施条例》规定“代通金”的支付标准，应当以上个月的工资标准确定，但只以单月的工资为准，可能过高或过低，既有可能对用人单位不利，也有可能对劳动者不利，从整体上看不利于促进和形成和谐稳定的劳动关系。所以，结合《劳动法》和《劳动合同法》的立法精神，上个月的“工资标准”，应当是指劳动者的正常工资标准，如其上月工资不能反映正常工资水平的，可按解除劳动合同之前劳动者 12 个月的平均工资确认。

根据《劳动合同法》第 40 条的规定，劳动者有下列情形之一的，用人单位提前 30 日以书面形式通知劳动者本人或者额外支付劳动者 1 个月工资后，可以解除劳动合同：

（1）劳动者患病或者非因工负伤，在规定的医疗期满后不能从事原工作，也不能从事由用人单位另行安排的工作的；

（2）劳动者不能胜任工作，经过培训或者调整工作岗位，仍不能胜任工作的；

（3）劳动合同订立时所依据的客观情况发生重大变化，致使劳动合同无法履行，经用人单位与劳动者协商，未能就变更劳动合同内容达成协议的。

其三，通知工会程序。

（1）事先通知的程序和通知内容。

根据《劳动合同法》第 43 条规定，用人单位单方解除劳动合同，应当事先将理由通知工会。用人单位违反法律、行政法规规定或者劳动合同约定的，工会有权要求用人单位纠正。用人单位应当研究工会的意见，并将处理结果书面通知工会。根据《工会法》第 21 条规定，企业、事业单位处分职工，工会认为不适当的，有权提出意见。企业单方面解除职工劳动合同时，应当事先将理由通知工会，工会认为企业违反法律、法规和有关合同，要求重新研究处理时，企业应当研究工会的意见，并将处理结果书面通知工会。

另外，还明确了工会的法律地位，工会通过平等协商和集体合同制度协调劳动关系维护企业职工劳动权益。工会依照法律规定通过职工代表大会或者其他形式，组织职工参与本单位的民主决策、民主管理和民主监督。企业违反集体合同，侵犯职工劳动权益的，工会可以依法要求企业承担责任；因履行集体合同发生争议，经协商解决不成的，工会可以向劳动争议仲裁机构提请仲裁，仲裁机构不予受理或者对仲裁裁决不服的，可以向人民法院提起诉讼。可见，要使单方解除劳动合同程序完整就需要通知工会，但现阶段，不少中小企业还未建立工会，对怎样的企业符合建立工会的要求也不是十分清楚，因而在解除劳动合同的实务操作中程序并不完整。司法实践中已有将没有工会的企业也应当将解除合同的理由事先通知同级相关工会组织的判例，否则不利于《工会法》的贯彻实施。

(2) 工会的建立。

根据《工会法》第10条规定，企业、事业单位、机关有会员25人以上的，应当建立基层工会委员会；不足25人的，可以单独建立基层工会委员会，也可以由两个以上单位的会员联合建立基层工会委员会，也可以选举组织员一人，组织会员开展活动。女职工人数较多的，可以建立工会女职工委员会，在同级工会领导下开展工作：女职工人数较少的，可以在工会委员会中设女职工委员。企业职工较多的乡镇、城市街道，可以建立基层工会的联合会。县级以上地方建立地方各级总工会。同一行业或者性质相近的几个行业，可以根据需要建立全国的或者地方的产业工会。全国建立统一的中华全国总工会。

(3) 未事先通知工会的法律后果。

最高人民法院《关于审理劳动争议案件适用法律若干问题的解释（四）》第十二条规定："建立了工会组织的用人单位解除劳动合同符合劳动合同法第三十九条、第四十条规定，但未按照劳动合同法第四十三条规定事先通知工会，劳动者以用人单位违法解除劳动合同为由请求用人单位支付赔偿金的，人民法院应予支持，但起诉前用人单位已经补正有关程序的除外。"根据《劳动合同法》第48条规定，劳动者可以选择适用赔偿金，也可以不主张赔偿而要求用人单位继续履行合同。根据《劳动合同法》第 87 条规定，赔偿金支付标准是经济补偿金的两倍，结合《劳动合同法》第 47 条规定，如果用人单位违法本法规定解除或终止劳动合同的，应当按照在本单位工作的年限支付赔偿金，年满 1 年支付 2 个月工资，6 个月以上不满 1 年按 1 年计算；不满 6 个月的，向劳动者支付 1 个月工资；劳动者月工资高于单位所在直辖市、设区的市级人民政府公布的本地区上年度职工月平均工资三倍的，向其支付经济补偿的标准按职工月平均工资三倍的数额支付，向其支付经济补偿的年限最高不超过十二年。江苏高院《劳动争议案件审理指南》认为普通劳动者无最高不超 12 个月的赔偿限制。

（二）企业经济性裁员的法律程序

1. 裁员的分类

企业的裁员也是由于企业客观情形的变更造成的，包括：结构性裁员和经济性裁员。但有时结构性裁员是伴随着经济性裁员发生的。结构性裁员是迎合企业发展需要的一种改进和优化，有时也跟劳动者方面原因相结合，例如很多劳动者被裁的原因是不适合该工作岗位，有的则因为工作态度差，有的因为对企业贡献小，相对来说不被企业看好等，从而被列入结构性裁员的对象。企业为实现人力资源的最优化配置就会实施裁员。

2. 经济性裁员

经济性裁员是和企业本身的经营经济形势困难有关的。在金融危机影响下，不少企业纷纷进行了经济性裁员，以缓解经济压力。根据《企业经济性裁减人员规定》第 2 条规定，用人单位生产经营发生严重困难，达到当地政府规定的严重困难企业标准，确需裁减人员的，可以裁员。《劳动合同法》第 41 条规定的经济性裁员情形有：①依照企业破产法规定进行重整的；②生产经营发生严重困难的；③企业转产、重大技术革新或者经营方式调整，经变更劳动合同后，仍需裁减人员的；④其他因劳动合同订立时所依据的客观经济情况发生重大变化，致使劳动合同无法履行的。

但企业要注意的是，上述四种情形的经济性裁员如果人数达 20 人以上或者裁减不足 20 人但占企业职工总数 10% 以上的，用人单位须提前 30 日向工会或者全体职工说明情况，听取工会或者职工的意见后，裁减人员方案经向劳动行政部门报告，才可以裁减人员。因此，企业如要实施经济性裁员必须完备经济性裁员的法定程序，按照法律程序和步骤进行劳动者意见征询、协商、向劳动主管机关报告方案、听取意见，之后还要办理相关法律手续，并依法支付经济补偿金，最后还需要开具裁员证明。

3. 经济性裁员程序

企业如果需要进行经济性裁员，必须依据如下程序：

第一步：用人单位提前30日向工会或全体职工说明情况，并提供有关生产经营状况的资料；

第二步：提出裁员方案，例如裁员名单、具体裁减时间、实施步骤、相关法律依据、经济补偿办法等；

第三步：将裁员方案征求工会或全体职工的意见：

第四步：向劳动保障部门报告裁员方案和工会或全体职工意见，听取劳动保证行政部门的意见；

第五步：公布裁员方案，与劳动者办理解除劳动合同手续，并支付经济补偿金；

第六步：出具《解除劳动合同证明书》。

4. 经济性裁员应注意的问题

（1）对企业员工优先留用的限制。

为保障部分特殊劳动者的合法权利得到切实保障，《劳动合同法》第41条第2款规定了企业裁减人员时应优先留用的人员范围为：①与本单位订立较长期限的固定期限劳动合同的；②与本单位订立无固定期限劳动合同的；③家庭无其他就业人员，有需要扶养的老人或者未成年人的。这给企业在裁员时设置了一个限制。

（2）对重新招聘的限制。

为了避免有的用人单包故意以经营状况严重困难为借口任意辞退员工的情形，《劳动合同法》第41条第3款还规定："用人单位依照本条第一款规定裁减人员，在6个月内重新招用人员的，应当通知被裁减的人员，并在同等条件下优先招用被裁减的人员。"这给企业在重新聘用人员时又设定了限制，使企业重新招用人员的程序更加烦琐。

笔者认为上述限制只是针对经济性裁员的劳动者来说的，对于优化企业配置结构性裁员不应在此列，例如因企业员工自身的原因造成的不符合企业发展岗位的要求。

（三）员工单方面解除劳动合同

结合《劳动合同法》第36条、第37条和第38条的规定，《劳动合同法实施条例》第18条将劳动者可以与用人单位解除固定期限劳动合同、无固定期限劳动合同或者以完成一定工作任务为期限的劳动合同的情形分为以下13类：

（1）劳动者与用人单位协商一致的；

（2）劳动者提前30日以书面形式通知用人单位的；

（3）劳动者在试用期内提前3日通知用人单位的；

（4）用人单位未按照劳动合同约定提供劳动保护或者劳动条件的；

（5）用人单位未及时足额支付劳动报酬的；

（6）用人单位未依法为劳动者缴纳社会保险费的；

（7）用人单位的规章制度违反法律、法规的规定，损害劳动者权益的；

（8）用人单位以欺诈、胁迫的手段或者乘人之危，使劳动者在违背真实意思的情况下订立或者变更劳动合同的；

（9）用人单位在劳动合同中免除自己的法定责任、排除劳动者权利的；

（10）用人单位违反法律、行政法规强制性规定的；

（11）用人单位以暴力、威胁或者非法限制人身自由的手段强迫劳动者劳动的；

（12）用人单位违章指挥、强令冒险作业危及劳动者人身安全的；

（13）法律、行政法规规定劳动者可以解除劳动合同的其他情形。

实际上，归结起来可以划分为以下三大类：

其一，经用人单位与劳动者协商一致的情形。

即双方经过平等、自愿的协商，达成解除合同的一致意见。劳动者在存有合法劳动合同期间，尚未履行完毕之前，无论是哪一方首先提出，只要双方经过谈判、商议能够达成解除劳动合同的一致意见，双方不再提出异议，劳动合同就可以解除。有人认为谁先提出解除劳动合同谁就要承担关于经济补偿的相关损失。事实上不然，用人单位与劳动者协商解除劳动合同时，无论是哪一方提出，只要是自愿协商达成一致意见，给付经济补偿或自愿放弃经济补偿，法律都是允许的。

其二，解除劳动合同无须提前通知用人单位的情形。

A. 劳动者可以随时解除劳动合同的情形，有 8 种情形：

①用人单位未按照劳动合同约定提供劳动保护或者劳动条件的；

②用人单位未及时足额支付劳动报酬的；

③用人单位未依法为劳动者缴纳社会保险费的；

④用人单位的规章制度违反法律、法规的规定，损害劳动者权益的；

⑤用人单位以欺诈、胁迫的手段或者乘人之危，使劳动者在违背真实意思情况下订立或者变更劳动合同的；

⑥用人单位在劳动合同中免除自己的责任、排除劳动者权利的；

⑦用人单位违反法律、行政法规强制性规定的；

⑧法律、行政法规规定劳动者可以解除劳动合同的其他情形。

B. 劳动者可以立即解除劳动合同并不需要事先告知用人单位的，有 2 种情形：

①用人单位以暴力、威胁或者非法限制人身自由的手段强迫劳动者劳动的；

②用人单位违章指挥、强令冒险作业危及劳动者人身安全的。

上述 10 种情形，都属于用人单位存在过错的情形，因此，立法重在保护劳动者合法的辞职权。

其三，解除劳动合同需要提前通知用人单位的情形。

包括劳动者提前 30 日以书面形式通知用人单位和劳动者在试用期内提前 3 日通知用人单位两种：

A. 劳动者提前 30 日以书面形式通知：这种情形是，劳动者具有较多的自由支配权，但必须有个预告期，只要预告了也就是只要提前 30 天书面通知了用人单位，不管用人单位是否愿意，劳动者就可以解除劳动合同。这也是借鉴国际上的通行做法，考虑劳动者相对的弱势地位而赋予其单方解除劳动合同的权利。但是，劳动者在行使解除劳动合同权利的时，还必须遵守法定的程序，主要体现在以下两个方面：

①遵守解除预告期：这样规定是为了方便用人单位及时安排其他工作人员接替其工作，保持劳动过程的连续性，确保正常的工作秩序，避免因解除劳动

合同影响企业的生产经营活动，给用人单位造成不必要的损失。如因劳动者未履行提前告知义务而造成工作延误的，用人单位可以追究其相关法律责任。

②以书面形式通知用人单位：无论是劳动者还是用人单位在解除劳动合同时，都必须以书面形式告知对方。因为这一时间的确定直接关系解除预告期的起算时间，也关系劳动者的劳动报酬等切身利益，所以必须采用书面的形式，企业须保留解除通知的依据。

B. 劳动者在试用期内提前 3 日通知：《劳动合同法》第 30 条明确规定，劳动者提前 30 日以书面形式通知用人单位，可以解除劳动合同。劳动者在试用期内提前 3 日通知用人单位，可以解除劳动合同。可见，对于试用期内提前 3 日通知并未规定一定需要以书面形式为要件。也就是说试用期劳动者只要提前 3 日通知了用人单位，不管是书面通知还是口头通知，劳动者就可以与用人单位解除劳动合同。试用期既是用人单位对新招收职工各方面的情况进行考察的期限，看劳动者是否符合录用条件；也是新招用职工用以考察用人单位的劳动条件、劳动报酬是否符合劳动合同的规定的一个选择期间。在试用期内，劳动者与用人单位的关系处于一种不太确定也不太稳定的状态，其中，劳动者对是否愿意与用人单位建立更长期限的劳动合同具有选择权。为此，劳动者在试用期内，发现用人单位的实际情况与订立劳动合同时介绍的情况有出入时，或者发现自己不适合从事用人单位安排的工作岗位时，或者存在其他不能履行劳动合同的情况，劳动者无须提出理由，可以通知用人单位解除劳动合同。但是，和《中华人民共和国劳动法》的规定相比，劳动者应当提前 3 天通知用人单位，以便于用人单位利用这 3 天的时间找寻其他工作人员接替该劳动者的工作岗位。

四、劳动合同的终止

（一）劳动合同终止的概念和情形

1. 劳动合同终止的概念

劳动合同终止是指劳动合同的法律效力依法被消灭，即劳动关系由于一定法律事实的出现而终结，劳动者与用人单位之间原有的权利义务不再存在。但是，并不是说劳动合同终止之前发生的权利义务关系消灭，而是说合同终止之后，双方不再执行原劳动合同中约定的事项，但用人单位在合同终止前拖欠劳动者劳动报酬的，劳动合同终止后劳动者仍可依法请求法律救济。

2. 劳动合同终止的9种法定情形

《劳动合同法》第44条规定了5种终止固定期限劳动合同、无固定期限劳动合同和以完成一定工作任务为期限劳动合同的情形，加上一种劳动合同期限自然届满的情形，共6种劳动合同终止情形：

（1）劳动合同期满的；

(2 劳动者开始依法享受基本养老保险待遇的；

（3）劳动者死亡，或者被人民法院宣告死亡或者宣告失踪的；

（4）用人单位被依法宣告破产的；

（5）用人单位被吊销营业执照、责令关闭、撤销或者用人单位决定提前解散的；

（6）法律、行政法规规定的其他情形。

《劳动合同法实施条例》在《劳动合同法》的基础上还规定了3种劳动合同终止的情形：

（7）因劳动者自用工之日起1个月内拒不签订书面劳动合同用人单位终止劳动合同；

（8）因劳动者自用工之日起超过1个月不满1年拒不签订书面劳动合同用人单位终止劳动合同；

（9）因劳动者达到法定退休年龄终止劳动合同。

以下分述之：

（1）劳动合同期满：般适用于固定期限劳动合同和以完成定工作任务为期限的劳动合同两种情形。劳动合同期满，除依法续订劳动合同的和依法应延期的以外，劳动合同自然终止，双方权利义务结束。

（2）劳动者已开始依法享受基本养老保险待遇：1991年国务院颁布了《关于企业职工养老保险制度改革的决定》，要求企业逐步建立健全企业职工养老保险制度。《劳动法》第73条规定："劳动者在下列情形下，依法享受社会保险待遇：（一）退休；（二）患病、负伤；（三）因工负伤或者患职业病；（四）失业；（五）生育。劳动者享受社会保险待遇的条件和标准由法律、法规规定。"《劳动法》第73条规定的五类保险待遇分别是基本养老保险、医疗保险、工伤保险、失业保险和生育保险。在劳动者退休的情况下，可以享受基本养老保险。1995 年，国务院颁布了《关于深化企业职工养老保险制度改革的通知》，规定职工到达法定离退休年龄，凡个人缴费累计满 15 年，或本办法实施前参加工作连续工龄（包括缴费年限）满 10 年的人员，均可享受基本养老保险待遇，按月领取养老金。1997 年，国务院颁布了《关于建立统一的企业职工基本养老保险制度的决定》，规定本决定实施后参加工作的职工、个人缴费年限累计满 15 年的，退休后按月发给基本养老金。本决定实施前参加工作、实施后退休且个人缴费和视同缴费年限累计满 15 年的人员，按照新老办法平衡衔接、待遇水平基本平衡等原则，在发给基础养老金和个人账户养老金的基础上再确定过渡性养老金，过渡性养老金从养老保险基金中解决。根据法律、行政法规的规定，我国劳动者开始依法享受基本养老保险待遇的条件大致有两个：一是劳动者已退休；二是个人缴费年限累计满 15 年或者个人缴费和视同缴费年限累计满 15 年。

（3）劳动者死亡，或者被人民法院宣告死亡或者宣告失踪：劳动合同关系一方主体消亡，劳动合同关系即告终止。《民法总则》第 13 条规定，自然人自出生时起到死亡时止，具有民事权利能力，依法享有民事权利，承担民事义务。第 40 条规定，自然人下落不明满 2 年的，利害关系人可以向人民法院申请宣告他为失踪人。第 46 条规定，自然人有下列情形之一的，利害关系人可以向人民法院申请宣告该自然人死亡：①下落不明满 4 年的；②因意外事件下落不明，下落不明满 2 年，或因意外事件下落不明，经有关机关证明该自然人不能生存的，申请宣告死亡不受两年时间的限制。

（4）用人单位被依法宣告破产：《企业破产法》第 107 条规定，人民法院依照本法规定宣告债务人破产的，应当自裁定作出之日起 5 日内送达债务人和管理人，自裁定作出之日起 10 日内通知已知债权人，并予以公告。第 121 条规定，管理人应当自破产程序终结之日起 10 日内，持人民法院终结破产程序的裁定，向破产人的原登记机关办理注销登记。根据《企业破产法》的规定，用人单位一旦被依法宣告破产，就进入破产清算程序，用人单位的主体资格即将归于消灭，因此用人单位一旦进入被依法宣告破产的阶段，意味着劳动合同一方主体资格必然消灭，劳动合同归于终止。

（5）用人单位被吊销营业执照、责令关闭、撤销或者用人单位决定提前解散的：公司解散是指已经成立的公司，因公司章程或者法定事由出现而停止公司的经营活动，并开始公司的清算，使公司法人资格消灭的法律行为。由于公司解散将会导致公司法人归于消灭，因此公司解散的情况下，劳动合同由于缺乏一方主体而归于终止。根据《公司法》第 181 条规定，公司因下列原因解散：①公司章程规定的营业期限届满或者公司章程规定的其他解散事由出现；②股东会或者股东大会决议解散；③因公司合并或者分立需要解散；④依法被吊销营业执照、责令关闭或者被撤销；⑤人民法院依照该法第 183 条的规定予以解散。所谓吊销营业执照，是指剥夺被处罚用人单位已经取得的营业执照，使其丧失继续从事生产或者经营的资格。所谓责令关闭，是指行为人违反了法律、行政法规的规定，被行政机关作出了停止生产或者经营的处罚决定，从而停止生产或者经营。所谓被撤销，是指由行政机关撤销有瑕疵的公司登记。用人单位被依法吊销营业执照、责令关闭或者被撤销，已经不能进行生产或者经营，应当解散，以该用人单位为一方的劳动合同终止。所谓用人单位决定提前解散，是指在股东会或者股东大会决议解散，或者公司合并或者分立需要解散，或者持有公司全部股东表决权 10% 以上的股东请求人民法院解散公司的情形下，用人单位提前于公司章程规定的公司终止时间而解散公司。

（6）法律、行政法规规定的其他情形：有关劳动终止的情形，除了《劳动合同法》规定的 5 种情形外，可由法律、行政法规作出规定。地方性法规则无权创设劳动合同终止制度。

（7）因劳动者自用工之日起 1 个月内拒不签订书面劳动合同用人单位终止劳动合同。

（8）因劳动者自用工之日起超过 1 个月不满 1 年拒不签订书面劳动合同用人单位终止劳动合同。

第（7）（8）两种情形，是在劳动者不愿意与用人单位签订劳动合同时对于用人单位的劳动法律权利的保障，即用人单位可以选择终止与劳动者的合同。在 1 个月内，不签订劳动合同的而提出终止劳动合同的，用人单位不需要支付经济补偿金，但在 1 个月后仍不终止合同的，则用人单位仍须承担未与劳动合签订书面劳动合同的相关法律责任。

（9）因劳动者达到法定退休年龄终止劳动合同：根据有关政策和法律规定，

职工达到退休年龄（男60岁，女50岁，女干部55岁）、工龄年限（连续工龄满10年）和身体健康状况的条件，即可以申请退休。从批准退休的第2个月开始，停发工资，按照工龄及其他条件支付个人工资一定比例的退休金，直至退休人员死亡。在达到退休标准的时候，可以终止劳动合同。

（二）劳动合同终止的法律程序

1. 应延迟终止和不得终止的情形

《劳动合同法》对处于特殊困难阶段或者作出特殊贡献的劳动者，予以相应特殊保护。《劳动合同法》规定，有下列情形的，用人单位应当将劳动合同续延至下列情形消失时终止：（1）从事接触职业病危害作业的劳动者未进行离岗前职业健康检查，或者疑似职业病病人在诊断或者医学观察期间的；（2）劳动者在本单位患职业病或者因工负伤并被确认丧失或者部分丧失劳动能力的；（3）劳动者患病或者非因工负伤，在规定的医疗期内的；（4）女职工在孕期、产期、哺乳期的；（5）劳动者在本单位连续工作满15年，且距法定退休年龄不足5年的；（6）基层工会专职主席、副主席或者委员自任职之日起，其劳动合同期限自动延长，延长期限相当于其任职期间；非专职主席、副主席或者委员自任职之日起，其尚未履行的劳动合同期限短于任期的，劳动合同期限自动延长至任期期满；（7）参与集体协商签订集体合同的职工协商代表在任期内，劳动合同期满的，企业原则上应当与其续签劳动合同至任期届满。职工代表的任期与当期集体合同的期限相同。

另外，针对工伤的情况法律还作了特别规定：伤残程度为1－6级的工伤职工，用人单位不得终止与其签订的劳动合同。伤残程度为5级或6级的，经工伤职工本人提出，该职工可以与用人单位解除或者终止劳动关系，由用人单位支付一次性工伤医疗补助金和伤残就业补助金。

2. 合同终止后事实劳动关系的处理

实践中时常出现劳动合同期满后，劳动者仍在原用人单位工作，原用人单位未表示异议，但既未办理终止手续也不续订劳动合同的情况。

（1）视为续订劳动合同。

1996年，劳动部《关于实行劳动合同制度若干问题的通知》中规定，有固定期限的劳动合同期满后，因用人单位方面的原因未办理终止或续订手续而形成事实劳动关系的，视为续订劳动合同。用人单位应及时与劳动者协商合同期限，办理续订手续。由此给劳动者造成损失的，该用人单位应当依法承担赔偿责任。

最高人民法院《关于审理劳动争议案件适用法律若干问题的解释》中规定，劳动合同期满后，劳动者仍在原用人单位工作，原用人单位未表示异议的，视为双方同意以原条件继续履行劳动合同。一方提出终止劳动关系的，人民法院应当支持。

劳动保障部《关于对事实劳动关系解除是否应该支付经济补偿金问题的复函》（劳社厅函［2001］249 号）中规定：在上述情形下，“终止是指劳动合同期满后，劳动者仍在原用人单位工作，用人单位未表示异议的，劳动者和用人单位之间存在的是一种事实的劳动关系，而不等于双方按照原劳动合同约定的期限续签了一个新的劳动合同。一方提出终止劳动关系的，应认定为终止事实上的劳动关系。”按照《劳动合同法》的规定，劳动合同期满自然终止，原劳动合同消灭，如果劳动者仍在原用人单位工作，用人单位未表示异议的应视为一个新劳动合同的开始。考虑到用人单位续签劳动合同的实际情况，以及在这种情形下劳动者也有一定责任，所以可依照《劳动合同法》第 10 条的规定，在前一劳动合同终止之日后劳动者提供劳动的第 1 天起 1 个月内订立书面劳动合同，否则用人单位就要承担劳动合同法第 14 条第 4 款、第 81 条的法律责任。至于后一劳动合同的内容除了期限应视为与原劳动合同一致。

（2）对逾期后又提出解除劳动合同的处理。

（a）旧的处理规定：根据最高人民法院《关于审理劳动争议案件适用法律若干问题的解释》第 16 条第 1 款的规定，企业逾期终止劳动合同，无需支付经济补偿金。但如果员工已经符合签订无固定期限劳动合同的条件，则企业不能逾期终止劳动合同。此前国家劳动部的有关规定与最高院的解释不同，当时有的地区的劳动仲裁机构在实践中采取这样的做法：如果劳动合同逾期后，企业发给劳动者的通知是“终止劳动合同”，则不需支付经济补偿金；但如果企业发给劳动者的通知写成“解除合同”，则按劳动部的办理，视为解除事实劳动关系，必须支付经济补偿金。因此，措辞是很讲究的。

例如：S 企业与邢某的劳动合同于 2005 年 12 月 31 日到期，但劳动合同到期后S企业未终止劳动合同，邢某继续在原岗位工作，S企业在2006年新年之初1月5日开表彰会还表彰了邢某的出色表现。可见，S企业对继续留用邢某的事实是默认的，但在合同到期后将近2个月后，即于2006年2月25日却突然通知邢某终止劳动合同。邢某为此申诉至劳动争议仲裁委员会，要求S企业支付给他经济补偿金。劳动争议仲裁委员会根据最高人民法院《关于审理劳动争议案件适用法律若干问题的解释》第16条的规定，“企业逾期终止劳动合同，不需支付经济补偿金”作出裁决，驳回邢某的申诉请求。

（b）企业风险提示：首先，《劳动合同法》与《劳动法》对于劳动合同期限届满自然终止的情况下的经济补偿规定不同，现在劳动合同期限届满时企业也需要支付经济补偿金给劳动者，而不是仅在提前解除劳动合同时才需要支付经济补偿金。因此，现阶段在逾期通知的情况下，即便企业是发“终止劳动合同”而不是“解除劳动合同”通知给员工，终止与员工之间的事实劳动关系也是需要按规定提供经济补偿的。

其次，上述案件由于是发生在2008年1月1日之前，是依据原来生效法律处理，因为在这之前，《劳动法》尚未明确规定用人单位必须与劳动者签订书面劳动合同的相关法律责任，各地处理意见不统一。而现在《劳动合同法》则明确规定，从2008年1月1日起，企业必须在用工之日起，1个月内与劳动者签订书面劳动合同。笔者认为，在原合同期满后，未签订也未终止合同既然视为续订，那也还是需要签订书面劳动合同。否则，在原合同期满后超过1个月未满1年的情况下，企业就会因未签订书面劳动合同而承担双倍工资的风险。而未续订超过1年的，则会面临与劳动者签订无固定期限劳动合同的风险，而不再是通知“终止合同”不需要支付经济补偿金的局面了。

（3）违反法律规定终止劳动合同的法律责任。

用人单位违反上述关于终止劳动合同的条件、程序和情形的规定解除劳动合同的就是违法解除劳动合同，劳动者要求继续履行劳动合同的，用人单位应当继续履行；劳动者不要求继续履行劳动合同或者劳动合同已经不能继续履行的，用人单位应当依照《劳动合同法》第87条规定支付赔偿金。《劳动合同法》第87条规定，用人单位违反本法规定解除或者终止劳动合同的，应当依照本法第47条规定的经济补偿标准的2倍向劳动者支付赔偿金。《劳动合同法实施条例》第25条规定，用人单位违反《劳动合同法》的规定解除或终止劳动合同，依法支付劳动者赔偿金，赔偿金的计算年限自用工之日起计算。用人单位依照《劳动合同法》的规定向劳动者支付了赔偿金的，不需要再向劳动者另行支付经济补偿。

（三）约定合同终止条件的效力

1. 终止条件是法定的

劳动合同的终止是劳动合同所确定的权利义务关系终结的一种方式。〈劳动合同法》第44条对劳动合同的终止情形作了具体的规定：“有下列情形之一的，劳动合同终止：（一）劳动合同期满的；（二）劳动者开始依法享受基本养老保险待遇的；（三）劳动者死亡，或者被人民法院宣告死亡或者宣告失踪的；（四）用人单位被依法宣告破产的；（五）用人单位被吊销营业执照、责令关闭、撤销或者用人单位决定提前解散的；（六）法律、行政法规规定的其他情形。”即《劳动合同法》共规定了6种劳动合同的终止情形，加上《劳动合同法实施条例》进一步规定了3种劳动合同的终止情形，可以说，目前的劳动合同终止情形已经从《中华人民共和国劳动法》规定的非常原则的规定发展成了9种情形。根据《劳动合同法实施条例》第13条规定，法律在规定上述终止劳动合同的情形之外，双方不得约定其他劳动合同终止的情形。

2. 自行约定终止条件的效力问题

根据《劳动法》第19条第1款规定，劳动合同应当具备以下条款：“（一）劳动合同期限；（二）工作内容；（三）劳动保护和劳动条件；（四）劳动报酬；（五）劳动纪律；（六）劳动合同终止条件；（七）违反劳动合同的责任。”《劳动法》第23条规定，劳动合同期满或者当事人约定的劳动合同终止条件出现，劳动合同即行终止。由此可见，《劳动法》没有禁止用人单位和劳动者双方当事人约定劳动合同终止的条件。

《劳动合同法》第17条第1款规定：“劳动合同应当具备以下条款：（一）用人单位的名称、住所和法定代表人或者主要负责人；（二）劳动者的姓名、住址和居民身份证或者其他有效身份证件号码；（三）劳动合同期限；（四）工作内容和工作地点；（五）工作时间和休息休假；（六）劳动报酬；（七）社会保险；（八）劳动保护、劳动条件和职业危害防护；（九）法律、法规规定应当纳入劳动合同的其他事项。

《劳动合同法》与《劳动法》相比，必备条款中增加了用人单位的名称、住所和法定代表人或者主要负责人、劳动者的姓名、住址和居民身份证或者其他有效身份证件号码、工作地点、工作时间和休息休假、社会保险、职业危害防护这些新内容同时删除了劳动纪律、劳动合同终止的条件以及违反劳动合同的责任这3项条款。可见，劳动合同终止的条件已不属于应当具备的条款。有人理解说该立法本意是不允许劳动合同终止条件自行约定，立法时删除的意义就是不再将终止合同列人可以约定的范围；但也有人认为，立法本意并未限制双方自行约定合同终止的条件，将立法本意理解为法律限制双方约定终止合同条件是因为其过分侧重保护劳动者利益，实际上反而不能很好体现双方意思表示和自愿协商的真实意愿。《劳动合同法实施条例》（以下简称《实施条例》）第13条规定“用人单位与劳动者不得在劳动合同法第四十四条规定的劳动合同终止情形之外约定其他的劳动合同终止条件”。该《实施条例》将《劳动合同法》的立法精神及宗旨明确表述出来，有助于更好地维护劳动者权益。

第五章

劳动者社会保障权研究

一、社会保障权的性质

社会保障权是指劳动者在年老、患病、工伤、失业、生育等情况下所享有的物质帮助和保险的权利。狭义的社会保障权即指社会保险权，属于生存权的范畴。生存权不仅指人的生命不受非法剥夺的权利，而且包括生命得以延续的权利，是权利史上的第三代人权。其权利的生成在于社会连带性，表现的权利的主体内容、实现方式以及法律救济方法都具有了连带性特征。生存权作为明确的法律规最早见于1919年《魏玛宪法》，在其第2编第5章《共同生活》第151条规定："经济生活秩序必须与公平原则及维持人类生存的目的相适应。"《世界人权公约》第22条规定："每个人，作为社会的一员，有权享受社会保障。"联合国《经济、社会和文化权利国际公约》第9条规定："本公约缔约各国承认人人有权享受社会保障，包括社会保险。"根据荷兰学者亨利·范·马尔赛文等学者统计，在世界总共142部成文宪法中，社会保险权得到各国宪法规定的比例在社会权中占到43.7%，仅次于救济权、团结权和劳动权。社会保障的权利理念理念经历了从"自由权"向"社会权"观念、从私法调节向社会法调节的转变。从权利发展史分析，近代宪法的思想基础主要是以社会契约论为基础的自由放任主义学说，"这种自由放任主义的形成乃是基于当时资本主义发展阶段正处于'以经济建设为中心'之自然需要"。伦理的自由主义、经济领域的自由放任与宪法的自由权本位天然结合为一体，形成了资本主义初期的社会特征。这个时期法律的价值观所确认的自由权，是一种"与夜警国家和自由国家观相对应的基本人权"。自由权为法律价值基础一方面激发了个人和社会组织的创造性和主体意识的确立，但另一方面也成为资本主义发展的掣肘。进入垄断阶段后，法人制度的普遍化促成企业规模越来越大，贫困和失业成为严重的社会问题并形成工人阶级和资产阶级的对立。法律所倡导的契约自由对无产者来讲“只能是失业而难以维持生活的自由而已”。失业和贫困是由资本主义制度在内的矛盾所决定，因此，要保障人要像人一样地生活，就必须由国家来承担就业，消除贫困和建立社会保障的责任。在工业化时代，个人责任时期的家庭保障，雇主责任时期的过错责任负担都难以解决全局性、整体性的社会风险。人类目的的共同性和生存的依赖性连带性，特别是当社会演变无产阶级和资产阶级两大对立阶级的时候，资产阶级必然要为巩固统治地位而重新寻求社会解决方案，社会共同责任的理论就此产生，德国 1883－1889 年的“保险三法”即是对这种理论的法律阐释。在凯恩斯理论的支持下，以美国为首的英美国家，从 20 世纪初期开始广泛干预经济活动，国家对雇佣关系的调整，表现为劳动基准的大量颁布、工会的承认与培育、解雇的保护和社会保障法的产生。福利国家观及福利国家的实践，是对国家积极义务和国家主导公民生存保障的理论和实证。

二、社会保障权内容

（一）社会保障权的特征

与社会保障宪法权利主要规范公民与国家之间的关系不同，社会保障权由于涉及物质帮助和社会服务等具体保障待遇的获得，因此，社会保障权内容主要围绕着符合法定条件的个人与国家机关、社会组织之间展开。本书社会保障权指社会保障权，社会保障权特征分析如下：

1. 权利主体的具体化与差别化。在普通法中，社会保障权的权利主体不再是抽象的公民，而是被具体化为社会弱者。所谓社会弱者是指经过自身最大努力仍无法维持最低的生活水平或者无法维持一定的收入的个人。社会弱者往往与人的生命波折期紧密相连，可以具体化为贫困者、年老者、疾病患者、失业者、受工伤者、生育者以及鳏寡孤独者。在普通法上，这些社会弱者享有的社会保障权分别是社会救助权、社会保险权（又可具体化为养老保险、医疗保险、失业保险、工伤保险和生育保险等专项权利）和社会福利权。此外，从历时性角度考察我国社会保障法制度的构建，社会保障权主体会因职域、地域而呈现某种程度的差别。

2. 义务主体的多元化。社会保障权的义务主体是国家机关、社会组织及个人。在政府主导型的社会保障体制中，社会保障权终端实现（例如发放社会保障待遇）的义务主体是国家行政机关或者是被赋予行政主体地位的其他社会组织，而当社会保障权尚处于期待权阶段时，其义务主体为个人和其所就职或归属的单位（当前，在我国主要包括企事业单位和农村村集体），义务内容是按照法律强制规定缴纳社会险费或社会保障税。当前世界社会保障体制改革的一种趋势是福利国家逐渐被福利社会所取代。在福利多元化型的社会保障体制中，非政府组织可以成为社会保障权终端实现的义务主体，通常承担提供社会服务的义务。

3. 权利内容的复杂化。社会保障普通法调整的是个人与国家机关、社会组织之间的权利义务关系，社会保障权的内容体现在不同阶段的维权保障中。具体而言，当社会保障权尚处于期待权阶段，个人有权对单位缴费义务进行监督和诉求；而当社会保障权终端实现时，符合法定条件的个人有权向经办社会保障事务的机构、社会组织（如社区、非政府组织）请求发放物质保障待遇或提供一定的社会服务。此外，社会保障权可以再具体化为社会救助、社会保险、社会福利、社会优抚等方面的专项法律权利，每一个专项法律权利涉及的法律关系各不相同，自然权利内容也各异。

4. 权利属性的兼容性。社会保障权兼具财产权利与人身权利的性质。作为人身权利，社会保障权是公民由于生存的需要而与其人身不可分离、不可分割、不能转让的权利；作为财产权利，社会保障权是公民获得一定财产利益作为其生存的必要条件的权利。

5. 权利救济手段的双重性。当社会保障权受到侵害或实现遇到障碍时，通常的救济手段包括行政救济和司法救济两个方面。按照我国立法规定，有关社会保障的争议主要分为行政争议和劳动争议两类，前者对社会保障权的救济由复查、行政复议和行政诉讼组成，后者对社会保障权的救济由协商、调解和劳动仲裁组成。

（二）社会保障权的规范效力

在宪法语境中，规范效力主要是指社会保障宪法权利是否具有可诉性的问题，而在普通法语境中，我们借用“规范效力”一词，探讨社会保障权的救济性问题（包括可诉性问题）。与社会保障宪法权利规范效力之争不同，社会保障权具有当然的“主观权利”属性，亦即，当社会保障权受到侵害或实现遇有障碍时，具体的、可操作性的程序法（通常为行政程序法与诉讼法）可以提供相应救济保障。

在我国，社会保障权即社会保障权的救济往往取决于社会保障争议的具体类型。根据我国现有的法律制度，社会保障争议按照争议主体和争议处理制度的不同可以分为两类：一是社会保障行政争议，即劳动保障行政部门、社会保险经办机构在依法经办社会保障事务的过程中，与个人、组织之间发生的争议，如社会保险费的征收、缴费、基金管理、待遇发放以及退休、失业人员的服务管理等方面的争议。二是社会保障劳动争议，即用人单位与被保险人之间基于劳动关系产生的，有关实现社会保险权利义务关系的争议。例如，用人单位基于劳动关系负有法律强制义务为劳动者缴纳失业、养老、医疗、工伤、生育等社会保险费，以及在工伤待遇方面尚需用人单位承担的保险保障义务等方面引发的争议。

就社会保障行政争议而言，社会保障权的救济包括复查、行政复议和行政诉讼，有学者将其称为行政程序。2001 年劳动与社会保障部通过的《社会保险行政争议处理办法》第 5 条、第 6 条、第 8 条和第 9 条第 2 款规定，公民对经办机构核定其社会保险待遇标准有异议的、认为经办机构不依法支付其社会保险待遇或者对经办机构停止其享受社会保险待遇有异议、认为经办机构未依法为其调整社会保险待遇的，可以直接向劳动保障行政部门申请行政复议，也可以先向作出该具体行政行为的经办机构申请复查，对复查决定不服，再向劳动保障行政部门申请行政复议。对于社保经办机构做出的其他具体行政行为不服或认为侵犯其合法权益的，申请人（即向社保经办机构提交有关社会保险事务申请的行政相对人，下文同）可以向直接管理该经办机构的劳动保障行政部门申请行政复议；如果申请人与经办机构之间发生的属于人民法院受案范围的行政案件，申请人也可以依法直接向人民法院提起行政诉讼。此外，关于社会保障具体权利行政救济和诉讼救济的立法依据还有《社会保险法》《社会保险费申报缴纳管理规定》《工伤保险条例》《劳动争议调解仲裁法》和《行政诉讼法》等。

对于社会保障劳动争议，用人单位与职工因履行社会保险引发的争议被认为属于劳动争议，社会保障权（主要是指社会保险权）的救济包括用人单位内部的协商与和解、调解、劳动争议仲裁和民事诉讼，属于民事程序。根据《劳动法》第77条和《劳动争议调解仲裁法》(2008年5月1日施行）第5条、第47条的规定，当用人单位与职工发生争议后，当事人应当协商解决或达成和解协议；当事人不愿协商、协商不成或者达成和解协议后不履行的，可以向调解组织申请调解；不愿调解、调解不成或者达成调解协议后不履行的，可以向劳动争议仲裁委员会申请仲裁。《劳动争议调解仲裁法》第47条创设了“一裁终局”制度，《劳动争议司法解释》第13条作了具体规定，仲裁裁决为终局裁决。不过，如果劳动者对仲裁裁决不服的，可以自收到仲裁裁决书之日起十五日内向人民法院提起诉讼，对终局裁决用人单位不得再到人民法院起诉。

本书将社会保障权的规范效力界定在社会保障权的救济范畴内，而社会保障争议的分类直接决定着社会保障权的救济途径。根据我国法律法规规定，社会保障争议有公民个人与社保经办机构之间发生的行政争议、职工与用人单位之间发生的行政争议、职工与用人单位之间发生的行政争议、职工与用人单位之间发生的劳动争议之分。鉴于用人单位和职工之间强弱悬殊的地位差异和我国当前严峻的就业形势，我们认为，建立健全行政争议解决机制，强化行政争议的解决力度，将有助于社会保障权的保障与实现。通常，社会保障行政是社会保障权实现的主要途径，具体言之，社会保障权的保障与实现一般是通过行政主体（政府机关或社保经办机构）的管理监督、待遇给付或其他业务工作来达成的，一旦上述行政行为阻碍了或侵犯了社会保障权，权利人即可通过行政复议与行政诉讼来寻求救济。总之，无论是社会保障行政的依法执行，还是程序法的事后救济，社会保障权的实现必须依凭普通法的制定与实施。江苏高院《劳动争议案件审理指南》根据最高人民法院《劳动争议司法解释（三)》第1条的规定，认为以下社会保险争议不属于人民法院受理劳动争议案件的范围，但应当告知劳动者向社会保险机构或者相关行政部门申请解决。

(1) 用人单位未为劳动者建立保险关系，但根据政策规定可以补办，劳动者要求用人单位补办的，不予受理。

(2) 用人单位已经为劳动者建立了社会保险关系，但欠缴社会保险费或未按规定的工资基数足额缴纳社会保险费，劳动者要求予以补缴的，不予受理。

(3) 对于已达到退休年龄的参保人员，可在补足基本保险费和依法缴纳滞纳金之后，再按规定享受养老保险待遇，即通过行政救济途径解决，不属于劳动争议。

(4) 劳动者请求用人单位增加社会保险险种、补足缴费基数、变更参保地的，不予受理。

(5) 劳动者与用人单位因养老保险缴费年限发生的争议，人民法院不予受理。

三、社会保障权的城乡比较

根据我国现有的法律制度体系，如果说社会保障宪法权利算是城乡平等享有的话，那么社会保障权则存在较大的城乡差异，呈现典型的城乡二元结构。

所谓法律渊源，“专指法的各种表现形式，即由不同国家机关制定或认可的，具有不同法律效力和法律地位的各种类别的规范性法律文件总称。这也是我国法学界对法的渊源比较通行和普遍的解释，在此意义上，法的渊源又可以称为法的形式”。中国现时期法律渊源体系，是由中央法律渊源和地方法律渊源这两大法律渊源系统所构成的。中央一级法律渊源体系由宪法、法律、行政法规和部门规章构成；地方一级法律渊源体系则由地方性法规、民族自治法规、经济特区法规和地方政府规章构成。

就社会保障而言，其法律渊源体系的架构表现为由上而下的中央指导、地方落实的构成特点。亦即通常由中央一级形成宏观政策指导方案，然后再由地方一级形成适合本地区的具体实施方案。仅就中央一级的社会救助和社会保险来讲，城乡社会保障法律渊源体系既存在着共性也存在着差异。

城乡社会保障法律渊源体系的共性是法律渊源体系构成不健全，在位阶层次上效力较低，尤其是缺少法律层次的构建，既没有一部城乡统一的《社会保障法》，也缺少具体子项目的社会救助法（或者是最低生活保障法）、社会保险法等。

城乡社会保障法律渊源体系的差异主要表现在项目内容方面显著的城乡二元结构。一方面，城镇社会保障法律渊体系几乎涵盖了社会保障所有主要的项目内容，既有国务院颁布的行政法规：《城市居民最低生活保障条例》《失业保险条例》《工伤保险条例》《社会保险费征缴暂行条例》，也有劳动与社会保障部颁布的部门规章：《企业职工生育保险试行办法》《社会保险行政争议处理办法》《企业年金试行办法》《企业年金基金管理试行办法》等。另一方面，农村社会保障法律渊源体系中的项目内容则残缺不全，目前只有两部行政法规：《农村五保供养工作条例》《农村敬老院管理暂行办法》，一部民政部颁布的部门规章：《县级农村社会养老保险基本方案（试行)》。

上述分析还只是囿于传统的法律渊源理论，除此以外，法的表现形式尚有“硬法”与“软法”的热点讨论。所谓“软法”，是指那些效力结构未必完整、无须依靠国家强制保障实施、但能够产生社会实效的法律规范。实际上，我国社会保障制度缺乏法治传统，现代社会保障制度建设也只是在 20 世纪 80 年代中后期以后才刚刚开始，对于社会保障的定位也是随着改革开放和经济体制的转轨逐渐明确的，而社会保障的具体内容往往与时俱进，常变常新，结果导致我国社会保障制度的主要载体表现为数量众多的政策文件。这些政策文件组成的社会保障制度体系具有典型的软法特征：不仅在形式上具备软法的规范形态，例如就社会保险的主要项目养老保险、医疗保险而言，国务院相继发布的《关于建立统一的企业职工基本养老保险制度的决定》《关于完善企业职工基本养老保险制度的决定》《关于建立城镇职工基本医疗保险制度的决定》等文件在性质上属于非法律渊源，体系的规范性文件；而且在实质特征上，这些规范性文件也契合软法的部分特征，例如在规范性上侧重于为各地方政府与有关社会保障部门的行为选择提供导向，在普适性上表现出一种松紧不一、强弱不等的法律效力；另外，位阶层次不甚明晰，创制方式与制度安排富有弹性，能够快速回应于实践的需要。这些具有软法特征的政策文件由于缺乏法律强制力，不能直接导源出社会保障权，只能通过各地方在实施过程中的具体立法或者其他相关立法推导出相应的社会保障权。例如，通过行政法规《社会保险费征缴暂行条例》第 2 条关于社会保险费征收、缴纳的社会保险费的类型可以推导出城镇职工享有的法定养老保险权、医疗保险权。即使就具有软法特征的政策文件来讲，与城镇相比，有关农村的社会保障政策文件数量也极为有限，而且又没有位阶层次较高的法律法规使其能够推导出相应的社会保障权，例如，我国农民的医疗保障并非对应法定医疗保险权，而是由合作医疗制度来提供，从 1997 年卫生部等五家部委联合发布《关于发展和完善农村合作医疗的若干意见》至今，农村合作医疗制度在我国还处于试点阶段，远远谈不上法律规范化，当然也就不可能导源出具体的法律权利。

四、社会保障权救济途径

我国的社会保障权法律救济途径表现为以下几个方面：第一，法律救济途径中应强化政府的主导性和最终责任。体现强制性原则的结果就是应以公法程序来构建救济途径，不能因社会保险产生的基础为劳动关系而完全以劳动争议之救济途径解决，不能将政府应尽之职责推给劳动者。对用人单位社会保险账户的登记、缴费行为，由社会保险经办机构代表劳动者和不特定的社会成员向用人单位提起依法履行的特定行为通知，并对具体行政行为及其不履行的法律后果作出明确的说明；用人单位对此有异议的，可以提起行政复议，对行政复议决定不服的，可以提起行政诉讼。这种诉讼在性质上虽定位为公法救济方式，但却符合了公益诉讼的特征。第二，劳动者作为被保险人和受益人，当社会保险权实现出现障碍时，可以向社会保险经办机构提起行政复议，包括几种情形：其一，当发现用人单位未办理个人账户登记、未足额缴费、欠缴时，应请求经办机构履行办理和征缴义务，对经办机构的决定或不作为提起行政复议，对复议决定不服，可以提起行政诉讼；其二，对社会保险的被保险人和受益人资格确定不服，可以提起行政复议，对复议决定不服，可提起行政诉讼；其三，对社会保险经办机构核定的给付数额或计算标准不服，可以提起行政复议，对复议决定不服，可以提起行政诉讼。第三，对于社会保险待遇，政府应承担最终和首要给付责任。在第三人侵害的工伤保险案件中，应首先由社会保险基金支付相关待遇，再由社保经办机构或法律授权的机构追偿。在养老保险、医疗保险、失业保险待遇给付纠纷中，在符合给付条件的情况下，由社会保险经办机构从相关基金中支付，再由社会保险经办机构追缴。

第六章

劳动者权益救济途径研究

一、概述

劳动争议是用人单位与劳动者之间因劳动关系而发生的争议。根据《劳动争议调解仲裁法》《民事诉讼法》《人民调解法》等相关法律规定，我国目前劳动争议的解决通常有以下途径：

第一，协商和解。发生劳动争议后，劳动者可以与用人单位协商，也可以请工会或者第三方共同与用人单位协商，从而达成和解协议。

第二，调解。发生劳动争议后，劳动者与用人单位之间不愿协商、协商不成或者达成和解协议后不履行的，可以向调解组织申请调解。经依法设立的基层人民调解组织调解，双方达成的调解协议具有法律约束力，劳动者可以向人民法院申请确认调解协议，以使调解协议获得强制执行力。① 对于支付拖欠劳动报酬、工伤医疗费、经济补偿或者赔偿金事项达成的调解协议，用人单位在协议约定期限内不履行的，劳动者可以持调解协议书依法向人民法院申请支付令。人民法院因用人单位提出异议而终结督促程序的，根据《劳动争议司法解释（三）》第 17 条的规定，劳动者依据调解协议可以直接向人民法院提起诉讼，而不必再申请仲裁。

第三，仲裁。发生劳动争议后，当事人不愿调解、调解不成或者达成调解协议后不履行的，除前述根据《劳动争议司法解释（三）》第 17 条的规定可以直接向人民法院起诉的情形外，可以在知道或者应当知道权利被侵害之日起 1

① 部分地区的劳动人事争议仲裁委员会也可以确认调解协议。

年内，向劳动人事争议仲裁委员会申请仲裁。劳动争议仲裁不收取案件受理费。

第四，诉讼。劳动者对仲裁裁决不服的，自收到裁决之日起 15 日内，可以向基层人民法院提起诉讼。根据《劳动争议调解仲裁法》第 47 条的规定，用人单位对于“一裁终局”① 的仲裁裁决，须自收到裁决之日起 30 日内先向中级人民法院申请撤销，在中级人民法院作出撤销仲裁裁决后 15 日内，方可提起诉讼；对于其他仲裁裁决就与劳动者一样，用人单位可自收到裁决之日起 15 日内向基层人民法院提起诉讼。人民法院向原告预收的劳动争议案件受理费，根据判决结果由败诉方承担。对于发生法律效力的支付令、调解书、仲裁裁决书、判决书，一方当事人拒绝履行义务的，对方当事人可以在 2 年内申请人民法院强制执行。

二、支付令（督促程序）

支付令是民事诉讼中的督促程序。简单地说，支付令就是由人民法院根据债权人的申请，下令督促债务人履行债务，其目的在于迅速地解决一些双方争议不大的案件，减轻各方当事人和人民法院的负担。劳动者在劳动关系中处于弱势地位，且劳动争议通常要经过一裁两审处理程序，所以在劳动者符合法律规定的条件时不妨首先申请支付令，通过人民法院以法律的权威督促用人单位履行义务，从而及时维护自己的合法权益。

（一）支付令的适用范围

符合下列两种情况之一的，劳动者可以申请支付令：

1. 用人单位拖欠劳动报酬的案件。根据《劳动合同法》第 30 条的规定，用人单位应当按照劳动合同约定和国家规定，向劳动者及时足额支付劳动报酬。用人单位拖欠或者未足额支付劳动报酬的，劳动者可以依法向当地人民法院申请支付令，人民法院应当依法发出支付令。用人单位拖欠或未足额支付工资、加班工资、奖金、提成等，都属于拖欠劳动报酬的范围，劳动者均可以申请支

---

① “一裁终局”是指根据《劳动争议调解仲裁法》第 47 条、第 48 条的规定，对于追索劳动报酬、工伤医疗费、经济补偿或者赔偿金，不超过当地月最低工资标准 12 个月金额的争议及因执行国家的劳动标准在工作时间、休息休假、社会保险等方面发生的争议，除劳动者起诉外，仲裁裁决为终局裁决，裁决书自作出之日起发生法律效力。

付令。

2. 因拖欠劳动报酬、工伤医疗费、经济补偿金或赔偿金事项达成调解协议的案件。根据《劳动争议调解仲裁法》第16条的规定，因支付拖欠劳动报酬、工伤医疗费、经济补偿或者赔偿金事项达成调解协议，用人单位在协议约定期限内不履行的，劳动者可以持调解协议书依法向人民法院申请支付令，人民法院应当依法发出支付令。需要注意的是，此处“调解协议”是指经过《劳动争议调解仲裁法》第10条规定的调解组织（即用人单位的劳动争议调解委员会，依法设立的基层人民调解组织，在乡镇、街道设立的具有劳动争议调解职能的组织等）调解做出的协议，不是经劳动人事争议仲裁委员会或人民法院调解做出的调解书。经劳动人事争议仲裁委员会、人民法院做出的调解书一经签收即产生法律效力，当事人可直接向人民法院申请强制执行，无须再申请支付令。

（二）支付令的申请程序

劳动者一般应向用人单位注册地、劳动合同履行地的基层人民法院申请支付令。劳动者申请时应提交申请书，如果是达成过调解协议的还应当提交调解协议。人民法院应当在劳动者提出申请后5日内通知劳动者是否受理。人民法院受理申请后，由审判员一人对用人单位是否存在拖欠或者未足额支付劳动报酬的情况及双方是否就支付拖欠劳动报酬、工伤医疗费、经济补偿或者赔偿金事项达成调解协议进行审查。经审查双方债权债务关系明确、合法，申请成立的，人民法院应当自受理之日起15日内向债务人，也就是用人单位发出支付令。经审查申请不成立的，人民法院应当在15日内裁定驳回申请。该裁定不得上诉，但是劳动者还可以向劳动人事争议仲裁委员会申请仲裁，对仲裁裁决不服的还可以向法院起诉。

（三）支付令的后果

1. 用人单位对支付令无异议，可以在收到支付令之日起15日内按支付令的要求清偿债务，支付拖欠的劳动报酬、工伤医疗费、经济补偿金、赔偿金等。

2. 用人单位对支付令有异议，可以在收到支付令后15日内向人民法院提出书面异议。经审查，如果异议成立，人民法院就会裁定终结督促程序，支付令自行失效。这里要注意，用人单位须以书面形式向人民法院提出异议才有法律效果，通过其他方式，如向劳动争议仲裁委员会申请仲裁，或向人民法院起诉，都不会导致支付令失效。还要注意的是，异议的内容必须是对债务本身有异议，如果仅仅是提出没有能力支付、需延期支付等，均不能使支付令失效。

3. 用人单位既不清偿债务，也不在收到支付令后15日内依法提出有效的书面异议，支付令即发生法律效力。劳动者可向人民法院申请强制执行。用人单位除了必须履行债务外，还将承担执行费用以及生产经营上的其他不利后果（如查封财产、冻结账户等）。

（四）支付令失效后的处理

劳动者向人民法院申请支付令，在用人单位提出书面异议后，支付令自行失效。此时，劳动者如何采取法定措施保护自己的合法权利呢？根据《劳动争议司法解释（三）》第17条的规定：

1. 劳动者依据《劳动合同法》第30条的规定①申请支付令，被人民法院裁定终结督促程序后，就劳动争议事项直接向人民法院起诉的，因其争议未经仲裁，人民法院应当告知其先向劳动人事争议仲裁委员会申请仲裁。②

2. 劳动者依据《劳动争议调解仲裁法》第16条③的规定申请支付令，被人民法院裁定终结督促程序后，依据调解协议直接向人民法院提起诉讼的，人民法院应予受理。

三、劳动争议仲裁程序

劳动争议仲裁是指劳动人事争议仲裁委员会根据当事人的申请，依法对劳动争议在事实上作出判断、在权利义务上作出裁决的一种法律制度。劳动争议仲裁实行三方机制，即劳动人事争议仲裁委员会由政府代表、职工代表、用人

---

① 《劳动合同法》第30条规定：用人单位应当按照劳动合同约定和国家规定，向劳动者及时足额支付劳动报酬。用人单位拖欠或者未足额支付劳动报酬的，劳动者可以依法向当地人民法院申请支付令，人民法院应当依法发出支付令。

② 根据新《民事诉讼法》第217条的规定，支付令失效的，转入诉讼程序，但申请支付令的一方当事人不同意提起诉讼的除外。该条规定为新《民事诉讼法》新增内容，其与《劳动争议调解仲裁法》第5条的规定如何协调需待相关部门进一步明确。

③ 《劳动争议调解仲裁法》第16条规定：因支付拖欠劳动报酬、工伤医疗费、经济补偿或者赔偿金事项达成调解协议，用人单位在协议约定期限内不履行的，劳动者可以持调解协议书依法向人民法院申请支付令。人民法院应当依法发出支付令。

单位代表三方组成，仲裁委员会下设办事机构具体负责处理劳动争议。此种机制设计的目的在于在政府主持下，劳动者代表和用人单位代表参与，双方力量相互制衡，通过双方诉求表达形式上的平衡，实现在仲裁阶段公正及时解决劳动争议，保护当事人合法权益，促进劳动关系和谐稳定的目标。目前，劳动争议采用一裁两审制和特殊情况下的“一裁终局”制，这样的设计既有利于及时处理劳动争议，同时也能够充分保证劳动争议处理的公正性。

劳动争议仲裁遵循合法、公正、及时、着重调解的原则，其中，关于着重调解的原则规定，彰显了劳动争议仲裁结合中国社会的实际情况柔性化处理争议的特色，符合中国社会“和为贵”的传统思想，易于被双方当事人接受，更契合当前构建和谐劳动关系的要求。

（一）劳动人事争议仲裁委员会受案范围

劳动人事争议仲裁委员会受案范围包括：因确认劳动关系发生的争议；因订立、履行、变更、解除和终止劳动合同发生的争议；因除名、辞退和辞职、离职发生的争议；因工作时间、休息休假、社会保险、福利、培训以及劳动保护发生的争议；因劳动报酬、工伤医疗费、经济补偿或者赔偿金等发生的争议；法律、法规规定的其他劳动争议。

《劳动合同法》《劳动争议调解仲裁法》实施后，与《企业劳动争议处理条例》《劳动法》相比较，劳动争议受理的范围进一步扩大，几乎覆盖和涉及了劳动关系的方方面面，对劳动关系的调整实现了从单一的行政管理向行政管理与法治管理相结合的转变。考虑到劳动关系双方管理与被管理的特殊性，国家以其强制力予以一定干预，制定了相关的强制性的劳动标准，但同时也允许双方就有关的权利义务进行协商约定（如关于培训服务期和竞业限制等），体现了对劳动关系调整的底线管理和双方意思自治相结合的原则。因此，劳动者在申请仲裁或用人单位对自己提出仲裁时，既要了解劳动法律法规的规定，同时也要清楚自己与用人单位在签订劳动合同时双方就有关事项依法作出的约定。

（二）劳动争议仲裁的当事人

发生劳动争议的劳动者和用人单位为劳动争议仲裁案件的双方当事人。发生争议的劳动者一方在十人以上，并有共同请求的，劳动者可以推举两名至五名代表人参加仲裁活动。代表人参加仲裁的行为对其所代表的当事人发生效力，但代表人变更、放弃仲裁请求或者承认对方当事人的仲裁请求，进行和解，必须经被代表的当事人同意。因履行集体合同发生的劳动争议，经协商解决不成的，工会可以依法申请仲裁；尚未建立工会的，由上级工会指导劳动者推举产生的代表依法申请仲裁。

劳动者与个人承包经营者发生争议，依法向劳动人事争议仲裁委员会申请仲裁的，应当将发包的组织和个人承包经营者作为当事人。

劳务派遣单位或者用工单位与劳动者发生劳动争议的，劳务派遣单位和用工单位为共同当事人。

与劳动争议案件的处理结果有利害关系的第三人，可以申请参加仲裁活动或者由劳动人事争议仲裁委员会通知其参加仲裁活动。

当事人可以委托代理人参加仲裁活动。委托他人参加仲裁活动，应当向劳动人事争议仲裁委员会提交有委托人签名或者盖章的委托书，委托书应当载明委托事项和权限。

丧失或者部分丧失民事行为能力的劳动者，由其法定代理人代为参加仲裁活动；无法定代理人的，由劳动人事争议仲裁委员会为其指定代理人。劳动者死亡的，由其近亲属或者代理人参加仲裁活动。

（三）劳动争议申请仲裁时效

《劳动法》第82条规定：提出仲裁要求的一方应当自劳动争议发生之日起60日内向劳动人事争议仲裁委员会提出书面申请。

60日的仲裁申请时限过短可能导致劳动者、用人单位未能及时主张权利，从而使自己的合法权益无法得到保护。为解决这一问题，最高人民法院在《劳动争议司法解释（二）》中规定：在劳动关系存续期间产生的支付工资争议，用人单位能够证明已经书面通知劳动者拒付工资的，书面通知送达之日为劳动争议发生之日。用人单位不能证明的，劳动者主张权利之日为劳动争议发生之日；因解除或者终止劳动关系产生的争议，用人单位不能证明劳动者收到解除或者终止劳动关系书面通知时间的，劳动者主张权利之日为劳动争议发生之日；劳动关系解除或者终止后产生的支付工资、经济补偿金、福利待遇等争议，劳动者能够证明用人单位承诺支付的时间为解除或者终止劳动关系后的具体日期的，用人单位承诺支付之日为劳动争议发生之日。劳动者不能证明的，解除或者终止劳动关系之日为劳动争议发生之日。以司法解释的形式明确“劳动争议发生之日”，强化了对劳动者合法权益的保护。

《劳动争议调解仲裁法》和《劳动人事争议仲裁办案规则》对劳动争议仲裁申请时效做了较大的改变，充分考虑了中国目前的国情和劳动者普遍法律意识较低的现实。针对过去大量劳动争议案件因劳动者不了解劳动争议处理途径和羞于打官司导致超过仲裁申请时效的情况，将《劳动法》第82条中规定的60日的绝对期限延长为一年，同时规定了时效中断和时效中止的情形，并规定因拖欠劳动报酬争议的时效不受“一年”仲裁时效期间的限制，将过去仲裁申请时效由不变期间改为可变期间，使劳动者有足够的时间考虑（包括征求家人以及亲朋好友意见）和咨询（向有关机构如工会、律师事务所等），以决定采用何种正确的方式维权。劳动者甚至可以在因不了解解决争议的正当途径使维权遇阻、延误时间的情况下，依然能够得到救济，大大提高了对劳动者保护的程度和力度，更加有利于维护劳动者合法权益。具体而言：

（1）劳动争议申请仲裁时效的一般规定：劳动争议申请仲裁的时效期间为一年。仲裁时效期间从当事人知道或者应当知道其权利被侵害之日起计算。

（2）特殊情况下的时效规定：①关于时效中断的规定：因当事人一方向对方当事人主张权利，或者向有关部门请求权利救济，或者对方当事人同意履行义务而中断。从中断时起，仲裁时效期间重新计算。②关于时效中止的规定：因不可抗力，或者有无民事行为能力或者限制民事行为能力劳动者的法定代理人未确定等其他正当理由，当事人不能在规定的仲裁时效期间申请仲裁的，仲裁时效中止。从中止时效的原因消除之日起，仲裁时效期间继续计算。③关于劳动报酬时效的特别规定：劳动关系存续期间因拖欠劳动报酬发生争议的，劳动者申请仲裁不受《劳动争议调解仲裁法》第27条第1款规定的“一年”仲裁时期间的限制；但是，劳动关系终止的，应当自劳动关系终止之日起一年内提出。

（四）劳动争议仲裁其他相关问题

1. 劳动争议仲裁的期限及费用

（1）一般情形下仲裁期限的计算。

仲裁庭裁决劳动争议案件，应当自劳动人事争议仲裁委员会受理仲裁申请之日起45日内结束。案情复杂需要延期的，经劳动人事争议仲裁委员会主任批准，可以延期并书面通知当事人，但是延长期限不得超过 15 日。逾期未作出仲裁裁决的，当事人可以就该劳动争议事项向人民法院提起诉讼。

（2）特殊情形下仲裁期限的计算。

①申请人需要补正材料的，劳动人事争议仲裁委员会收到仲裁申请的时间从材料补正之日起计算；

②增加、变更仲裁申请的，仲裁期限从受理增加、变更仲裁申请之日起重新计算；

③仲裁申请和反申请合并处理的，仲裁期限从受理反申请之日起重新计算；

④案件移送管辖的，仲裁期限从接受移送之日起计算；

⑤中止审理期间不计入仲裁期限内；

⑥法律、法规规定应当另行计算的其他情形。

（3）劳动争议仲裁期间的中止规定。

因出现案件处理依据不明确而请示有关机构，或者案件处理需要等待工伤认定、伤残等级鉴定、司法鉴定结论，公告送达以及其他需要中止仲裁审理的客观情形，经劳动人事争议仲裁委员会主任批准，可以中止案件审理，并书面通知当事人。中止审理的客观情形消除后，仲裁庭应当恢复审理。

（4）劳动争议仲裁费用。

根据《劳动争议调解仲裁法》第 53 条的规定，劳动争议仲裁不收费。劳动人事争议仲裁委员会的经费由财政予以保障。

2. 劳动争议仲裁与人民法院的裁审衔接

（1）当事人对劳动争议案件（不包括终局裁决的案件）的仲裁裁决不服的，可以自收到仲裁裁决书之日起 15 日内向人民法院提起诉讼；期满不起诉的，裁决书发生法律效力。

（2）劳动者对终局裁决的仲裁裁决不服的，可以自收到仲裁裁决书之日起 15 日内向人民法院提起诉讼。

（3）用人单位有证据证明终局裁决的仲裁裁决有下列情形之一的：适用法律、法规确有错误的；劳动人事争议仲裁委员会无管辖权的；违反法定程序的；裁决所根据的证据是伪造的；对方当事人隐瞒了足以影响公正裁决的证据的；仲裁员在仲裁该案时有索贿受贿、徇私舞弊、枉法裁决行为的；可以自收到仲裁裁决书之日起30日内向劳动人事争议仲裁委员会所在地的中级人民法院申请撤销裁决。仲裁裁决被人民法院裁定撤销的，当事人可以自收到裁定书之日起15日内就该劳动争议事项向人民法院提起诉讼。

3. 终局裁决的特别规定

为化解“仲裁前置”程序给劳动争议纠纷处理，尤其是给劳动者维权带来的时间、精力成本增加的难题，充分发挥仲裁解决劳动争议纠纷应有的制度功能，《劳动争议调解仲裁法》创设了“一裁终局”制度。仲裁机构对符合规定的案件一旦作出裁决就发生效力，用人单位不得再到人民法院起诉。

（1）终局裁决的案件类型。

根据《劳动争议调解仲裁法》第47条的规定，对于下列两类劳动争议案件，实行“一裁终局”。第一类是追索劳动报酬、工伤医疗费、经济补偿或者赔偿金，不超过当地月最低工资标准12个月金额的争议。根据《劳动争议司法解释（三)》第13条的规定，劳动者追索劳动报酬、工伤医疗费、经济补偿或者赔偿金，如果仲裁裁决涉及数项，每项确定的数额均不超过当地月最低工资标准12个月金额的，应当按照终局裁决处理。第二类是因执行国家的劳动标准在工作时间、休息休假、社会保险等方面发生的争议。

（2）终局裁决对劳动者的影响。

因为《劳动争议调解仲裁法》第48条规定，劳动者对于终局裁决可自收到仲裁裁决书之日起15日内到人民法院提起诉讼，对于劳动者而言，不存在终局裁决，被“终局”的只是用人单位。劳动者为了实现快速维权，应该充分信任劳动争议仲裁机构，尊重仲裁裁决的效力，不要轻率起诉。此外，劳动者可充分利用规则，尽量实现终局裁决。

（3）终局裁决对用人单位的影响。

终局裁决对于用人单位而言，已经发生法律效力，其无权向人民法院提起诉讼。只有在存在《劳动争议调解仲裁法》第49条规定的情形下，用人单位可自收到仲裁裁决书之日起30日内向劳动人事争议仲裁委员会所在地的中级人民法院申请撤销裁决。

具体情形包括：其一，适用法律、法规确有错误。

实践中主要是指：（a）适用法律、行政法规、地方性法规错误的（注意不包括法律、法规以外的其他规范性文件)；（b）适用已失效或尚未生效的法律、法规的；（d）援引法条错误的；（e）违反法律关于溯及力的规定的。

其二，劳动人事争议仲裁委员会无管辖权。

《劳动争议调解仲裁法》第 21 条规定，劳动人事争议仲裁委员会负责管辖本区域内发生的劳动争议。劳动争议由劳动合同履行地或者用人单位所在地的劳动人事争议仲裁委员会管辖。双方当事人分别向劳动合同履行地或者用人单位所在地的劳动人事争议仲裁委员会申请仲裁的由劳动合同履行地的劳动人事争议仲裁委员会管辖，违反了这一管辖权规定而做出的裁决可以申请撤销。较常见的是，劳动合同履行地的仲裁委员会受理并作出裁决，但并无证据表明劳动合同履行地是在该仲裁委员会所在地。

其三，违反法定程序。

主要是指：（a）仲裁庭的组成不合法；（b）违反了有关回避规定；（c）违反了有关期间规定；（d）审理程序违法等。

其四，裁决所依据的证据系伪造

伪造证据，是指制造虚假的证据，对证据内容进行篡改，使其与事实不符。如制造虚假的书证、物证、鉴定结论等。

其五，对方当事人隐瞒了足以影响公正裁决的证据。

用人单位必须能证明劳动者确实隐瞒了足以影响公正裁决的证据，而足以影响公正裁决的证据包括证明案件基本事实的证据、证明主体之间权利义务关系的证据等。

其六，仲裁员在仲裁该案时有索贿受贿、徇私舞弊、枉法裁决的行为，中级人民法院经组成合议庭审查核实裁决确有前述情形之一的，应当裁定撤销；如果没有前述情形的，应当裁定驳回申请。中级人民法院做出的驳回申请或者撤销仲裁裁决的裁定为终审裁定。

仲裁裁决被中级人民法院裁定撤销的，仲裁裁决自始无效。用人单位和劳动者均可以自收到裁定书之日起 15 日内就该劳动争议事项向有管辖权的基层人民法院提起诉讼，无须再通过劳动争议仲裁程序。在这里需要注意的是，用人单位所在地、劳动合同履行地基层人民法院均有管辖权。

（4）对同时起诉与申请撤销仲裁裁决的处理。

劳动者依据《调解仲裁法》第48条的规定向基层人民法院提起诉讼，用人单位依据《调解仲裁法》第49条的规定向劳动人事争议仲裁委员会所在地的中级人民法院申请撤销仲裁裁决的，中级人民法院应不予受理；已经受理的，应当裁定驳回申请。劳动者的起诉被人民法院驳回或者劳动者撤诉的，用人单位可以自收到裁定书之日起30日内，向劳动人事争议仲裁委员会所在地的中级人民法院申请撤销仲裁裁决。

（5）劳动者起诉而用人单位未申请撤销仲裁裁决的处理。

如果用人单位没有在收到终局裁决30日内向劳动人事争议仲裁委员会所在地的中级人民法院申请撤销该裁决，在劳动者单方的起诉被驳回或劳动者撤诉后，仲裁裁决自作出之日对用人单位仍具有终局效力，用人单位不能因劳动者单方起诉而获得额外的30日申请撤销仲裁裁决期间。

四、劳动争议诉讼程序

劳动争议诉讼是指人民法院对已经仲裁、支付令等前置程序处理，当事人对仲裁裁决不服或对支付令提出异议向法院提起诉讼案件，依法进行审理的民事诉讼。在劳动争议审判工作中，人民法院坚持既要依法维护劳动者合法权益，又要促进用人单位的生存发展，以实现互利共赢作为劳动争议案件审判工作的基本司法理念，注重通过调解化解矛盾，实现劳动关系的和谐稳定。

（一）人民法院受理劳动争议案件的范围

人民法院受理中华人民共和国境内的用人单位与劳动者之间因确认劳动关系发生的争议；因订立、履行、变更、解除和终止劳动合同发生的争议；因除名、辞退和辞职、离职发生的争议；因工作时间、休息休假、社会保险、福利、培训以及劳动保护发生的争议；因劳动报酬、工伤医疗费、经济补偿或者赔偿金等发生的争议；法律、法规规定的其他劳动争议。另外，劳动者与用人单位之间没有订立书面劳动合同，但已形成劳动关系后发生的纠纷；劳动者退休后，与尚未参加社会保险统筹的原用人单位因追索养老金、医疗费、工伤保险待遇和其他社会保险费而发生的纠纷也属于人民法院劳动争议案件受理的范围。劳动者以用人单位未为其办理社会保险手续，且社会保险经办机构不能补办导致其无法享受社会保险待遇为由，要求用人单位赔偿损失而发生争议的，人民法院予以受理。因企业自主进行改制引发的争议，人民法院也予以受理。

劳动人事争议仲裁委员会以当事人申请仲裁的事项不属于劳动争议为由，做出不予受理的书面裁决、决定或者通知，当事人不服，依法向人民法院起诉的，人民法院应区别情况予以处理：对属于劳动争议案件的，应当受理；对虽不属于劳动人事争议案件，但属于人民法院主管的其他案件，应当依法受理。劳动人事争议仲裁委员会根据《劳动法》第82条规定，以当事人的仲裁申请超过60日期限为由，做出不予受理的书面裁决、决定或者通知，当事人不服，依法向人民法院起诉的，人民法院应当受理；对确已超过仲裁申请期限，又无不可抗力或者其他正当理由的，依法驳回其诉讼请求。劳动人事争议仲裁委员会以申请仲裁的主体不适格为由，做出不予受理的书面裁决、决定或者通知，当事人不服，依法向人民法院起诉的，经审查，确属主体不适格的，裁定不予受理或者驳回起诉。劳动人事争议仲裁委员会为纠正原仲裁裁决错误重新作出裁决，当事人不服，依法向人民法院起诉的，人民法院应当受理。人民法院受理劳动争议案件后，当事人增加诉讼请求的，如该诉讼请求与讼争的劳动争议具有不可分性，应当合并审理；如属独立的劳动争议，应当告知当事人向劳动人事争议仲裁委员会申请仲裁。劳动人事争议仲裁委员会仲裁的事项不属于人民法院受理的案件范围，当事人不服，依法向人民法院起诉的，裁定不予受理或者驳回起诉。

特别提醒：

下列纠纷不属于劳动争议：

劳动者请求社会保险经办机构发放社会保险金的纠纷；劳动者与用人单位因住房制度改革产生的公有住房转让纠纷；劳动者对劳动能力鉴定委员会的伤残等级鉴定结论或者对职业病诊断鉴定委员会的职业病诊断鉴定结论的异议纠纷；家庭或者个人与家政服务人员之间的纠纷；个体工匠与帮工、学徒之间的纠纷；农村承包经营户与受雇人之间的纠纷。

当事人不服劳动人事争议仲裁委员会作出的预先支付劳动者部分工资或者医疗费用的裁决，向人民法院起诉的，人民法院不予受理。但用人单位不履行上述裁决中的给付义务，劳动者依法向人民法院申请强制执行的，人民法院应予受理。

用人单位与其招用的已经依法享受养老保险待遇或领取退休金的人员发生用工争议，向人民法院提起诉讼的，人民法院按劳务关系处理。

（二）准确确定被告

劳动者和用人单位均不服劳动人事争议仲裁委员会的同一裁决，向同一人民法院起诉的，人民法院应当分别立案，并案审理，双方当事人互为原告和被告。在诉讼过程中，一方当事人撤诉的，人民法院应当根据另一方当事人的诉讼请求继续审理。

用人单位与其他单位合并的，合并前发生的劳动争议，由合并后的单位为当事人；用人单位分立为若干单位的，其分立前发生的劳动争议，由分立后的实际用人单位为当事人。用人单位分立为若干单位后，对承受劳动权利义务的单位不明确的，分立后的单位均为当事人。

劳动者与起有字号的个体工商户产生的劳动争议诉讼，人民法院应当以营业执照上登记的字号为当事人，但应同时注明该字号业主的自然人情况。

劳动者因履行劳动力派遣合同产生劳动争议而起诉，以派遣单位为被告；争议内容涉及接受单位的，以派遣单位和接受单位为共同被告。

用人单位招用尚未解除劳动合同的劳动者，原用人单位与劳动者发生的劳动争议，可以列新的用人单位为第三人。原用人单位以新的用人单位侵权为由向人民法院起诉的，可以列劳动者为第三人。原用人单位以新的用人单位和劳动者共同侵权为由向人民法院起诉的，新的用人单位和劳动者列为共同被告。

劳动者在用人单位与其他平等主体之间的承包经营期间，与发包方和承包方双方或者一方发生劳动争议，依法向人民法院起诉的，应当将承包方和发包方作为当事人。

劳动者与未办理营业执照、营业执照被吊销或者营业期限届满仍继续经营的用人单位发生争议的，应当将用人单位或者其出资人列为当事人。未办理营业执照、营业执照被吊销或者营业期限届满仍继续经营的用人单位，以挂靠等方式借用他人营业执照经营的，应当将用人单位和营业执照出借方列为当事人。

当事人不服劳动人事争议仲裁委员会做出的仲裁裁决，依法向人民法院提起诉讼，人民法院审查认为仲裁裁决遗漏了必须共同参加仲裁的当事人的，应当依法追加遗漏的人为诉讼当事人。被追加的当事人应当承担责任的，人民法院应当一并处理。

（三）认真准备起诉所需材料

根据《民事诉讼法》《劳动争议调解仲裁法》等相关法律规定，原告在起诉时，应提交以下材料：

1. 起诉状

起诉状首先应写明原被告身份，其次写清楚“诉讼请求”，再次写明“事实与理由”，最后列出人民法院名称。

2. 身份证明文件

当事人属公民的应提交身份证复印件；当事人属法人、其他组织、个体工商户的均应提交营业执照复印件及企业工商登记资料（企业经过关、停、并、转、歇业的，还应提交企业工商登记及相关文件证明），并提交法定代表人或负责人的身份证明。

3. 诉讼代理文件

有诉讼代理人的，必须提交真实有效并有明确授权范围的授权委托书以及诉讼代理人的身份证明。授权委托书仅写“全权代理”而无具体授权的，诉讼代理人无权代为承认、放弃、变更诉讼请求，进行和解，提起反诉或者上诉。

4. 诉讼争议材料

（1）原告与被告之间就纠纷存在法律关系的证明材料，应附上劳动争议仲裁裁决书或支付令、调解书、人民法院撤销仲裁裁决的决定书等证明已经在劳动争议前置程序处理过的法律文件。

（2）属于人民法院受理劳动争议诉讼范围和受诉人民法院管辖的证明材料。

（3）能证明案件事实或者认为需要向人民法院提交的其他证明材料。

（四）向有管辖权的人民法院起诉

《劳动争议司法解释（一）》第 8 条规定：“劳动争议案件由用人单位所在地或者劳动合同履行地的基层人民法院管辖。劳动合同履行地不明确的，由用人单位所在地的基层人民法院管辖。”第 9 条规定：“当事人双方不服劳动争议仲裁委员会作出的同一仲裁裁决，均向同一人民法院起诉的，先起诉的一方当事人为原告，但对双方的诉讼请求，人民法院应当一并作出裁决。口当事人双方就同一仲裁裁决分别向有管辖权的人民法院起诉的，后受理的人民法院应当将案件移送给先受理的人民法院。”在审判实践中，原告可以按照以上规定向有管辖权的人民法院提起诉讼。

1. 劳动争议案件（“一裁终局”案件除外）由基层人民法院管辖

《民事诉讼法》第17条规定，除本法有规定外，基层人民法院管辖第一审民事案件。《民事诉讼法》第19条规定：中级人民法院管辖下列第一审民事案件：（1）重大涉外案件；（2）在本辖区有重大影响的案件；（3）最高人民法院确定由中级人民法院管辖的案件。同时，按照人民法院的组织原则，《劳动争议司法解释（一）》第8条确定劳动争议案件由基层人民法院管辖。

2. 用人单位所在地或劳动合同履行地的基层人民法院管辖

基层人民法院对案件的管辖，按照地域管辖的规定，一般适用《民事诉讼法》中原告就被告的原则。但劳动争议案件有其特殊性，一是用人单位作为被告的案件居多，因此确定用人单位所在地为劳动争议案件的管辖地。二是鉴于用人单位所在地与劳动合同履行地时常不一致，为便于当事人诉讼，同时确定劳动合同履行地也可作为人民法院管辖地。在劳动合同约定的履行地不明确或实际履行地点不明确时，依照相关法律处理。

（五）如何举证及举证责任的承担①

《劳动争议调解仲裁法》第6条规定了劳动争议案件的举证责任分配原则，即“发生劳动争议，当事人对自己提出的主张，有责任提供证据。与争议事项有关的证据属于用人单位掌握管理的，用人单位应当提供；用人单位不提供的，应当承担不利后果”。具体来说：

第一，劳动争议案件的当事人对自己提出的主张负有举证责任，如果未能提供相应证据证明自己的主张，就要承担不利后果。劳动争议案件属于民事案件的范围，应当适用民事案件举证责任分配的一般原则，即通常所说的“谁主张，谁举证”，在劳动争议案件中依然适用。

第二，用人单位应当提供属于其掌握管理的与争议事项有关的证据，否则就要承担不利后果。用人单位与劳动者在劳动关系建立之前是平等的民事主体，

① 王旭光，《劳动争议诉讼指引与实务解答》（第二版），法律出版社（2017年版），第31—37页

但在劳动关系建立后二者的地位就发生了变化用人单位对劳动者具有管理的权力，劳动者从属于用人单位并受其管理。因此，与劳动争议事项相关的证据可能因用人单位的管理行为而产生，并为用人单位所保管掌握，劳动者无法取得或虽可取得但成本巨大。而在双方发生劳动争议后，用人单位往往因为此类证据对其不利而拒不提供，所以《劳动争议调解仲裁法》把此类证据的举证责任分配给了用人单位，以平衡劳动者与用人单位在举证能力上的差别。

第二，劳动者对于用人单位“掌握管理”相关证据负有初步证明责任。因为劳动争议案件的基本举证责任分配原则是“谁主张，谁举证”，所以劳动者对于其主张的事实负有举证责任。在因用人单位“掌握管理”相关证据而无法取得时，劳动者要使用人单位承担本应由自己承担的举证责任，就必须证明相关证据为用人单位掌握管理。确定相关证据为用人单位掌握管理的标准：一是法律、法规、司法法解释规定用人单位基于“管理”职责而必须保存的相关证据，如《劳动争议司法解释》第 13 条规定“因用人单位作出的开除、除名、辞退、解除劳动合同、减少劳动报酬、计算劳动者工作年限等决定而发生的劳动争议，用人单位负责举证责任”。《工资支付暂行规定》第 6 条规定“用人单位必须书面记录支付劳动者工资的数额、时间、领取者的姓名以及签字，并保存两年以上备查。用人单位在支付工资时应向劳动者提供一份其个人的工资清单”。二是劳动者提供初步证据证实用人单位有相关证据而拒不提供的，如《劳动争议司法解释（三)》第9 条规定“劳动者主张加班费的，应当就加班事实的存在承担举证责任。但劳动者有证据证明用人单位掌握加班事实存在的证据，用人单位不提供的，由用人单位承担不利后果”。除以上情形外，劳动者无法举证仍应承担举证不能的责任。

特别提醒：

此处特别提醒劳动者：劳动争议案件的举证责任并非全部倒置，“谁主张，谁举证”依然是劳动争议案件举证责任分配的基本原则。

其一，有关劳动关系确认事实的举证问题。

确认劳动者与用人单位之间是否存在劳动关系的案件通常是因用人单位未依法与劳动者签订劳动合同，而由劳动者申诉引起，此类案件应由劳动者举证证明劳动关系的存在。

1. 劳动者举证注意事项

劳动者通常可以提供下列证据，从而证明劳动关系的存在：

（1）社会保险费缴纳记录或社会保险缴费凭证。劳动者要注意保存自己的社会保险个人权益记录单，并可以通过网络查询或拨打12333电话查询自己的社会保险费缴纳情况；

（2）个人所得税完税证明或其他缴税证据，上面一般有代缴单位名称；

（3）离职证明、工作证明、工作证等，证件通常会有单位的盖章；

（4）银行出具的汇款证明，可以证实用人单位通过劳动者的银行账户支付工资；

（5）其他有用人单位加盖公章、证实双方存在劳动关系的文件，如授权委托书、招投标文件等；

（6）其他劳动者的证言等。

2. 用人单位举证注意事项

劳动者在提供以上证据后，根据《劳动和社会保障部关于确立劳动关系有关事项的通知》第2条的规定，用人单位应当提供其掌握管理的工资支付凭证或记录（职工工资发放花名册）、缴纳各项社会保险费的记录、劳动者填写的《用人单位招工招聘登记表》《报名表》等招用记录、考勤记录。用人单位可以以此作为证明与劳动者不存在劳动关系的证据。

其二，有关劳动合同订立事实的举证问题。

1. 劳动者举证注意事项

劳动者主张下列事实的，应承担相应举证责任：

（1）用人单位扣押证件、要求提供担保。用人单位招用劳动者，不得扣押劳动者的居民身份证和其他证件，不得要求劳动者提供担保或者以其他名义向劳动者收取财物。如用人单位有上述行为，劳动者可要求用人单位出具收据，并妥善保存，以证实上述行为的存在（法律依据参见《劳动合同法》第9条）。

（2）服务期内用人单位不按正常的工资调整机制提高劳动者劳动报酬。用人单位与劳动者约定服务期的，不影响按照正常的工资调整机制提高劳动者在服务期期间的劳动报酬。劳动者认为用人单位未正常提高其劳动报酬的应当承担举证责任（法律依据参见《劳动合同法》第22条）。

（3）竞业限制的范围和期限违法、用人单位未给予经济补偿。劳动者与用人单位签订的劳动合同中约定了保守用人单位的商业秘密和与知识产权相关的保密事项，签署了保密协议后，劳动者就应履行竞业限制条款。劳动者主张竞业限制和期限违法，在解除或者终止劳动合同后用人单位在竞业限制期限内未按月给予劳动者经济补偿的应当提供相应证据（法律依据参见《劳动合同法》第23条、第24条）。

（4）劳动合同无效情形的存在。劳动者要求人民法院确认合同无效或部分无效的，需证明：用人单位以欺诈、胁迫的手段或者乘人之危，使劳动者在违背真实意思的情况下订立或者变更劳动合同；用人单位免除自己的法定责任、排除劳动者权利；违反法律、行政法规强制性规定（法律依据参见《劳动合同法》第26条）。

（5）劳动合同无效后劳动报酬的支付标准。劳动合同被确认无效，劳动者已付出劳动的，用人单位应当向劳动者支付劳动报酬。劳动者对用人单位参照相同或者相近岗位劳动者的劳动报酬确定的劳动报酬数额有异议，可以自行举证（法律依据参见《劳动合同法》第28条）。

特别提醒：

此处特别提醒劳动者：注意入职说明。用人单位有权了解劳动者与劳动合同直接相关的基本情况，劳动者应当提交、出示相关证明材料，并如实说明，记入用人单位的告知书（法律依据参见《劳动合同法》第8条）。

2. 用人单位举证注意事项

用人单位主张下列事实的，应当承担相应举证责任：

（1）职工名册。用人单位应当建立职工名册（法律依据参见《劳动合同法》第7条。

（2）入职告知。用人单位招用劳动者时，应当如实告知劳动者工作内容、工作条件、工作地点、职业危害、安全生产状况、劳动报酬，以及劳动者要求了解的其他情况。用人单位应当在劳动合同中明确载明上述情况，或者制作相关告知书，以证明已经履行告知义务（法律依据参见《劳动合同法》第8条）。

（3）试用期工资符合标准。用人单位需要提供劳动者的工资发放记录，证明劳动者在试用期的工资不低于本单位相同岗位最低档工资或者劳动合同约定工资的百分之八十，并不低于用人单位所在地的最低工资标准（法律依据参见《劳动合同法》第20条）。

（4）培训费用、服务期约定的存在。用人单位为劳动者提供专项培训费用，对其进行专业技术培训的，可以与该劳动者订立协议，约定服务期。劳动者违反服务期约定的，应当按照约定向用人单位支付违约金。违约金的数额不得超过用人单位提供的培训费用。用人单位要求劳动者支付的违约金不得超过服务期尚未履行部分所应分摊的培训费用。用人单位要追偿培训费用就需要证明培训费用支出和服务期约定的情况，否则承担举证不能的后果（法律依据参见《劳动合同法》第22条）。

（5）保密事项的存在和竞业限制的范围和期限。用人单位与劳动者可以在劳动合同中约定保守用人单位的商业秘密和与知识产权相关的保密事项。对负有保密义务的劳动者，用人单位可以在劳动合同或者保密协议中与劳动者约定竞业限制条款，并约定在解除或者终止劳动合同后，在竞业限制期限内按月给予劳动者经济补偿。劳动者违反竞业限制约定的，应当按照约定向用人单位支付违约金。用人单位要主张违约金，就需要证明保密事项的存在和竞业限制的范围、地域、期限不违反法律、法规的规定，否则将承担举证不能的后果（法律依据参见《劳动合同法》第23条、第24条）。

（6）劳动合同无效情形的存在。用人单位要求人民法院确认合同无效或部分无效的，需证明劳动者系以欺诈的手段，使其在违背真实意思的情况下订立或者变更劳动合同或劳动合同违反法律、行政法规强制性规定（法律依据参见《劳动合同法》第26条）。

（7）劳动合同无效后劳动报酬的支付标准。劳动合同被确认无效，劳动者已付出劳动的，用人单位应当向劳动者支付劳动报酬。用人单位需举证证明相同或者相近岗位劳动者的劳动报酬以确定劳动合同无效后劳动者的劳动报酬数额（法律依据参见《劳动合同法》第28条）。

特别提醒：

此处特别提醒用人单位注意：订立劳动合同的通知。

建立劳动关系，应当订立书面劳动合同。如果用人单位未与劳动者签订劳动合同，又无证据证明已经通知劳动者签订劳动合同，但劳动者拒不签订，就需要支付劳动者两倍工资；形成事实劳动关系后，合法解除需要支付经济补偿，违法解除的还要支付赔偿金。所以，用人单位一定要重视订立劳动合同的通知。自用工之日起1个月内经用人单位书面通知后劳动者不与用人单位订立书面劳动合同的，用人单位应当书面通知劳动者终止劳动关系，无须向劳动者支付经济补偿，但是应当依法向劳动者支付其实际工作时间的劳动报酬（法律依据参见《劳动合同法》第10条、《劳动合同法实施条例》第5条、第6条）。

其三，有关劳动合同履行、变更事实的举证问题。

1. 劳动者举证注意事项

劳动者主张下列事实，应当承担相应举证责任：

存在加班事实。劳动者主张加班费的，应当就加班事实的存在承担举证责任。但劳动者有证据证明用人单位掌握加班事实存在的证据，用人单位不提供的，由用人单位承担不利后果（法律依据参见《劳动争议司法解释（三)》第9条)。

2. 用人单位举证注意事项

用人单位主张下列事实的，应承担相应举证责任：

（1）向劳动者按时、足额支付了劳动报酬。用人单位必须书面记录支付劳动者工资的数额、时间、领取者的姓名以及签字，并保存两年以上备查。用人单位在支付工资时应向劳动者提供一份其个人的工资清单（法律依据参见《劳动合同法》第30条、《工资支付暂行规定》第6条)。

（2）按照国家有关规定向劳动者支付了加班费。用人单位安排加班的，必须书面记录加班情况及加班费的支付情况。否则在劳动者证明了用人单位掌握加班事实存在的证据后，用人单位无法提供这些证据的，将承担不利后果（法律依据参见《劳动合同法》第31条、《劳动争议解释（三)》第9条。)

其四，有关劳动合同解除和终止事实的举证问题。

1. 劳动者举证注意事项

劳动者主张下列事实，应当承担相应举证责任：

（1）已经提前通知用人单位解除劳动关系。劳动者需要举证证明已经提前30日以书面形式，如辞职信等通知了用人单位，才可以单方解除劳动合同。在试用期内的劳动者则必须证明已经提前3日，以口头、书面或其他形式通知了用人单位，才可以单方解除劳动合同（法律依据参见《劳动合同法》第37条）。

（2）用人单位存在劳动者可以单方解除劳动合同的情形。劳动者需要提出初步证据，证实用人单位存在以下情形，经告知用人单位后，劳动者就可以单方解除劳动合同：未按照劳动合同约定提供劳动保护或者劳动条件；未及时足额支付劳动报酬；未依法为劳动者缴纳社会保险费；规章制度违反法律、法规的规定，损害劳动者权益；以欺诈、胁迫的手段或者乘人之危，使劳动者在违背真实意思的情况下订立或者变更劳动合同；法律、行政法规规定劳动者可以解除劳动合同的其他情形（法律依据参见《劳动合同法》第38条）。

（3）用人单位存在强迫劳动、危及劳动者人身安全的情形。劳动者提出证据，证实用人单位存在以下情形，可以立即解除劳动合同，不需事先告知用人单位：以暴力、威胁或者非法限制人身自由的手段强迫劳动者劳动，或者违章指挥、强令冒险作业危及劳动者人身安全的情形（法律依据参见《劳动合同法》第38条）。

（4）用人单位经济性裁员时，劳动者符合优先留用的情形。劳动者提出证据，证实自身存在以下情形，用人单位应当优先留用：与本单位订立较长期限的固定期限劳动合同；与本单位订立无固定期限劳动合同；家庭无其他就业人员，有需要扶养的老人或者未成年人的情形（法律依据参见《劳动合同法》第41条）。

（5）劳动者存在用人单位不得解除劳动合同的情形，劳动合同存在可以逾期终止的情形。劳动者提出证据，证实自身存在：从事接触职业病危害作业的劳动者未进行离岗前职业健康检查，或者疑似职业病病人在诊断或者医学观察期间（如医疗病历）；在本单位患职业病或者因工负伤并被确认丧失或者部分丧失劳动能力（如职业病鉴定书、劳动能力鉴定书）；患病或者非因工负伤，在规定的医疗期内（如医疗病历）；女职工在孕期、产期、哺乳期（如医疗病历、休假证明）；在本单位连续工作满15年，且距法定退休年龄不足5年及法律、行政法规规定的其他情形（法律依据参见《劳动合同法》第42条）。

（6）劳动者已经履行劳动合同解除或者终止后的义务。劳动者需要提供证据，证实按照双方约定，办理了工作交接等后续义务。

2. 用人单位举证注意事项

用人单位主张下列事实，应当承担相应举证责任：

（1）劳动者存在用人单位可以单方解除劳动合同的情形由用人单位提供证据证实劳动者存在以下情形的，用人单位可以单方解除劳动合同：在试用期间被证明不符合录用条件（如试用期表现评定书）；严重违反用人单位的规章制度（如处罚决定书）；严重失职，徇私舞弊，给用人单位造成重大损害；劳动者同时与其他用人单位建立劳动关系，对完成本单位的工作任务造成严重影响，或者经用人单位提出，拒不改正（如禁止同时从业告知书）；以欺诈、胁迫的手段或者乘人之危，使用人单位在违背真实意思的情况下订立或者变更劳动合同；被依法追究刑事责任的情形（如刑事判决书）（法律依据参见《劳动合同法》第39条）。

（2）劳动者存在用人单位可以采取提前30日书面通知或支付代通知金（额外支付劳动者1个月工资）后解除劳动合同的情形。用人单位提供证据证实劳动者存在以下情形的，用人单位可以采取提前30日书面通知劳动者本人或者额外支付劳动者1个月工资后解除劳动合同：患病或者非因工负伤，在规定的医疗期满后不能从事原工作，也不能从事由用人单位另行安排的工作（如病假记录、劳动者签字同意的调岗通知）；不能胜任工作，经过培训或者调整工作岗位，仍不能胜任工作（如培训记录、劳动者签字同意的调岗通知）；劳动合同订立时所依据的客观情况发生重大变化，致使劳动合同无法履行，经用人单位与劳动者协商，未能就变更劳动合同内容达成协议（如变更劳动合同协商记录）（法律依据参见《劳动合同法》第40条）。

（3）用人单位符合经济性裁员的条件。当用人单位证明自身存在依照《企业破产法》规定：进行重整（如法院重整裁定书）；生产经营发生严重困难；企业转产、重大技术革新或者经营方式调整，经变更劳动合同后，仍需裁减人员；其他因劳动合同订立时所依据的客观经济情况发生重大变化，致使劳动合同无法履行的情形，需要裁减人员20人以上或者裁减不足20人但占企业职工总数百分之十以上的，用人单位提前30日向工会或者全体职工说明情况（如会议记录、告知书等），听取工会或者职工的意见（如工会同意书、职工意见汇总记录等）后，并将裁减人员方案向劳动行政部门报告（如裁员方案报告等）后，才

可以裁减人员（法律依据参见《劳动合同法》第41条）

（4）用人单位在6个月内重新招用人员已经通知被裁减的人员。用人单位裁减人员后在6个月内重新招用人员的，需举证已书面通知被裁减的人员，并在同等条件下优先招用被裁减的人员（法律依据参见《劳动合同法》第41条）。

（5）用人单位单方解除劳动合同已经工会监督。用人单位需要提供证据，证实单方解除劳动合同的理由已经事先通知工会（如解除劳动合同征求意见书）。如果工会认为用人单位违反法律、行政法规规定或者劳动合同约定的，有权要求用人单位纠正。用人单位可提供工会意见答复书、解除劳动合同通知书等证实已经研究工会的意见，并将处理结果书面通知工会（法律依据参见《劳动合同法》第43条）。

（6）劳动合同的终止符合法定条件。用人单位需提供证据证实存在劳动合同终止情形：劳动合同期满；劳动者开始依法享受基本养老保险待遇（如退休证明）；劳动者死亡，或者被人民法院宣告死亡或者宣告失踪（如死亡证明、判决书）；用人单位被依法宣告破产（如裁定书）；用人单位被吊销营业执照、责令关闭、撤销或者用人单位决定提前解散（如行政处罚决定书）及法律、行政法规规定的其他情形（法律依据参见《劳动合同法》第44条）。

（7）用人单位已经履行劳动合同解除或者终止后的义务。用人单位需要提供证据，证明在解除或者终止劳动合同时已经出具解除或者终止劳动合同的证明（送达回执），并在15日内为劳动者办理档案和社会保险关系转移手续（相关行政机关的受理手续）；在办结工作交接时已经依法向劳动者支付经济补偿（如劳动者出具的收据）；用人单位对已经解除或者终止的劳动合同的文本，需至少保存两年备查（法律依据参见《劳动合同法》第50条）。

中篇 02

专题研讨

本篇收录了扬州市总工会“义工教授志愿者服务队”孟咸美、孟昕所作专题讲座

第一章

劳动法基本原则及劳动政策分析

一、劳动法基本原则

关于劳动法基本原则的内容，在理论上一直存在着争议，学者们根据自己的不同理解，提出了对劳动法基本原则的不同看法。综观各种关于劳动法的有代表性的著述，关于我国劳动法基本原则的各种表述大致可以划分为五类：第一类是以高等学校法学统编教材《劳动法学》和全国高等教育自学考试教材《劳动法学》为代表的“八原则说”和“七原则说”；第二类是全国高等政法院校规划教材《劳动法学》的“四原则说”；第三类为上海人民出版社出版的《“劳工神圣”的卫士——劳动法》的“四原则说”；第四类是“九五”规划高等学校法学教材《劳动法》的“三原则说”；第五类是世界银行法律援助项目法学系列文库——经济法系列《劳动法学》提出的“劳动自由、劳动协调、劳动保障三原则说”。

以上各种观点从各种不同角度提出了劳动法基本原则，有一定的可取之处，但也存在不同程度的缺陷，有的观点反映了一定历史时期人们对我国劳动关系的认识。借鉴各种观点，结合上述确立劳动法基本原则的标准，本书将劳动法基本原则概括为以下三个，即社会正义原则、劳动自由原则和三方合作原则。

（一）社会正义原则

社会正义理论是20世纪60、70年代美国哲学家、伦理学家约翰·罗尔斯(John Rawls）首先系统加以论述的，其代表作是1971年出版的《正义论》。罗尔斯在卢梭社会契约论的基础上，从伦理学的角度探讨了正义问题。罗尔斯认为，人们的不同生活前景受到政治体制和一般的经济、社会条件的限制和影响，也受到人们出生伊始所具有的不平等的社会地位和自然禀赋的深刻而持久的影响，然而这种不平等却是个人无法选择的，因此，这些最初的不平等就成为正义原则的最初应用对象。换言之，正义原则要通过调节主要的社会制度，来从全社会的角度处理这种出发点方面的不平等，尽量排除社会历史和自然方面的偶然任意因素对于人们生活前景的影响。

罗尔斯的社会正义理论，要求立法者应当从公平正义的角度，考虑如何保护社会中“最少受惠者”的最大利益。他讲的“最少受惠者”，在劳动法中就是指劳动者阶层。劳动者阶层由于经济地位较低，因此很难公平地分享社会经济发展的好处，特别是一些特殊的劳动者群体，如女工、农民工、中老年职工、体力劳动者等，在社会分配中往往处于最为不利的地位。例如，2003 年的一项调查发现，在我国南方外来劳动力集中的某省，过去 10 年农民工年工资增长不足百元，有的地方农民工 10 年间月收入几乎没什么变化。这个结果与该省历年 GDP 增长的高速度形成鲜明对比。换言之，为经济增长作出巨大贡献的农民工分享到经济增长带来的好处并不多。这说明，我国在改革开放过程中，不仅要抓好经济建设目标，同时也要保持经济与社会均衡的发展，特别是要维护和实现社会正义，否则，由于社会不正义带来的社会问题将会严重阻碍经济的可持续发展，甚至还有可能吞噬改革开放的成果。

社会正义原则在劳动法中具有特别重要的意义。鉴于恶劣的劳动条件也是第一次世界大战爆发的社会根源之一，很多政治家都已经认识到社会正义对于世界和平的重要影响。因此，在 1919 年召开的巴黎和会上，各国政府代表通过了《国际劳工组织宪章》，即凡尔赛合约的第十三章。《国际劳工组织宪章》明确指出：“全面和持续的和平只能建立在社会正义的基础之上。”

1944 年，在第二次世界大战尚未结束之际，国际劳工大会通过的《费城宣言》（以下简称《宣言》）进一步阐释了社会正义原则，指出：“劳动不是商品。言论和结社自由是持续进步的基础。任何地区的贫穷都对一切地区的繁荣构成威胁。”在此基础上，《宣言》把国际劳工组织的宗旨重新规定为：在社会正义的基础上实现持久和平，从而使全人类不分种族、信仰和性别，都有权在自由、尊严、经济保障和机会均等的条件下谋求物质福利和精神发展。从此，国际劳工组织以社会正义原则为指导，制定了大量的国际劳工公约和建议书，为促进世界劳动标准的提高作出了巨大成就。

劳动立法是实现社会正义的主要手段之一。社会正义原则要求劳动法在总体上应当具有劳动者权益保护法的特征，即劳动立法应当采取倾斜立法的方法，权利义务的配置应当有利于劳动者一方。根据这个要求，在劳动法中劳动者与劳动使用者之间的权利义务是不对等的，劳动使用者应当承担较多的义务和责任。例如，允许劳动者组织工会，以集体的力量向劳动使用者争取更多的权益；限制劳动使用者订立和解除劳动合同的自由；要求劳动使用者在诉讼中承担更多的举证责任，等等。在一些情况下，社会正义原则还排除了等价有偿原则的适用。例如，依照我国《劳动法》，劳动者在法定休假日和婚丧假期间以及依法参加社会活动期间，虽然劳动者没有给付正常的劳动，但是劳动使用者仍应当依法支付工资。

我国2007年通过的《劳动合同法》与《劳动争议调解仲裁法》更是突出地体现了倾斜立法的特点。例如在《劳动合同法》第14条中，如果劳动者符合在该单位连续工作满10年等条件的，可以单方面提出订立无固定期限劳动合同，用人单位不得拒绝。又如，《劳动争议调解仲裁法》第48条规定，对于第47条所规定的仲裁裁决，劳动者不服的，可以提起诉讼，但是上述裁决对用人单位则是终局裁决，不能起诉。另外，《劳动争议调解仲裁法》第39条还规定了举证责任倒置的制度，即劳动者无法提供由用人单位掌握管理的与仲裁请求有关的证据，仲裁庭可以要求用人单位在指定期限内提供。用人单位在指定期限内不提供的，应当承担不利后果。这些例子说明，倾斜立法的方法已经越来越多地得到我国立法机关的重视，从而促进社会公平正义的实现。

对于劳动法中劳动者与劳动使用者的权利义务不平衡的特征，很多学者从劳动法基本原则的角度也作了类似的表述，有的称之为“保护劳动者原则”，有的称之为“保护劳动者合法权益原则”，等等。但是不管如何表述，其基本精神是一样的，即劳动法应当对劳动者进行特别保护。这种特别保护的实质，就是劳动法必须要遵循社会正义的基本原则。

（二）劳动自由原则

劳动自由原则是劳动法的一个基本原则。这个原则最初来源于民法中的契约自由原则，根据契约自由原则，劳动关系双方当事人可以自由选择缔约对象，并且自由决定是否订立劳动合同。契约自由在劳动领域中表现为两个方面：一方面是劳动使用者的用工自由，另一方面是劳动者的劳动自由。劳动法中所讲的劳动自由原则，只是指劳动者的劳动自由，而不包括劳动使用者的用工自由。在我国，劳动使用者的用工自由属于企业的一项经营自主权，是由《公司法》和各类企业法调整的。劳动者的劳动自由不仅包括劳动合同自由，而且还包括劳动者的人身和意志的自由。劳动自由原则要求劳动者必须在自愿的基础上从事劳动，不能有任何胁迫、欺诈或者其他影响其自由意志的因素存在。概言之，劳动自由原则就是禁止任何形式的强迫劳动，无论是基于国家法律、社会运动、经济发展、企业效益还是劳动合同的理由，都不能强迫劳动者提供无偿的义务的劳动。

在劳动法中，除了劳动自由以外，劳动者还享有另外一种自由，即结社自由。结社自由是指劳动者有权组织工会，然后由工会代表劳动者与劳动使用者进行集体谈判，并在各个方面维护劳动者的权益。结社自由是一种集体的自由，如果离开了劳动者集体，孤立的个别劳动者谈不上结社自由。劳动自由原则并不包括结社自由，因为劳动自由本质上仅指个人自由，而非集体自由。正如上面曾经论述过的，结社自由主要是建立在社会正义原则的基础上，是为了调节劳动者与劳动使用者之间的力量不平衡而设立的一种劳动关系调整机制。

劳动自由也是马克思主义所倡导并且坚持的一项原则，马克思主义一向主张劳动应成为劳动者自我发展的手段，而不是谋生的手段。

由于我国目前仍将长期处于社会主义初级阶段，生产力发展水平远远未达到实现彻底自由劳动的要求，每个劳动者只有从事一定的职业劳动，才能获得必需的生活资料。由于存在着庞大的失业大军，在职的劳动者不敢有丝毫懈怠，只有不停地努力工作，才能保证自己的饭碗不会被别人抢走。大多数劳动者不能根据自己的兴趣和爱好去选择职业，甚至没有时间和金钱去发展自己的业余爱好，而只能通过不断地改造自己，努力去满足劳动力市场不断提高的条件和要求。可见，这样的劳动本质上也是不自由的。但是这种不自由是由于生产力发展水平造成的。

尽管在现实中劳动自由还无法完全实现，但是劳动自由作为劳动法的一项基本原则却早已经确立。根据我国的《劳动法》，劳动自由原则具体包括以下四个方面的内容：

第一，择业的自由。劳动者有选择职业的自由，不因民族、种族、性别、宗教信仰不同而受歧视。选择职业的过程，也就是劳动者与劳动使用者之间建立劳动关系的过程。劳动关系必须建立在双方自愿的基础之上，我国《劳动法》第17条规定：“订立和变更劳动合同，应当遵循平等自愿、协商一致的原则……”《劳动法》第17条虽然在形式上体现了民法中的缔约自由原则，但是其实质与精髓却是劳动法中的劳动自由原则。

第二，辞职的自由。劳动者不仅有订立劳动合同的自由，而且还有维持劳动关系的自由。我国《劳动法》第31条规定：“劳动者解除劳动合同，应当提前30日以书面形式通知用人单位。”这就明确规定了劳动者享有随时终止劳动关系的自由。我国《劳动法》第31条的立法本意并不是为了倡导劳动自由原则，而是为了“打破我国长期存在的人才单位所有制，促进劳动力的合理流动，提高劳动者的积极性和创造性”。然而在实际效果上，第31条却充分体现了劳动自由的精神，成为保护我国劳动者的自由劳动权利的基本法律依据。

第三，反对就业歧视。就业歧视就是根据劳动者的户籍、性别、民族、种族、肤色、宗教等因素，限制其选择职业的权利。就业歧视可能是企业行为也可能是政府行为。其中政府行为可能是具体行政行为，也可能是抽象行政行为，即制定包含有就业歧视内容的法规。劳动自由原则本身就含有反对就业歧视的意思，因为就业歧视必然会造成劳动者无法自由地选择工作。根据我国《劳动法》第12条的规定：“劳动者就业，不因民族、种族、性别、宗教信仰不同而受歧视。”2007年8月30日第十届全国人大常委会第二十九次会议通过的《就业促进法》第3条，重述了上述原则，并在第三章“公平就业”中，具体规定了禁止任何基于性别、民族、残疾、传染病病原携带者、农民工等因素对劳动者进行歧视的行为。该法第62条还赋予受歧视的劳动者向人民法院提起诉讼的救济权利。

第四，禁止强迫劳动。劳动自由的反面是强迫劳动。强迫劳动是指通过暴力手段，追使劳动者在非自愿的情况下从事劳动，这是一种直接侵犯劳动者的劳动自由的行为。禁止强迫劳动是劳动自由原则的重要内容。择业自由和辞职自由尚未完全褪去契约自由的色彩，因此在一定程度上具有民事权利的性质。

而禁止强迫劳动则完全是一项公法上的权利，是每个劳动者基于人类劳动的本质而享有的一项基本人权。我国《劳动法》严厉禁止各种形式的强迫劳动。根据该法第32条和第96条的规定，如果劳动使用者以暴力、威胁或者非法限制人身自由的手段强迫劳动的，不仅劳动者可以随时通知劳动使用者解除劳动合同，而且公安机关还应对责任人员处以15日以下拘留、罚款或者警告。如果情节严重，构成犯罪的，司法机关还要依法追究责任人员的刑事责任。

（三）三方合作原则

三方合作原则的理论基础是社会连带关系（socialsolidarity）理论。社会连带关系理论最早是由法国社会学家杜尔凯姆提出的，他认为人类社会存在着“机械的”和“有机的”连带关系。法国法学家莱翁·狄骥（1859－1928年）进一步发挥了这种理论，提出社会连带关系或者社会相互依赖是个重大事实。人类在社会生活中始终是联合的，这种联合的基础在于人类共同的需要，人类只有共同生活才能满足共同的需要。人们在共同生活中贡献自己同样的能力，以实现共同的需要，这就是一种“同求的连带关系”；另一方面，人们有不同的能力和不同的需要，为此，就必须互相交换服务，每个人贡献出自己固有的能力来满足他人的需要，并由此从他人手中获得报酬，这就产生了社会分工，这就是“分工的连带关系”。“社会连带关系”是一种事实，而不是某种道德观念，而且在不同的国家、不同的社会阶段具有不同的形态。在狄骥的《宪法论》第一章中，他指出“社会的相互依赖主要是一种法律的关系，我所说的客观法的基础是社会的连带关系”。

劳动关系是一种典型的社会连带关系。作为劳动关系的双方当事人，劳动使用者与劳动者之间并不仅仅是压迫与被压迫、剥削与被剥削的关系，他们之间还存在着广泛的共同利益，双方的合作是互利的，可以同时为双方都带来更多的收益，这可以从劳动者和劳动使用者两个角度来分析：

一方面，从劳动者的角度来看，劳动使用者以自己的资本购置了机器设备，建设了厂房，其主要目的虽然是为了营利，但是客观上也为劳动者创造了就业的机会。劳动者通过向劳动使用者让度自己的劳动，从而获得一份足以维持家庭生活的工资。同时，工作还给劳动者带来了一个自我发展、自我实现的机会。通过辛勤的劳动，劳动者创造了巨大的社会财富，不仅为社会作出了贡献，而且在劳动过程中也实现了自我价值。

另一方面，从劳动使用者的角度来看，资本、土地和劳动力是企业的三个基本要素。虽然劳动使用者占有资本和土地，但是如果没有劳动者的劳动，资本和土地本身并不能创造新的价值。劳动者的辛勤劳动为劳动使用者带来了丰厚的利润，使劳动使用者能够不断地扩大再生产，从而创造更多的价值，并且推动社会生产力的进步。特别是在现在社会，人力资本成为企业竞争力的重要因素，企业效益生产的提高越来越依赖劳动者个人的积极性和创造性，这就使得劳动者在企业中的地位越来越重要，很多大型企业甚至通过实施“职工股权计划”，使劳动者持有企业的少量股份，从而增强劳动者的忠诚度和积极性。

然而，劳动者与劳动使用者之间本质上属于不平等关系，而且双方在利益分配方面还存在着明显的对立关系。因此，单纯依靠双方当事人的自觉自愿来实现合作是不现实的，而是必须要由国家进行适当的干预。在早期工业社会中，各国政府因为受契约自由原则的约束，往往采取自由放任的社会政策，不愿意主动干预劳动关系。但是，这种对劳动关系的自由放任态度，一方面造成了劳动者不能从经济发展中获得适当的份额，产生了严重的社会不公现象；另一方面也引发了很多社会矛盾，影响了社会稳定和经济的持续发展。在欧洲主要资本主义国家都曾经发生过声势浩大的工人运动甚至武装革命。有鉴于此，从19世纪中后期开始，欧洲各国政府就已经开始有限度地介入劳动关系，并且积极推动劳动关系双方的合作，这样在劳动关系双方合作的基础上又增加了政府一方，逐渐形成了劳动者、劳动使用者与政府三方合作的劳动关系调整新机制。

三方合作原则最早是由国际劳工组织率先提出的，也称为“三方性原则”。《国际劳工组织章程》规定，出席国际劳工大会的代表应由每个成员国各派4名代表组成，其中2人为政府代表，另外2人分别代表该国的工人和雇主，工人和雇主代表与政府代表一样，享有独立的投票权。《费城宣言》规定，国际劳工组织的基本原则之一就是：“反对贫困的斗争，需要各国在国内以坚持不懈的精力进行，还需要国际间作持续一致的努力，在这种努力中，工人代表和雇主代表享有与政府代表同等的地位，与政府代表一起自由讨论和民主决定，以增进共同的福利。”按照三方合作原则的要求，国际劳工组织的一切主要机构包括理事会、地区性会议、地区性委员会、产业委员会等，都由成员国的政府、工人和雇主三方代表组成。

三方合作原则已经被绝大多数国家所接受，成为各国劳动法的一个基本原则。例如，新西兰根据其《产业关系法》规定设立的“产业关系委员会”，由10名工人代表和10名雇主代表组成，劳工部长任主席，它负责就产业关系的调整、劳动力政策、产业组织以及制定产业关系行为规范等方面，向政府提出建议。加拿大也设立了“劳资关系委员会”，由政府代表、工人代表和雇主代表共同组成，劳工部长任主席，它负责促进产业和平与劳资协商，并消除劳资之间分歧。在日本，劳动争议调解委员会是由雇主、工会和公益组织（如大学、研究所、新闻界）三方组成的，由公益组织代表担任委员长。在德国，劳动争议诉讼时专门的劳动法院受理，劳动法院是独立于普通法院之外的专门审理劳动争议的独立司法机构，它由职业法官和雇主协会代表、工会代表担任的名誉法官所组成。在法国，一审法院、上诉法院和最高法院所设立的审理劳动争议的专业法庭（劳工法庭或社会法庭），都是由职业法官和工会、雇主组织各自选举的兼职法官所组成的。

在我国，三方合作原则也已经成为劳动法的一项基本原则，贯穿在我国劳动法中的各项制度之中。第一，我国《劳动法》在总则中规定，劳动者依照法律规定，通过职工大会、职工代表大会或者其他形式，参与民主管理或者就保护劳动者合法权益与劳动使用者进行平等协商，确定了劳动者民主参与企业管理的合作模式。第二，《劳动法》第三章和《劳动合同法》第五章第一节规定了集体协商与集体合同制度，其目的是通过集体协商机制促进劳动双方之间的合作。第三，在劳动基准制定过程中，也逐步实行三方合作原则。例如根据1993年原劳动部颁发的《企业最低工资规定》第6条，最低工资率应当由省、自治区、直辖市人民政府劳动行政主管部门会同同级工会、企业家协会研究确定。另外，《劳动法》第四章一方面规定了工作时间限制，另一方面也把一些特殊情况下的加班加点作为例外，此类情况如发生了自然灾害需要紧急处理、生产设备发生故障必须及时抢修，等等，这是在工作时间方面提倡劳动者与劳动使用者之间的谅解与合作。第四，在我国现行的社会保险制度中，绝大多数社会保险项目都需要劳动者与劳动使用者共同缴费，体现了劳动关系双方当事人在预防社会风险方面的合作。第五，在《劳动法》和《劳动争议调解仲裁法》

规定的劳动争议处理制度中，劳动争议仲裁委员会是由劳动行政部门代表、同级工会代表和劳动使用者代表三方面共同组成的，这说明即使是劳动争议的处理也同样需要双方的精诚合作。由此可见，我国劳动立法自始至终都贯彻了三方合作原则，并且在1990年批准了国际劳工组织《1976年三方协商促进贯彻国际劳工标准公约》（第144号公约）。可见，三方合作原则是一项劳动法基本原则。

二、劳动关系发展规律

自律是劳动关系发展的首要规律。劳方自律核心是工会要有能力控制员工在合同期间不罢工，不管什么情况，不管外部环境，罢工的核心特点是能够造成重大的经济损失，是以造成经济损失为目的一种经济压力手段，所以劳方核心是这一块，资方是分为三个：一个守法自律、一个行业自律，再一个管理自律，主要是提高管理艺术，最核心的是把原来粗放或者叫粗暴管理改为人性化管理。这是劳动关系一个发展规律，从自律才能走入自治，最终才能走入自由。由中国现在形势判断，其实还远没到自律层次，所以离真正劳资和谐还有很大的距离，因此为了劳资和谐，需要劳方和资方共同开始自律。

劳动关系发展规律之二：真正劳动关系和谐由妥协而生，没有妥协就没有和谐，这个妥协是由博弈而来，这是客观规律。以日本为例，战后麦克阿瑟在日施行战后民主，所以他把罢工权作为反对企业腐败，打碎日本封建体制的手段，罢工权被抬到至高无上的地位，也就说从基本人权派生出生存权，生存权派生出劳动权，劳动权派生出不劳动的罢工权，为了保障罢工权要保证刑事免责、民事免责等等，基本罢工不被限制，所以各个党派，各个社会组织都参与罢工，大型罢工也非常多，但是后来到20世纪50年代末的时候，其实各方都有点累了，资方也觉得需要妥协，劳方也需要妥协，于是在50年代末，他们生产力促进中心开始做试点，开始在全国推广劳资协商，原来血淋淋的罢工谈判就开始减少了。其他国家也有类似经历，总之这是一个客观规律，也就是说实际上最终的和谐是靠妥协而来。

第二章

劳动合同法分析

一、劳动合同法的立法宗旨

劳动合同法，是指调整劳动者与用人单位为确立劳动关系，明确双方权利义务而达成的劳动合同的法律。

立法宗旨，也叫立法目的、立法精神，是立法者制定某个法律的目的，也是立法者对于某一类社会关系的价值判断的集中表现。我国立法习惯是在各法第一条明文宣示立法宗旨。我国《劳动合同法》的立法宗旨是：

第一，完善劳动合同制度。劳动合同，又称劳动契约或劳动协议，是指劳动者和用人单位之间为确立劳动关系，明确双方权利义务关系而依法协商所达成的协议。《劳动合同法》旨在规范围绕劳动合同而展开的行为，更好地明确包括劳动合同的订立、履行、变更、解除和终止过程中各方当事人的权利义务关系，对现行我国《劳动法》中关于劳动合同制度的规定进行进一步完善。

第二，明确劳动合同双方当事人的权利和义务。根据劳动合同的含义可知，劳动合同是以确定当事人双方的权利义务为内容的，包括劳动者作为用人单位的一员，要承担一定的工作，完成劳动任务，遵守用人单位的规章制度；用人单位按照合同的约定分配给劳动者工作，提供劳动条件，支付劳动报酬等等。该法对劳动合同双方当事人权利义务的内容予以了强制性或指导性的规范，有利于当事人权利义务的明确。

第三，保护劳动者的合法权益。我国《宪法》第四十二条、四十三条对劳动者所享有的基本权利作了原则性的规定，包括劳动权、劳动报酬权、劳动保护权、劳动者就业训练的权利和劳动者的休息权。我国《劳动法》第一条立法宗旨就明确了“保护劳动者的合法权益”，同时在第三条第一款具体规定“劳动者享有平等就业和选择职业的权利、取得劳动报酬的权利、休息休假的权利、获得劳动安全卫生保护的权利、接受职业技能培训的权利、享受社会保险和福利的权利、提请劳动争议处理的权利以及法律规定的其他劳动权利”等。与《劳动法》相同，《劳动合同法》将“保护劳动者合法权益”规定为立法宗旨，并在余下的章节中分别明文规定了劳动者享有的各项权利，建立健全了劳动合同中保护劳动者合法权益的法律机制。同时，该法还规定了国务院劳动行政部门对劳动合同制度的监督管理，以及对劳动者权益的侵犯者应追究相应的法律责任。这使得劳动者的合法权益无论是财产权益还是人身权益，无论是法定权益还是约定权益，无论是劳动合同产生、履行还是消灭过程中的权益，都能受到相应的保护。

需要指出的是，我国《合同法》第一条规定“保护合同当事人的合法权益”，在劳动合同中，合同当事人应当包括劳动者和用人单位，而我国《劳动法》和《劳动合同法》仅规定了“保护劳动者的合法权益”，而未将保护用人单位在宗旨性条款中宣示，体现了立法对劳动者倾向性即优先性的保护。这意味着，在特定条件下，如果对劳动者利益的保护与对用人单位利益的保护发生冲突时，法律优先保护劳动者的利益。

第四，构建和发展和谐稳定的劳动关系。劳动关系是指以劳动给付为目的的劳动者与用人单位间的关系，包括基于劳动合同、集体合同、劳务派遣合同和其他用工形式所产生的关系。具体包括工作内容、工作时间与休息休假方面的关系，劳动报酬方面的关系，社会保险和福利方面的关系，劳动保护和劳动条件方面的关系等等。

二、劳动合同法内容专题讲解

（一）依法订立劳动合同。

（1）劳动合同应当具备以下条款：

①用人单位的名称、住所和法定代表人或者主要负责人；②劳动者的姓名、住址和居民身份证或者其他有效身份证件号码；③劳动合同期限；④工作内容和工作地点；⑤工作时间和休息休假；⑥劳动报酬；⑦社会保险；⑧劳动保护、

劳动条件和职业危害防护；⑨法律、法规规定应当纳入劳动合同的其他事项。

劳动合同除前款规定的必备条款外，用人单位与劳动者可以约定试用期、培训、保守秘密、补充保险和福利待遇等其他事项。

劳动合同期限三个月以上不满一年的，试用期不得超过一个月；劳动合同期限一年以上不满三年的，试用期不得超过两个月；三年以上固定期限和无固定期限的劳动合同，试用期不得超过六个月。同一用人单位与同一劳动者只能约定一次试用期。

以完成一定工作任务为期限的劳动合同或者劳动合同期限不满三个月的，不得约定试用期。

试用期包含在劳动合同期限内。劳动合同仅约定试用期的，试用期不成立，该期限为劳动合同期限。

用人单位为劳动者提供专项培训费用，对其进行专业技术培训的，可以与该劳动者订立协议，约定服务期。

劳动者违反服务期约定的，应当按照约定向用人单位支付违约金。违约金的数额不得超过用人单位提供的培训费用。用人单位要求劳动者支付的违约金不得超过服务期尚未履行部分所应分摊的培训费用。

用人单位与劳动者约定服务期的，不影响按照正常的工资调整机制提高劳动者在服务期间的劳动报酬。（参见第 22 条）

例：2005 年 6 月 30 日，王先生与江苏省苏州的一家德资公司签订了劳动合同，由公司聘用其从事成本会计工作，合同期限从 2005 年 6 月 27 日至 2008 年 6 月 30 日止。2006 年 1 月 12 日双方又签订了一份培训协议，协议约定，公司派遣王先生赴德国接受培训，培训为期两周，培训期间的费用，包括住宿费、交通费等均由公司支付，而王先生则必须同意在培训期满后为公司服务 3 年，服务期从公司结束培训的第一天开始计算，在该服务期内，如王先生提前解除劳动合同，应按比例向公司偿还培训费用并支付违约金 100 万元。协议签订后，公司按约派遣王先生到德国培训，并支付了所有培训所需费用。

2006 年 4 月，王先生向公司申请离职，公司随即向王先生发出了《培训补偿通知书》，同意王先生离职，但王先生必须支付 100 万元违约金和培训赔偿费 17362 元，共计 101. 7362 万元。王先生在收到通知书后认为支付培训赔偿费不合理，拒绝支付。公司即向当地的劳动争议仲裁委员会提出仲裁申请。2006 年 10 月 12 日，劳动争议仲裁委员会作出裁定，裁决王先生赔偿公司违约金和培训费共计 101 万元。王先生对此不服，遂诉至法院。

王先生认为，自己在德国培训期间未受到任何的培训，所以与公司解除劳动合同不存在违反协议而需偿还培训费用的问题，因此请求法院确认双方之间不存在偿还培训费用的权利义务关系，而违约金条款显失公平应该予以撤销。

而公司方面则辩称，仲裁委员会的仲裁裁决书对事实的调查认定是正确的。公司送王先生去德国培训，花费了一定的费用。但培训并不一定是去学校学习，公司派王先生去德国是根据工作需要学习相关技能。现王先生尚未工作满三年即辞职，应按约支付违约金和培训费用。①

劳动法是私法和公法的融合，劳动合同也当然的具有合同法的属性，但由于用人单位与劳动者的力量对比悬殊，在一些特定情形，为了追求实质正义，劳动法允许突破民法的平等原则，给予劳动者特殊保护。因而，《劳动合同法》中虽然仅规定只有第 22 条（服务期约定）和第 23 条（竞业限制约定）规定的两种情形下用人单位才能为劳动者设定违约金，并未阐明其适用规则，但应推定适用《合同法》的相关规定。因此，《合同法》第五十四条的规定“下列合同，当事人一方有权请求人民法院或者仲裁机构变更或者撤销：

（1）因重大误解订立的；

（2）在订立合同时显失公平的。

一方以欺诈、胁迫的手段或者乘人之危，使对方在违背真实意思的情况下订立的合同，受损害方有权请求人民法院或者仲裁机构变更或者撤销。当事人请求变更的，人民法院或者仲裁机构不得撤销。”及第一百一十四条的规定“约定的违约金低于造成的损失的，当事人可以请求人民法院或者仲裁机构予以增加；约定的违约金过分高于造成的损失的，当事人可以请求人民法院或者仲裁机构予以适当减少。”同样适用于《劳动合同法》。鉴于此，当有证据证明劳动合同约定的违约金条款畸高时，人民法院或仲裁机构结合劳动者的工资报酬、公司的利润损失、公司为劳动者提供的住房等福利待遇的因素，遵循公平、合

① 本案例摘自“中国法院网”，选用时予以整理

理的原则酌情变更违约金。

结合以上阐述对本案分析如下：

第一，本案中服务期条款有效，但违约金畸高而应酌情减少。在《劳动合同法》颁布前，《劳动法》对服务期条款和违约金制度避而不谈，也没有涉及违约金数额与培训费用的关系，只能适用效力等级较低的地方规章。如《江苏省劳动合同条例》的规定："对用人单位出资培训、出资招用或向劳动者提供了特殊福利待遇的：双方可以劳动合同或者另外约定服务期，劳动者违反服务期的约定，提前解除劳动合同应当支付违约金。"该条例未对违约金制度作有别于合同法的特殊规定，而本案中王先生与德资公司订立的服务期和违约金条款是双方真实意思的表示且不违反法律强制性规定，合法有效。王先生应该支付违约金和培训费。根据以上阐述，违约金数额畸高，因此应根据王先生的工资和待遇酌情下调。

第二，《劳动合同法》施行后，该服务期条款因不满足该法第 22 条规定的要件而无效。按照该条规定，"违约金的数额不得超过用人单位提供的培训费用"。本案中，约定的违约金数倍于培训费用，因而，该法施行后，该服务期违约金的约定应属无效。

用人单位与劳动者可以在劳动合同中约定保守用人单位的商业秘密和与知识产权相关的保密事项。对负有保密义务的劳动者，用人单位可以在劳动合同或者保密协议中与劳动者约定竞业限制条款，并约定在解除或者终止劳动合同后。在竞业限制期限内按月给予劳动者经济补偿。劳动者违反竞业限制约定的，应当按照约定向用人单位支付违约金。(参见第 23 条)

【案例】

倪某是某公司的游戏软件设计人员。双方于 2003 年 9 月订立劳动合同，为了保护公司的商业秘密约定："倪某应对本公司承担忠诚义务，不得将本单位技术秘密外泄。"并在第四十条中规定："乙方（指倪某）保证，在离开甲方（指电脑公司）的一年内，不在与甲方同行业的其他企业就职，否则，须向甲方支付 20 万元的罚金。"同时在第 41 条亦规定："由于乙方对第 40 条的承诺，甲方每月向乙方支付特殊津贴，具体数额及支付方法在《职务任命书》中规定。"经查 2004 年 10 月倪某辞职，并于次年 6 月到另一家同行业企业内就职。某电脑公司以倪某违约为由申请仲裁，并要求其承担巨额罚金 20 万元。而倪某辩称他虽然表面上看违反了合同第 40 条的规定，但根据第 41 条，公司承诺给予特殊其津贴而《职务任命书》上根本没有关于特殊津贴的条款。而且自 2004 年 9 月自 2005 年 10 月的一年多时间里公司从未向他支付过任何特殊津贴。既然公司违约在先，它也没有资格要求倪某遵守竞业禁止条款的约定。而电脑公司称公司给倪某的工资已经很高了，所以考虑没有必要再给他特殊津贴了。况且，即使他有权向我公司索要津贴，他也应该另案起诉，这与该案没有关联。

仲裁庭开庭审理了此案，认为该劳动合同对劳动者规定了巨额的违约金，而公司在第 41 条中规定"具体数额和支付办法在《职务任命书》中规定"，而《职务任命书》亦未有特殊津贴条款，即事实上并未约定给予员工相应的经济补偿。遂以该劳动合同显失公平为由撤销该劳动合同。电脑公司不服向人民法院起诉。①

本案的焦点有二：一为巨额违约金的效力；一为竞业限制约定与经济补偿约定的关系。

倪某和某电脑公司签订的《劳动合同》涉及竞业限制的规定。那么首先应明确竞业限制的内涵和外延。竞业限制，又称竞业禁止，是禁止本公司的某些人员在职或离职后到另一公司从事与本公司具有竞争业务关系的业务。依据其产生的依据不同，可将竞业限制分为法定竞业限制和约定竞业限制。法定竞业限制即义务人基于法律的直接规定而产生的竞业限制义务，主要是对董事和经理的竞业限制行为进行规范。例如，我国《公司法》第 61 条规定，董事、经理不得自营或者为他人经营与其所任职公司同类的营业或者从事损害本公司利益的活动。约定竞业限制则是指公司与其本公司的特定从业人员对竞业限制行为以合同的方式进行的约定，其理论基础是契约自由原则，但约定不得违背社会公共利益。这与《公司法》的不同在于普通劳动者并不必然受到竞业限制规定的制约，双方只能采用协商的办法确定。依据竞业限制义务存在的时间，可将竞业限制分为在职竞业限制和离职竞业限制。我国立法规定的法定竞业限制均

① 本案例摘自"中国劳动律师网"（http：//www. linfuming. com/laodong/aljx/02/lfmll1102010. htm），选用时予以整理

为在职竞业限制，没有规定公司高级管理人员离职后是否承担竞业限制义务。对于普通劳动者，基于默示的忠实义务，在职期间当然承担竞业禁止义务，离职以后是否承担竞业限制义务则由当事人约定。本案中倪某作为普通劳动者当然受到约定的竞业限制条款的约束。

结合以上阐述对本案分析如下：

第一，本案中电脑公司与用人单位约定的巨额违约金是否有效。我国法律未对违约金的具体数额规定上限，仅约定了法院或仲裁机构救济的方式。《合同法》第一百一十四条规定："约定的违约金低于造成的损失的，当事人可以请求人民法院或者仲裁机构予以增加；约定的违约金过分高于造成的损失的，当事人可以请求人民法院或者仲裁机构予以适当减少。"至此，本案中约定的20万元违约金并未违反法律规定，因此有效。至于用人单位利用强势地位逼迫劳动者签订的巨额违约金，当事人可以胁迫为由请求仲裁机构撤销。因而，在当事人未申请的情况下，仲裁机构以显失公平为由撤销该竞业限制条款的做法是不对的。

第二，本案的另一焦点是竞业限制约定与经济补偿约定的关系如何。具体到本案中，问题转化为：在劳动合同事实上并未约定给予员工相应的经济补偿的情况下，竞业限制的约定是否继续有效。《劳动法》第二十二条仅规定了用人单位和劳动者订立竞限制条款的权利，并未对竞业限制条款的内容作出限制。而1996年劳动部《关于企业职工流动若干问题的通知》规定："用人单位也可以规定掌握商业秘密的职工在终止或解除劳动合同后约定期限内（不超过3年），不得生产同类产品即有竞争关系的产品或经营同类业务，但用人单位应当给予该职工一定数额的经济补偿。"但鉴于该通知的规章性质，其贯彻执行受到一定的局限。本案中，公司第41条虽有"具体数额和支付办法在《职务任命书》中规定"的表述，但《职务任命书》却未有特殊津贴条款，即事实上并未约定给予员工相应的经济补偿。根据本条解释，竞业限制经济补偿金属意定事项，劳动合同中未约定经济补偿金并未违反相关法律的规定。但鉴于公司与倪某约定了20万元的巨额违约金，又未支付补偿金，已构成显失公平情形。

竞业限制的人员限于用人单位的高级管理人员、高级技术人员和其他负有保密义务的人员。竞业限制的范围、地域、期限由用人单位与劳动者约定，竞业限制的约定不得违反法律、法规的规定。

在解除或者终止劳动合同后，前款规定的人员到与本单位生产或者经营同类产品、从事同类业务的有竞争关系的其他用人单位，或者自己开业生产或者经营同类产品、从事同类业务的竞业限制期限，不得超过两年。

（二）依法解除劳动合同

劳动合同的解除是指劳动合同有效成立之后，尚未履行或未完全履行之前，因一定法律事实的出现，合同当事人双方或者一方依据其意思表示而提前使劳动合同的效力归于消灭的法律行为。

1. 劳动合同解除的种类

依据解除方式的不同，劳动合同的解除可以分为两类：协议解除和单方解除。协议解除又称双方解除或者协商解除，是指因主客观情况的变化，劳动合同双方当事人经协商一致解除劳动合同。单方解除，是指劳动合同当事人一方依照法律、法规规定的事由行使解除权而解除劳动合同。

解除劳动合同原则上必须有解除行为，其法律效果是使合同关系消灭。从表面上看，解除劳动合同是提前终止劳动合同的行为，不利于劳动合同关系的稳定；但从实质上看，法律规定劳动合同的当事人有权经过平等协商或者依法单方解除劳动合同，也是契约自由原则的一种体现，它有利于维护和保障用人单位的用人自主权和劳动者的择业自主权，督促合同双方全面、正确履行合同义务等。

应当注意的是，依据该法相关规定，用人单位向劳动者提出解除劳动合同动议并与劳动者协商一致解除劳动合同的，用人单位应当向劳动者支付经济补偿。

2. 劳动者单方解除

用人单位有下列情形之一的，劳动者可以解除劳动合同：（1）未按照劳动合同约定提供劳动保护或者劳动条件的；（2）未及时足额支付劳动报酬的；（3）未依法为劳动者缴纳社会保险费的；（4）用人单位的规章制度违反法律、法规的规定，损害劳动者权益的；（5）因本法第二十六条第一款规定的情形致使劳动合同无效的；（6）法律、行政法规规定劳动者可以解除劳动合同的其他情形。

用人单位以暴力、威胁或者非法限制人身自由的手段强迫劳动者劳动的，或者用人单位违章指挥、强令冒险作业危及劳动者人身安全的，劳动者可以立即解除劳动合同，不需事先告知用人单位。

3. 用人单位单方解除

有下列情形之一的，用人单位提前三十日以书面形式通知劳动者本人或者额外支付劳动者一个月工资后，可以解除劳动合同：

①劳动者患病或者非因工负伤，在规定的医疗期满后不能从事原工作，也不能从事由用人单位另行安排的工作的；

②劳动者不能胜任工作，经过培训或者调整工作岗位，仍不能胜任工作的；

③劳动合同订立时所依据的客观情况发生重大变化，致使劳动合同无法履行，经用人单位与劳动者协商，未能就变更劳动合同内容达成协议的。

劳动者有下列情况之一的，用人单位不得依照本法第四十条、第四十一条的规定解除劳动合同：

（1）从事接触职业病危害作业的劳动者未进行离岗职业健康检查，或者疑似职业病病人在诊断或者医学观察期间的；

（2）在本单位患职业病病人在诊断或者医学观察期间的；

（3）患病或者非因工负伤，在规定的医疗期内的；

（4）女职工在孕期、产期、哺乳期的；

（5）在本单位连续工作满十五年，且距法定退休年龄不足五年的；

（6）法律、行政法规规定的其他情形。

用人单位单方解除劳动合同，应当事先将理由通知工会。用人单位违反法律、行政法规规定或者劳动合同约定的，工会有权要求用人单位纠正。用人单位应当研究工会的意见，并将处理结果书面通知工会。

（三）劳动合同约定的典型错误

劳动合同约定的典型错误包括：

（1）合同约定条款不完备。

（2）违法约定违约金，只有竞业限制和服务期条款中才可约定劳动者承担违约金条款，对于用人单位承担违约金则无限制。因此若约定，“合同期未满任何一方单方解除均需承担违约责任”用人单位需承担。

（3）损失赔偿未作约定。《工资支付暂行规定》第十六条规定对用人单位有利。

（4）试用期约定不清楚。

（5）职务、岗位及工资待遇约定过于刚性。

（6）罚款，提供担保约定无效。

第三章

工会法与职工民主参与权分析

一、工会概述

工会是工人阶级为加强内部团结，集中斗争力量，维护自身利益而自愿组成的社会团体。世界上最早的工会组织出现于19世纪初西欧的一些资本主义国家。组织工会实际上是一种结社行为。工人自由结社一直是颇有争议的问题。

资本主义国家早期的有关立法经历了三个阶段，即禁止阶段，视工人组织工会为非法行为、犯罪行为；限制阶段，承认劳动者的结社权，但对工会活动作了种种限制；承认阶段，完全认可工会存在的合法地位，并对工会活动自由权加以保护。工会组织在西方国家普遍取得合法地位则是在第二次世界大战以后。从1871年英国颁布世界上第一部《工会法》以来，当前无论是发达国家或是发展中国家，大多数都在宪法中明确规定了工会的合法地位，将工会作为工人的合法组织，同时这些国家又纷纷制定有关工会的专门法或在劳动法典等相关立法中对工会进行专门的规定。

国际劳工组织早在1919年的《国际劳工组织章程》就提出促进结社自由的原则，作为改善工人劳动条件的目标。1948年国际劳工组织通过《结社自由和保障组织权公约》（第78号公约），主要规定工人和雇主都有权建立自己的组织，并且可以按照有关组织章程加入自己的组织，不需要得到批准。1949年国际劳工组织通过《组织权和集体谈判公约》（第98号公约）规定：不得把不参加工会和放弃工会会籍作为获得工作的条件；也不能把加入工会和经业主同意在业余时间或工作时间加入工会作为解雇理由。《结社自由和保障组织权公约》和《组织权和集体谈判公约》是现在国际劳动标准的核心部分，自由结社权和集体谈判权是国际劳动标准的首要内容。除了国际劳工组织的有关公约之外，其他的一些国际公约中也对工会作出了相应规定。1948 年联合国大会通过的《世界人权宣言》中规定：“人人有为维护其利益而组织和参加工会的权利。”1966 年联合国大会通过的《经济、社会和文化权利国际公约》中规定，各缔约国要承担以下保证：“人人有权组织工会和参加他所选择的工会，以促进和保护他的经济和社会利益；这个权利只受有关工会的规章的限制。对这一权利的行使，不得加以除法律所规定及在民主社会中为了国家安全或公共秩序的利用或为保护他人的权利和自由所需要的限制以外的任何限制”“工会有权建立全国性的协会或联合会，有权组织或参加国际工会组织”“工会有权自由地进行工作，不受除法律所规定及在民主社会中为了国家安全或公共秩序的利益或为保护他人的权利和自由所需要的限制以外的任何限制”。1966 年联合国大会通过的《公民权利和政治权利国际公约》中也规定“人人有权享受与他人结社的自由，包括组织和参加工会以保护他的利益的权利”。

在我国，工会和工会的立法有悠久的历史。上海海员于 1914 年成立了“焱益社”，上海商务印书馆工人于 1916 年组织了“集成同志社”。这些组织是我国工会组织的萌芽。1920 年上海共产主义小组领导成立的上海机器工会标志着我国现代意义上的工会组织的诞生。我国最早出现的《工会法》是 1924 年 11 月由孙中山以大元帅的命令公布的《工会条例》，它是李大钊同志到广州同孙中山实现国共合作的产物，体现了孙中山“扶助农工”的政策特点和要求。在中国共产党进行武装斗争、建立革命根据地创建红色政权之后，江西的红色政权曾于 1930 年颁布了《赤色工会组织法》，以对抗南京国民政府于 1929 年 10 月 21 日颁布的《工会法》。《赤色工会组织法》在团结广大职工参加革命战争、发展生产中起到了积极作用。新中国成立后，1950 年 6 月中央人民政府颁布了我国第一部《工会法》，是新中国成立初期颁布的三部重要法律之一，它适应了经济恢复时期的特点，反映了当时“劳资两利”“劳资协商”的特点。在经过四十余年的历程之后，为了反映党的十一届三中全会以后的方针政策，1992 年 4 月经过全面修改的《工会法》颁布实施，这部《工会法》保障了工会工作的顺利进行，维护了广大职工的合法权益，在社会主义建设中发挥了应有的作用。2001 年 10 月 27 日第九届全国人大常委会第二十四次会议通过了新的《工会法》

修正案。2009年最新修订的《工会法》突出了工会的维护职能，明确了职工代表大会制度和集体合同制度这两个主要维权制度，维护职工合法权益是工会的基本职责。

二、工会的性质和法律地位

（一）工会的性质

工会的性质是指工会区别于其他社会组织的本质特征。一般认为工会是作为工人谋求政治、经济地位的改善而团结在一起组成的群众性社会团体，具有阶级性、群众性和自愿性。工会的阶级性是指工会是工人阶级的组织，工人阶级为其阶级基础和社会基础，工会的会员是工人阶级的成员，工会代表和维护工人阶级的合法利益。群众性是指工会是工人阶级范围内最广泛的群众组织，在我国境内的企业、事业单位、机关中以工资收入为主要生活来源的体力劳动者和脑力劳动者，不分民族、种族、性别、职业、宗教信仰、教育程度，都有依法参加和组织工会的权利，工会具有广泛的群众性社会基础。自愿性是指工会是职工自愿结合的组织，组织和参加工会是建立在职工自愿的基础之上的，任何组织和个人不得阻挠和限制职工加入或者不加入、建立或者不建立工会，工会的活动是建立在职工自愿的基础之上的。确定工会的性质是工会立法的一个重要方面。《工会法》第2条仍然将工会的性质规定为："工会是职工自愿结合的工人阶级的群众组织。"工会的阶级性、群众性和自愿性在我国的工会立法中得到了肯定。

（二）工会的法律地位

我国工会的法律地位表现在两个方面：第一，工会的唯一性和独立性。全国建立统一的中华全国总工会。工会在全国范围内具有统一的组织体系。工会是我国一个独立的工人阶级的群众组织，有一套独立的组织体系，在宪法和法律的范围内依据《中国工会章程》独立自主地展开活动。第二，工会具有法人资格。我国现行《工会法》第14条规定："中华全国总工会、地方总工会、产业工会具有社会团体法人资格。基层工会组织具备民法通则规定的法人条件的，依法取得社会团体法人资格。"工会作为法人，能够独立地享有民事权利承担民事义务。

三、职工民主参与

职工民主参与又称职工民主管理、劳动参与，是指劳动者有权参与企业的管理活动并对和自身利益有关的管理信息有知情权。职工民主参与具有以下特点：(1) 职工民主参与是劳动者参与企业管理的权利，而不是指职工有权代替企业的管理者进行企业的管理。劳动者的民主管理权的实现需要劳动者和企业管理者之间的协商和合作，在很大程度上需要企业管理者一方的配合。(2) 职工民主参与是职工参与企业的管理，是劳动者以职工的身份参与企业的管理，而不是以股东或其他身份行使管理权。特别是在实行职工参股的企业，职工在参股的情况下，同时具备了两种身份，一是企业的职工，另一个是企业的股东，作为股东对企业的管理权和作为职工对企业的民主管理权是两种不同的权利。(3) 虽然职工民主管理的主要内容是涉及有关与职工切身利益密切联系的企业内部实务，如有关职工的福利、劳动保护、工资等，但是企业的发展与职工的利益是紧密联系的，因此，职工民主管理涉及的事务范围并不仅限于这些方面，应该包括企业管理的各个方面。

职工民主参与有利于企业的内部管理和劳动关系的协调，其主要作用表现在：(1) 职工与企业形成了利益与共、休戚相关的共同体，职工的积极性、主动性的发挥有了保障；(2) 职工对企业的长期发展给予了更多的关注，而不再盲目追求企业的短期效益或利润，企业资产配置更趋优化、合理；(3) 职工参与管理，有利于建立和谐稳定的劳动关系，使劳资双方彼此互通信息，是一种信息交流机制，有利于消除劳资隔阂，防止发生不必要的纠纷。

在市场经济条件下，职工民主参与的形式是多样的，既包括传统的职工代表大会形式，也包括其他新兴的形式。目前，职工代表大会是国有企业职工民主管理的基本形式，在非国有企业中，民主管理的形式呈现多样化的特点。

(一) 职工代表大会

国有企业通过职工代表大会和其他形式实行民主管理。职工代表大会是国有企业职工民主管理和民主参与的基本形式，是职工行使民主管理权力的机构。国有企业的职工代表大会，我国《劳动法》中的规定比较原则，《公司法》中对于国有独资公司的职工代表大会也作出了相应规定，国有独资公司和两个以上的国有企业或者其他两个以上的国有投资主体设立的有限责任公司，依照《宪法》和有关法律的规定，通过职工代表大会和其他形式，实行民主管理。有关职工代表大会的具体规定主要集中在《全民所有制工业企业法》中。

1. 职工代表大会的职权

职工代表大会行使下列职权：（1）听取和审议厂长关于企业的经营方针、长远规划、年度计划、基本建设方案、重大技术改造方案、职工培训计划、留用资金分配和使用方案、承包和租赁经营责任制方案的报告，提出意见和建议；（2）审查同意或者否决企业的工资调整方案、劳动保护措施、奖惩办法以及其他重要的规章制度；（3）审议决定职工福利基金使用方案、职工住宅分配方案和其他有关职工生活福利的重大事项；（4）评议、监督企业各级领导，提出奖惩和任免的建议；（5）根据政府主管部门的决定选举厂长，报政府主管部门批准。

2. 职工代表大会的组织制度

（1）职工代表大会

职工代表大会至少每半年召开一次。每次会议必须有2/3以上的职工代表出席。遇有重大事项，经厂长、企业工会或1/3以上职工代表的提议，可召开临时会议。职工代表大会进行选举和作出决议，必须经全体职工代表过半数通过。

职工代表大会可根据需要，设立若干临时或经常性的专门小组（或专门委员会），完成职工代表大会交办的有关事项。

专门小组（或专门委员会）的主要工作是：审议提交职工代表大会的有关议案；在职工代表大会闭会期间，根据职工代表大会的授权，审定属本专门小组（或专门委员会）分工范围内需要临时决定的问题，并向职工代表大会报告予以确认；检查、督促有关部门贯彻执行职工代表大会决议和职工提案的处理；办理职工代表大会交办的其他事项。

（2）联席会议

职工代表大会闭会期间，需要临时解决的重要问题，由企业工会委员会召集职工代表团（组）长和专门小组（或专门委员会）负责人联席会议，协商处理，并向下一次职工代表大会报告予以确认。

(3) 职工代表大会与工会的关系

根据《全民所有制工业企业法》的规定，企业工会委员会是职工代表大会的工作机构，负责职工代表大会的日常工作。

作为职工代表大会的工作机构，工会委员会主要承担下列工作：组织职工选举职工代表；提出职工代表大会议题的建议，主持职工代表大会的筹备工作和会议的组织工作；召集和主持职工代表团（组）长、专门小组（或专门负责人）负责人联席会议；组织专门小组进行调查研究，向职工代表大会提出建议，检查督促大会决议和执行情况，发动职工落实职工代表大会决议；向职工进行民主管理的宣传教育，组织职工代表学习政策、业务和管理知识，提高职工代表组织的水平；接受和处理职工代表的申诉和建议，维护职工代表的合法权益；组织企业民主管理的其他工作。

虽然职工代表大会作为职工民主参与的形式就目前的法律规定而言，只在国有企业范围内适用，在实践中，职工代表大会也主要在国有企业中存在，但是这并不否定非国有企业根据自身的实际情况建立职工代表大会，并将职工代表大会作为企业的职工民主参与形式的一种选择，非国有企业的职工代表大会的职权和组织制度可以参照国有企业职工代表大会的职权和组织制度并结合非国有企业的自身情况由企业和职工进行协商。

（二）其他形式

1. 平等协商

我国《劳动法》第 8 条规定："劳动者依照法律规定，通过职工大会、职工代表大会或者其他形式，参与民主管理或者就保护劳动者合法权益与用人单位进行平等协商。"劳动部《关于（中华人民共和国劳动法〉若干条文的说明》中将该条中"与用人单位进行平等协商"解释为主要适用于非国有企业。非国有企业指除国有企业以外的，我国的其他一切企业，包括合伙企业、个人独资企业、中外合资经营企业、中外合作经营企业、外资企业等。

平等协商是指职工与企业之间就有关企业的生产经营管理和涉及职工利益的问题进行平等地协商，达成职工与企业之间的相互理解和合作，共同促进企业的发展和维护职工的合法权利。就平等协商机制在我国的发展实践而言，相关的法律规定都比较原则，除了《劳动法》第 8 条的原则规定以外，在《公司法》《中外合资经营企业法》《中外合作经营企业法》和《外资企业法》中也作出了一些规定，但总起来讲，都显得比较笼统，在实践中平等协商的形式也比较灵活。

就目前的法律规定而言，我国《中外合资经营企业法》《中外合作经营企业法》和《外资企业法》中对这些企业中的平等协商做出了一些原则的规定，这些企业董事会会议讨论企业的发展规划、生产经营活动等重大事项时，工会的代表有权列席会议，反映职工的意见和要求；董事会会议研究决定有关职工奖惩、工资制度、生活福利、劳动保护和保险等问题时，工会的代表有权列席会议，董事会应当听取工会的意见，取得工会的合作。

2. 工会或者职工代表列席有关会议，并有权提出意见和建议

根据我国《公司法》的有关规定，公司研究决定有关职工工资、福利、安全卫生以及劳动保护、劳动保险等涉及职工切身利益的问题时，应当事先听取公司工会和职工的意见，并邀请工会或者职工代表列席有关会议；公司研究决定生产经营的重大问题，制定重要的规章制度时，应当听取公司工会和职工的意见和建议。

3. 职工代表参加公司的监事会

根据我国《公司法》的有关规定，国有独资公司董事会和监事会应当有公司职工代表参加，职工代表由公司职工民主选举产生。股份有限公司监事会由股东代表和适当比例的公司职工代表组成，监事会中的职工代表由公司职工民主选举产生。

三、工会的诉权

（一）工会的起诉权

企业、事业单位工会委员会是职工代表大会的工作机构，负责职工代表大会的日常工作，检查、督促职工代表大会决议的执行，参与协调劳动关系和调解劳动争议，与企业、事业单位行政方面建立协商制度，协商解决涉及职工切身利益问题。

在市场经济条件下，劳动者与用人单位相比无疑处于弱势地位，不平等的地位可能引起用人单位侵犯劳动者利益的现象尤其是建筑业、采矿业、餐饮服

务业等劳动密集型行业的劳动者，缘于知识水平、经济条件等方面的原因，他们的合法权益被侵害的可能性更大，甚至某种侵害劳动者权益的现象在一个行业或者地区还具有普遍性。工会从整个行业或者地区着眼去维护劳动者的合法权益，对改变这种状况非常有益。为此，《劳动合同法》在我国第一次赋予了产业工会订立行业性或区域性集体合同的职权，其第53条规定："在县级以下区域内，建筑业、采矿业、餐饮服务业等行业可以由工会与企业方面代表订立行业性集体合同，或者订立区域性集体合同。"第54条第2款后段规定："行业性、区域性集体合同对当地本行业、本区域的用人单位和劳动者具有约束力。"对工会职权的上述规定，是《劳动合同法》的亮点之一，它为维护劳动者的合法权益提供了新的方式，为工会职能的充分发挥提供了新的尝试，为工会职权的发展指明了新的方向。

《劳动合同法》第56条规定："用人单位违反集体合同，侵犯职工劳动权益的，工会可以依法要求用人单位承担责任；因履行集体合同发生争议，经协商解决不成的，工会可以依法申请仲裁、提起诉讼。"工会的起诉权其实是从工会的签约权引申出来的一种职权。因为，既然集体合同是工会和用人单位签订的，基于合同的相对性，用人单位违反集体合同只能由工会申请仲裁或者提起诉讼；再者，用人单位违反集体合同，受到损害的将是全体职工，由职工"单打独斗"，不但起不到好的维权效果，而且会增加仲裁、诉讼的成本，浪费社会资源。所以，当履行集体合同中发生争议，经协商解决不成时，由工会依法申请仲裁、提起诉讼应当是最合适的。

《工会法》第10条第4款规定："同一行业或者性质相近的几个行业，可以根据需要建立全国的或者地方的产业工会。"但是，我国的工会除了各个单位的工会以外，基本上都是按照行政级别成立的，行业性产业工会发展得非常缓慢。另外，《劳动合同法》对工会的起诉权规定得也不很明确，这主要表现在以下两个方面：一是对谁拥有诉权规定不明。用人单位违反行业性、区域性集体合同时，谁拥有诉权，是产业工会还是该用人单位的工会？对此《劳动合同法》没有规定。二是工会诉权的实现缺乏相关法律的配套衔接。目前在我国，劳动法与民法、行政法的关系不清，劳动法没有自己的诉讼法，这妨碍了劳动纠纷的及时、公正解决。劳动法与工会法的关系不清，尽管"许多国家把工会法作为劳动法典的重要内容”，多数劳动法学者也认为《工会法》属于劳动法，但《工会法》涉及参政议政问题，显然超出了劳动法的范畴。①

基于合同的相对性，拥有诉权的只能是产业工会，因为我国的用人单位的工会并不是行业性、区域性集体合同的签约主体。然而，为了切实维护职工的合法权益，应当将这种诉权也赋予用人单位的工会。因为，用人单位工会对职工和案情更加了解，况且这些案件都由产业工会去处理，产业工会往往也没有足够的人力和财力。所以，从我国现实出发，在现阶段，无论是产业工会还是用人单位工会，均有权依照《劳动合同法》的规定，提起诉讼。

（二）职工违反集体合同发生争议时工会的诉权

集体合同争议是集体合同双方当事人因签订或履行集体合同而发生的涉及用人单位和劳动者共同权利义务的争议。对集体合同争议，各国在立法和法理上一般将其分为两类：一类是因签订（或变更）集体合同发生的争议，又称为利益争议，是指在签订集体合同过程中当事人双方就如何确定合同条款所发生的争议，是因待定权利义务发生的争议。另一类是因履行集体合同发生的争议，又称权利争议，是指在履行集体合同过程中当事人双方就如何将合同条款付诸实现所发生的争议，是对集体合同中已经设定的权利义务发生的争议。

集体合同争议不同于个体劳动争议，也不同于集体争议，主要表现在两个方面：一是争议主体不同。集体合同争议主体为集体合同双方当事人，即一方为工会或职工推举的代表和企业的全体职工，另一方为用人单位；个体劳动争议的主体为个体劳动合同双方当事人，即一方为单个的劳动者，另一方为用人单位。集体争议是指职工一方当事人为 3 人以上，有共同理由的劳动争议，其主体一方为不特定人数的劳动者，另一方为用人单位。集体争议也称群体争议，从本质上讲它是多个个体劳动争议的集合，因此仍然是个体劳动争议。二是争议的标的不同。集体合同争议的标的是工会所代表的全体劳动者的共同劳动权利义务；个体劳动争议的标的是作为劳动合同签订主体的个体劳动者的特定权利义务；集体争议的标的是部分特定劳动者的劳动权利义务。正是由于集体合同争议有着不同于个体劳动争议和集体争议的上述特征，因此对其处理方式也

---

① 王林清，《劳动纠纷裁判思路与规范解释》，法律出版社 2016 年版，第 503—507 页

应有所不同。

由于集体合同涉及面广，发生争议后，如果处理不好，容易产生不良影响，因此各国立法中一般都会针对集体合同的履行和争议处理作出专门规定，同时设置专门机构对集体合同争议进行处理。我国无论是《劳动法》还是《劳动合同法》，对此都没有规定。

我国对集体合同争议处理也划分为因签订集体合同发生的争议和因履行集体合同发生的争议。对因签订集体合同发生的争议，规定只能通过协商或行政协调处理，而不能调解、仲裁或诉讼。规定不能调解，是因为我国企业劳动争议调解委员会是由工会主持的，再由其调解有其不当之处；规定不得仲裁或诉讼，是因为我国法律未规定职工有罢工、用人单位有闭厂的权利。集体协商是和平协商，双方不得采取过激手段，在发生争议时由劳动行政部门进行协调处理，有利于争议的及时解决。依据原劳动部发布的《集体合同规定》规定，地方各类企业和不跨省（自治区、直辖市）的中央直属企业因签订集体合同发生争议的处理，由省级劳动行政部门确定管辖范围；全国性集团公司、行业性公司以及跨省（自治区、直辖市）的中央直属企业因签订集体合同发生的争议由国务院劳动行政部门指定有关省级劳动行政部门管理，或由国务院劳动行政部门组织有关方面协调处理。根据以上规定，县级以上劳动行政部门是因签订集体合同发生争议的协调处理机构，它设置的劳动争议协调处理机构是受理协调处理集体合同争议的日常工作机构。其主要职责是：（1）调查了解争议的情况；（2）研究制定协调处理争议的方案；（3）对争议进行协调处理；（4）制作《协调处理协议书》并监督处理结果的执行；（5）统计归档并将处理结果报上级劳动行政部门备案；（6）必要时向政府报告并提出有关建议。根据规定因签订集体合同发生争议后双方当事人不能自行协商解决的，当事人一方或双方可向劳动行政部门的劳动争议协调处理机构书面提出协调处理申请；未提出申请的，劳动行政部门认为必要时可视情况进行协调处理，由劳动行政部门制作《协调处理协议书》，双方当事人首席代表和协调处理负责人共同签字盖章。《协调处理协议书》下达后，当事人双方应予执行。

对于履行集体合同发生争议，《劳动合同法》第56条规定：“用人单位违反集体合同，侵犯职工劳动权益的，工会可以依法要求用人单位承担责任；因履行集体合同发生争议，经协商解决不成的，工会可以依法申请仲裁、提起诉讼。”据此，用人单位与工会代表（职工代表）应当协商解决，协商不成的可以采用仲裁或诉讼的方式解决。需要注意一点，《劳动法》第84条第2款规定：“因履行集体合同发生争议，当事人协商解决不成的，可以向劳动争议仲裁委员会申请仲裁；对仲裁裁决不服的，可以自收到仲裁裁决书之日起十五日内向人民法院提起诉讼。”而《劳动合同法》第56条对此规定略有不同，《劳动合同法》规定对于用人单位违反集体合同，侵犯职工劳动权益的，工会可以不经仲裁而直接向人民法院提起诉讼，因此，仲裁已不再是提起诉讼的必经程序，突破了传统的“先裁后审”体制，采取了“或裁或审”模式，尊重了工会对争议处理的选择权，这样可以缩短处理时间，降低争议处理成本。

对于职工违反集体合同的，工会是否需要承担责任呢？根据《劳动合同法》规定，具体来说，工会的权利和职责主要表现为以下几方面：（1）帮助、指导劳动者与用人单位依法订立和履行劳动合同；（2）当用人单位单方提出解除劳动合同时，应当事先将理由通知工会；（3）工会代表企业职工一方与用人单位订立集体合同；（4）用人单位违反集体合同，侵犯职工劳动权益的，工会可以依法要求用人单位承担责任；（5）工会对用人单位履行劳动合同、集体合同的情况进行监督；（6）劳动者申请仲裁、提起诉讼的，工会依法给予支持和帮助。因此，出现劳动争议时，工会应当履行的职责是代表职工与企业协商、帮助劳动者申请仲裁、提起诉讼，而不是由工会代替职工承担责任。

第四章

工资法分析

一、工资的概念和特征

工资，是指用人单位按照法律法规的规定和集体合同与劳动合同的约定，依据劳动者提供的劳动数量和质量直接支付给本单体劳动者的货币报酬。

工资具有以下特征：第一，工资是劳动者基于与用人单位的劳动关系取得的劳动报酬；第二，工资是按照国家法律法规的规定和集体合同与劳动合同的约定由用人单位向本单位的劳动者支付的；第三，工资是用人单位支付给本单位劳动者的货币报酬，不包括实物报酬；第四，支付工资是用人单位的法定义务，劳动者取得工资则必须履行劳动合同约定的劳动义务。

二、工资形式

工资形式是指计量劳动和支付工资的形式。我国现行的工资形式主要有计时工资、计件工资两种基本形式和奖金、津贴两种辅助形式。具体采用什么工资形式，一般由企业确定。

（一）计时工资

计时工资是指按计时工资标准和工作时间支付给个人的工资报酬。计时工资标准是根据劳动者的技术熟练程度、劳动繁重程度等标准确定的，在相同的工作时间内，从事同种工作，并具有基本相同的劳动技能的劳动者的工资是相同的。计时工资可以分为月工资制、日工资制和小时工资制三种。

（二）计件工资

计件工资是根据劳动者提供的合格产品的数量和规定的计件单价支付工资

的一种形式。与计时工资不同，计件工资不是按劳动者劳动时间的长短，而是按照劳动者在单位时间内完成的合格产品的数量来计算工资报酬的。包括：（1）实行超额累进计件、直接无限计件、限额计件、超定额计件等工资制，按劳动部门或主管部门批准的定额和计件单价支付给个人的工资；（2）按工作任务包干方法支付给个人的工资；（3）按营业额提成或利润提成办法支付给个人的工资。

（三）奖金

奖金是工资的补充形式。奖金有很多种，这里只介绍作为工资形式的奖金。奖金是用人单位对劳动者进行物质奖励形式的一种，是对劳动者的超额劳动报酬和增收节支的报酬，主要包括超产奖、质量奖、节约奖、劳动竞赛奖、创造发明奖、年终奖等等。奖金是构成劳动者工资的一个重要部分，我国一直十分重视奖金制度。

（四）津贴

津贴是辅助工资形式的一种，是指补偿职工在特殊条件下的劳动消耗及生活费额外支出的工资。任何一种作为工资形式存在的津贴，都是在法律规定下发放的。

津贴的种类很多，主要有以下几类：

（1）按工作特点和劳动条件设置的津贴，主要有矿山下井津贴、高温津贴、野外工作津贴等。

（2）为特殊劳动和额外生活支出的双重性设置的津贴，主要有林区津贴、艰苦气象台站津贴、基建工程流动施工津贴、流动施工津贴等。

（3）为特种保健要求设立的津贴，主要有保健津贴、医疗卫生津贴等。

（4）为补偿物价变动设置的津贴，主要有生活费补贴、价格补贴等。

（5）岗位津贴，主要包括从事废旧物资回收加工利用工作的劳动者的津贴等。

（五）年薪

年薪是以一年为时间单位来支付劳动者工资的特殊工资形式。从广义上来说，年薪也可以说是计时工资的一种，但是与通常的计时工资形式不同，年薪主要适用于企业高级管理人员等特定人员。2000 年 11 月，劳动和社会保障部发布《进一步深化企业内部分配制度改革指导意见》中指出，要在具备条件的企业积极试行董事长、总经理年薪制。

（六）特殊情况下的工资支付

特殊情况下的工资支付，是指根据法律规定或根据集体合同与劳动合同的约定，在非正常情况下用人单位对本单位劳动者的工资支付。我国《劳动法》和1994年12月劳动部发布的《工资支付暂行规定》对特殊情况下的工资支付作出了规定。

1. 加班加点工资

根据我国《劳动法》第44条的规定，有下列情形之一的，用人单位应当按照下列标准支付高于劳动者正常工作时间工资的工资报酬：（1）安排劳动者延长工作时间的，支付不低于工资的150%的工资报酬；（2）休息日安排劳动者工作又不能安排补休的，支付不低于工资的200%的工资报酬；（3）法定休假日安排劳动者工作的，支付不低于工资的300%的工资报酬。

《工资支付暂行规定》对此做出了更为具体的规定。根据规定，用人单位在劳动者完成劳动定额或规定的工作任务后，根据实际需要安排劳动者在法定标准工作时间以外工作的，应按以下标准支付工资：（1）用人单位依法安排劳动者在日法定标准工作时间以外延长工作时间的，按照不低于劳动合同规定的劳动者本人小时工资标准的150%支付劳动者工资；（2）用人单位依法安排劳动者在休息日工作，而又不能安排补休的，按照不低于劳动合同规定的劳动者本人日或小时工资标准的200%支付劳动者工资；（3）用人单位依法安排劳动者在法定休假节日工作的，按照不低于劳动合同规定的劳动者本人日或小时工资标准的300%支付劳动者工资。实行计件工资的劳动者，在完成计件定额任务后，由用人单位安排延长工作时间的，应根据上述规定的原则，分别按照不低于其本人法定工作时间计件单价的150%、200%、300%支付其工资。因此，实行计件工资的劳动者要求支付加班工资关键在于与计件工作时间相对应的劳动，定额是否合理。《江苏省工资支付条例》第十一条规定，用人单位确定的劳动定额应当是本单位同岗位90%以上劳动者在法定工作时间内能够完成的定额。否则，可以判令用人单位按照计件单价计算出超出标准工时外时间的加班工资。加班加点工资，是根据加班加点的多少，以劳动合同确定的正常工作时间工资标准的一定倍数所支付的劳动报酬，即凡是安排劳动者在法定工作日延长工作时间或安排在休息日工作而又不能补休的，均应支付给劳动者不低于劳动合同规定的劳动者本人小时或日工资标准150%、200%的工资；安排在法定休假节日工作的，应另外支付给劳动者不低于劳动合同规定的劳动者本人小时或日工资标准300%的工资。经劳动行政部门批准实行综合计算工时工作制的，其综合计算劳动时间超过法定标准工作时间的部分，应视为延长工作时间，并应按规定支付劳动者延长工作时间的工资。实行不定时工时制度的劳动者，不执行上述规定。根据劳动部《关于贯彻执行〈中华人民共和国劳动法〉若干问题的意见》第62条规定，实行综合计算工时工作制的企业职工，工作日正好是周休息日的，属于正常工作；工作日正好是法定节假日的，要依照我国《劳动法》第44条第3款的规定支付职工工资报酬，即支付不低于工资的300%的工资报酬。

2. 休假期间的工资

劳动者依法享受年休假、探亲假、婚假、丧假期间，用人单位应按劳动合同规定的标准支付劳动者工资。2007年12月14日国务院颁布的《职工带薪年休假条例》第5条规定："对职工应休未休的年休假天数，单位应当按照该职工日工资收入的300%支付年休假工资报酬。"

3. 依法参加社会活动期间的工资

劳动者在法定工作时间内依法参加社会活动期间，用人单位应视同其提供了正常劳动而支付工资。这些社会活动包括：（1）依法行使选举权或被选举权；（2）当选代表出席乡（镇）、区以上政府、党派、工会、青年团、妇女联合会等组织召开的会议；（3）出任人民法院证明人；（4）出席劳动模范、先进工作者大会；（5）《工会法》规定的不脱产工会基层委员会委员因工会活动占用的生产或工作时间；（6）其他依法参加的社会活动，如《江苏省工资支付条例》第30条规定的"参加兵役登记等应征事宜和预备役人员参加军事训练"等活动。

4. 停工、停产期间的工资

非因劳动者原因造成单位停工、停产在一个工资支付周期内的，用人单位应按劳动合同规定的标准支付劳动者工资。超过一个工资支付周期的，若劳动者提供了正常劳动，则支付给劳动者的劳动报酬不得低于当地的最低工资标准；

若劳动者没有提供正常劳动，应按国家有关规定办理。

5. 用人单位破产时的工资

用人单位依法破产时，劳动者有权获得其工资。在破产清偿中，用人单位应按我国《企业破产法》规定的清偿顺序，首先支付其欠付本单位劳动者的工资。

6. 特殊人员的工资支付

（1）劳动者受处分后的工资支付：第一，劳动者受行政处分后仍在原单位工作（如留用察看、降级等）或受刑事处分后重新就业的，应主要由用人单位根据具体情况自主确定其工资报酬；第二，劳动者依法被取保候审、适用缓刑或被假释、监外执行期间，劳动合同未解除且正常劳动的，用人单位应依劳动合同或本单位规章制度支付工资。

（2）学徒工、熟练工、大中专毕业生在学徒期、熟练期、见习期、试用期及转正定级后的工资待遇由用人单位自主确定。

（3）新就业复员军人的工资待遇用人单位自主确定；分配到企业的军队专业干部的工资待遇，按国家有关规定执行。

三、疑难问题分析

1. 提成式报酬的效力问题

工资，是指用人单位依据国家有关规定或劳动合同的规定，以货币形式直接支付给本单位劳动者的劳动报酬。按照工资的确定方式，工资可分为计时工资、计件工资、奖励工资、津贴工资等。按照国家统计局《关于工资总额组成的规定》的规定，计件工资是指对已做工作按计件单价支付的劳动报酬，其中就包括按营业额提成或利润提成办法支付给个人的工资。由此可以看出，提成款（即提成工资，为叙述方便，下文仍称提成款）是计件工资制的主要方式之一，它是指职工集体或个人的工资收入按照一定比例从营业收入、销售收入或利润中提取。这种计件工资形式主要适用于劳动成果难以用事先制定劳动定额的方式计算、不易确定计件单价的工作，如服务性工作、文艺演出等。

但是需要注意的是，实践中还有一些销售企业也往往对企业的业务员采取基本工资加提成工资的分配方式。提成款是企业鼓励业务员付出更多劳动的奖励办法，是用人单位应支付劳动者基本工资的重要补充。基本工资是固定的，而奖励工资则因人而异，提成款是业务员在完成一定的推销业务的基础上对其超额部分的奖励，属业务员享有基本工资以外所应得的劳动报酬。

提成约定在不考虑员工与用人单位之间存在从属性的特点时，与普通的民事合同约定没有太大的区别，因此在效力认定上应以有效为原则。但由于用人单位对劳动者完成提成项目过程中总是存在或多或少的管理行为，劳动者的行为并不能像合同相对方那样独立决定，因此在效力认定上辅以根据用人单位的管理或干预程度来综合判断是否存在用人单位免除自己法定责任、排除劳动者权利的情形来调整该约定的效力作为补充，但该提成约定不得导致劳动者每月可得收入低于当地最低工资标准。

2. 劳动合同无效后劳动报酬支付问题

无效的劳动合同，是指由当事人签订成立而国家不予承认其法律效力的劳动合同。一般合同一旦依法成立，就具有法律拘束力，但是无效合同即使其成立，也不具有法律拘束力，不发生履行效力。《合同法》第 52 条规定，有下列情形之一的，合同无效：（1）一方以欺诈、胁迫的手段订立合同，损害国家利益；（2）恶意串通，损害国家、集体或者第三人利益；（3）以合法形式掩盖非法目的；（4）损害社会公共利益；（5）违反法律、行政法规的强制性规定。

从《合同法》的规定不难看出，无效的合同一般具有以下特征：第一，无效合同具有违法性，它们大都违反了法律和行政法规的强制性规定和损害了国家利益、社会公共利益。无效合同的违法性表明此类合同不符合国家的意志和立法的目的，所以，对此类合同国家就应当实施干预，使其不发生效力，而不管当事人是否主张合同的效力。第二，无效合同是自始无效的，从订立的时候起，就没有法律约束力，以后也不会转化为有效合同，国家不承认此类合同的效力。对于已经履行的，应当通过返还财产、赔偿损失等方式使当事人的财产恢复到合同订立前的状态。法律既不保护无效合同当事人的权益，也不强制当事人履行无效合同规定的义务。

劳动合同有其特殊性，是一种具有人身属性、重实际履行的合同。已经发生的人身从属关系，无法按照一般民事关系的处理方式，恢复到合同关系发生前的状态；已经履行的劳动给付义务，不应该恢复到合同关系发生前的状态。

如果对劳动合同简单地照搬民事合同中的无效、撤销制度已经发生的劳动给付无法处理，也会引发大量纠纷。

为了适应劳动合同的特殊性，劳动合同被确认无效，劳动者已付出劳动的，用人单位应当向劳动者支付劳动报酬，包括无营业执照经营的单位被依法处理，该单位的劳动者已经付出劳动的，由被处理的单位或者出资人向劳动者支付劳动报酬。用人单位与劳动者有恶意串通，损害国家利益、社会公共利益或者他人合法权益的情形除外。

劳动报酬的数额，参考用人单位同类岗位劳动者的劳动报酬确定。如果双方约定的报酬高于用人单位同岗位劳动者工资水平的，除当事人恶意串通侵害公共利益的情况外，劳动者已经给付劳动的，劳动报酬按照实际履行的内容确认。

对因用人单位的过错导致劳动合同无效的，不仅要求用人单位支付劳动报酬、社会保险、经济补偿以及其他劳动者应享受的待遇，同时还要对其给予相应的制裁。《劳动合同法》在法律责任中规定劳动合同依照本法第 26 条规定被确认无效，给对方造成损害的，有过错的一方应当承担赔偿责任。在合同被确认无效后，一般都会产生损害赔偿的责任。如果因为劳动者的过错导致劳动合同的无效而给用人单位造成损失的，劳动者应当赔偿用人单位的财产损失，体现了保护劳动合同无效后无过错方合法权益的原则。

3. 加班工资基数确定问题

劳动者接受用人单位安排延长工作时间，用人单位应支付相应的加班费。对于加班费的支付标准问题，《劳动法》第 44 条规定："有下列情形之一的，用人单位应当按照下列标准支付高于劳动者正常工作时间工资的工资报酬：（一）安排劳动者延长工作时间的，支付不低于工资的百分之一百五十的工资报酬；（二）休息日安排劳动者工作又不能安排补休的，支付不低于工资的百分之二百的工资报酬；（三）法定休假日安排劳动者工作的，支付不低于工资的百分之三百的工资报酬。"概言之，用人单位需按照不低于工资的 150%、200%、300% 支付加班费。

对于加班工资的计算基数是建立在正常劳动情形下的工资收入，但不同用人单位在工资构成项目的确定上有很大的差别，有的虽然在工资构成中予以体现，但在性质上是福利。在判断上如果还是按照原劳动部以前的规定即区分基本工资、津贴、补贴等名义，显然已经不能适应当前案件处理的需要，笔者认为，首先，要判断工资构成中的哪些项目属于由用人单位可自行决定给付的福利，对此予以扣除；其次，要判断哪些项目属于在不同月份多变的以及影响的因素，以确定是否属于正常劳动情形下的收入，进而确定是否扣除；最后，要判断当月给付工资的项目中是否均属于当月期间应得的工资，对于以前月份一并发放的款项应当予以扣除。

对于提成或者奖金是否纳入计算加班工资的基数，首先，需要看双方约定的报酬是否属于提成制以及该提成报酬是否建立在固定工作时间内，如果没有明确建立在固定工作时间内，应当不确认为加班；其次，要判断提成或者奖金是否为固定工资的变相形式，避免用人单位以提成或者奖金的名义来减少加班工资的给付数额；最后，也要确定该提成或者奖金的归属期，对于归属多个月份的，可以平均折算出属于当月月份的正常收入部分。

而对于加班工资以日或者小时计算工资基数，基本可以遵循以下原则：（1）按照劳动合同约定的劳动者本人工资标准确定；（2）劳动合同没有约定的，按照集体合同约定的加班工资基数以及休假期间工资标准确定；（3）劳动合同、集体合同均未约定的，按照劳动者本人正常劳动应得的工资确定。依照前款确定的加班工资基数不得低于规定的最低工资标准。《江苏省工资支付条例》第64条确认了以上原则。

4. 公司经理等高级管理人员主张加班费问题

标准工作时间制又称标准工时工作制，是我国现行工时制度的一种形式，是法律、法规规定的在正常情况下普遍实行的工作时间制度，也是判断是否进行加班事实的证据。标准工时工作制包括两方面的内容，即劳动者每日工作时间和劳动者每周工作时间。不定时工作时间制是相对标准工时工作制而言的一种特殊的工时制度，它不仅仅是由用人单位单方作出规定或者在劳动合同上作出约定就能实施的，必须经国家相关部门的批准才能实行。

关于不定时工作时间制度，一些法律、法规也有相关规定。《劳动法》第39条规定："企业因生产特点不能实行本法第三十六条、第三十八条规定的，经劳动行政部门批准，可以实行其他工作和休息办法。"原劳动部根据国务院

《关于职工工作时间的规定》的精神，于1994年12月14日颁布了《关于企业实行不定时工作时间制和综合计算工时工作制的审批办法》（劳部发〔1994〕503号），其中规定，不定时工作时间制是指每一工作日没有固定的上下班时间限制的工作时间制度。它是针对因生产特点、工作特殊需要或职责范围的关系，无法按标准工作时间衡量或需要机动作业的职工所采用的一种工时制度。经批准实行不定时工作时间制的职工，不受《劳动法》第41条规定的日延长工作时间标准和月延长工作时间标准的限制，但用人单位应采用弹性工作时间等适当的工作和休息方式，确保职工的休息休假权利和生产、工作任务的完成。实行不定时工作时间制人员不执行加班工资的规定。但是，根据《工资支付规定》第13条第4款，实行不定时工作人员的工作时间仍应按照相关法规文件的规定，平均每天原则上工作8小时，每周至少休息1天。

根据原劳动部《关于企业实行不定时工作时间制和综合计算工时工作制的审批办法》（劳部发［1994］503号）第4条的规定，企业中的下列三类职工经劳动行政部门审批，可以实行不定时工作时间制：（1）企业中的高级管理人员、外勤人员、推销人员、部分值班人员和其他因工作无法按标准工作时间衡量的职工；（2）企业中的长途运输人员、出租汽车司机和铁路、港口、仓库的部分装卸人员以及因工作性质特殊，需要机动作业的职工；（3）其他因生产特点、工作特殊需要或指着范围的关系，适合实行不定时工作时间制的职工。

因此，当用人单位实行了不定时工作时间制，则经理等高级管理人员就不能向用人单位主张加班费，即使其超出了标准工作时间。当然，用人单位是不能自行订立不定时工作时间制的，它的适应对象比较特殊，审批的手续和过程都是非常严格的。如果用人单位未经劳动行政部门审批即擅自实行不定时工作时间制，则属于违法行为，不仅劳动者可以主张加班费，而且劳动监察部门也有权对用人单位进行处罚。

第五章

社会保险法分析

一、社会保险法的概念、调整对象和适用范围

（一）社会保险法的概念

社会保险法是调整社会保险关系的法律规范的总称。在我国，社会保险法有广义和狭义之分。狭义的社会保险法仅指2010年10月28日第十一届全国人民代表大会常务委员会第十七次会议通过的《社会保险法》。广义的社会保险法还包括宪法、法律、行政法规中关于社会保险的相关规定。社会保险法是中国特色社会主义法律体系的重要组成部分，对于维护劳动者的社会保险权，保障劳动者共享改革发展成果，促进我国社会保险制度的定型、稳定与可持续发展，推动我国经济的转型，维护社会和谐稳定和国家长治久安具有重要意义。

社会保险法不同于传统的法律，它以社会利益为本位，主要强调对社会公益、社会公平、社会安全等社会发展目标的追求，对弱势群体和公共利益的保护，具有明显的社会法性质。

（二）社会保险法的调整对象和适用范围

社会保险法的调整对象是社会保险关系。法律意义上的社会保险关系，是指依据社会保险法律法规的规定，社会保险经办机构与社会成员或者用人单位、劳动者之间在社会保险中的权利和义务关系，它包括养老保险关系、医疗保险关系、失业保险关系、工伤保险关系和生育保险关系。

我国《社会保险法》确立了国家建立基本养老保险、基本医疗保险、工伤保险、失业保险、生育保险等社会保险制度的社会保险体系基本框架，并明确了各项社会保险制度的适用范围。具体为：

第一，基本养老保险制度和基本医疗保险制度覆盖了我国城乡全体居民。即用人单位及其职工应当参加职工基本养老保险和职工基本医疗保险；无雇工的个体工商户、未在用人单位参加社会保险的非全日制从业人员以及其他灵活就业人员可以参加职工基本养老保险和职工基本医疗保险；农村居民可以参加新型农村社会养老保险和新型农村合作医疗；城镇未就业的居民可以参加城镇居民社会养老保险和城镇居民基本医疗保险。同时，规定进城务工的农村居民依法参加社会保险；公务员和参照公务员法管理的工作人员养老保险的办法由国务院规定。

第二，工伤保险、失业保险和生育保险制度覆盖了所有用人单位及其职工。

第三，被征地农民按照国务院规定纳入相应的社会保险制度。被征地农民到用人单位就业的，都应当参加全部五项社会保险。对于未就业，转为城镇居民的，可以参加城镇居民社会养老保险和城镇居民基本医疗保险，继续保留农村居民身份的，可以参加新型农村社会养老保险和新型农村合作医疗。

第四，在中国境内就业的外国人，也应当参照法律规定参加我国的社会保险。

二、社会保险类型

（一）养老保险

养老保险又称老年保险，是社会保障制度的重要组成部分，是社会保险五大险种中最重要的险种之一。所谓养老保险（或养老保险制度）是国家和社会根据一定的法律和法规，为解决劳动者在达到国家规定的解除劳动义务的劳动年龄界限，或因年老丧失劳动能力退出劳动岗位后的基本生活而建立的一种社会保险制度。国家颁布了《国务院关于机关事业单位工作人员养老保险制度改革的决定》（2015 年 1 月 3 日）、《城乡养老制度衔接暂行办法》（2014 年 2 月 24 日）等政策法规规范构建养老保险制度。

（二）医疗保险

医疗保险是指为被保险人治疗疾病时发生的医疗费用提供保险保障的保险。职工患病、负伤、生育时，由社会或企业提供必要的医疗服务或物质帮助的社会保险。一般来讲，职工的医疗费用由国家、单位和个人共同负担，以减轻企业负担，避免浪费。

医疗保险同其他类型的保险一样，也是以合同的方式预先向受疾病威胁的人收取医疗保险费，建立医疗保险基金；当被保险人患病并去医疗机构就诊而发生医疗费用后，由医疗保险机构给予一定的经济补偿。医疗保险具有保险的两大职能：风险转移和补偿转移。即把个体身上的疾病风险所致的经济损失分摊给所有受同样风险威胁的成员，用集中起来的医疗保险基金来补偿由疾病所带来的经济损失。国务院颁布《关于整合城乡居民基本医疗保险制度的意见》（2016 年 1 月 3 日）等政策法规推进医疗保险制度改革，实现城乡居民公平享有基本医疗保险权益。

劳动者投保以后，可享受规定的医疗保险待遇，如患病期间享受病假、报销一定比例的医疗费用、获得疾病津贴等等。医疗保险实行统一覆盖范围、统一筹资政策、统一保险待遇、统一医保目录、统一定点管理、统一基金管理的“六统一”政策，这种保险制度对促进国民的健康，满足劳动者健康需求发挥了重要的作用。

（三）工伤保险

工伤保险是指国家或社会为生产、工作中遭受事故伤害和患职业性疾病的劳动者及其家属提供医疗救治、生活保障、经济补偿、医疗和职业康复等物质帮助的一种社会保障制度。劳动者因在生产经营活动中所发生的或在规定的某些特殊情况下，遭受意外伤害、职业病以及因这两种情况死亡，或暂时或永久丧失劳动能力时，劳动者或其家属能够从国家、社会得到必要的物质补偿。这种补偿既包括受到伤害的职工医疗、康复的费用，也包括生活保障所需的物质帮助。工伤保险是社会保险制度的重要组成部分，也是建立独立于企事业单位之外的社会保障体系的基本制度之一。

根据国务院《工伤保险条例》的规定，工伤保险的适用范围包括中国境内的企业、事业单位、社会团体、民办非企业单位、基金会、律师事务所、会计师事务所等组织和有雇工的个体工商户。职工发生工伤后，依照规定，享受以下工伤保险待遇：

1. 医疗康复待遇

医疗康复待遇包括工伤治疗及相关补助待遇，康复性治疗待遇，人工器官、矫形器等辅助器具的按照、配置待遇等等。

2. 停工留薪期待遇

在停工留薪期内，工伤职工原工资福利待遇不变，由所在单位按月支付，生活不能自理的工伤职工在停工留薪期需要护理的，由所在单位负责。

3. 伤残待遇

工伤职工根据不同的伤残等级，享受一次性伤残补助金、伤残津贴、一次性工伤医疗补助金、一次性伤残就业补助金以及生活护理费等待遇。

4. 工亡待遇

职工因工死亡，其直系亲属可以领取丧葬补助金、供养亲属抚恤金和一次性工亡补助金。

从以上各类待遇的构成和支付渠道上来看，工伤保险充分体现了救治、经济补偿和职业康复相结合，以及分散用人单位工伤风险的要求。

（四）失业保险

失业保险是指国家通过立法强制实行的，由社会集中建立基金，对因失业而暂时中断生活来源的劳动者提供物质帮助的制度。它是社会保障体系的重要组成部分，是社会保险的主要项目之一。国务院于 1999 年 1 月 20 日发布施行《失业保险条例》，规定了失业保险待遇及领取标准、期限等。

失业保险具有如下几个主要特点：

1. 普遍性

它主要是为了保障有工资收入的劳动者失业后的基本生活而建立的，其覆盖范围包括劳动力队伍中的大部分成员。因此，在确定适用范围时，参保单位应不分部门和行业，不分所有制性质，其职工应不分用工形式，不分居住城镇或农村，解除或终止劳动关系后，只要本人符合条件，都有享受失业保险待遇的权利。

2. 强制性

它是通过国家制定法律、法规来强制实施的。按照规定，在失业保险制度覆盖范围内的单位及其职工必须参加失业保险并履行缴费义务。不履行缴费义务的单位和个人都应当承担相应的法律责任。

3. 互济性

失业保险基金主要来源于社会筹集，由单位、个人和国家三方共同负担。缴费比例、缴费方式相对稳定，筹集的失业保险费，不分来源渠道，不分缴费单位的性质，全部并入失业保险基金，在统筹地区内统一调度使用以发挥互济功能。

（五）生育保险

生育保险是通过国家立法，在女职工因生育子女而暂时中断劳动时由国家和社会及时给予生活保障和物质帮助的一项社会保险制度。其宗旨在于通过提供生育津贴、医疗服务和产假，维持、恢复和增进生育妇女身体健康，并使婴儿得到精心的照顾和哺育。全国人大常委会于 2001 年 12 月 29 日修订通过《人口与计划生育法》，劳动部于 1994 年 12 月 14 日发布《企业职工生育保险试行办法》规定了生育保险基金筹集办法及生育津贴、生育医疗费领取报销办法。

生育保险提供的生活保障和物质帮助，通常由现金补助和实物供给两部分组成。现金补助主要是指及时给予生育妇女的生育津贴。有些国家还包括一次性现金补助或家庭津贴。实物供给主要是指提供必要的医疗保健、医疗服务以及孕妇、婴儿需要的生活用品等，提供的范围、条件和标准主要根据各个国家的经济状况确定。

生育保险以执行国家生育政策为基本条件。生育保险的对象一般只包括女职工，因为生育对女职工造成直接的经济损失和身体健康损失，所以接受直接补偿者是女职工本人，一些企业也对男职工给予一定的待遇。但这些待遇属于企业行为，国家没有规定。生育保险也有着重要的社会意义，对妇女和儿童的身体健康有双重维护作用。

三、疑难问题分析

1. 因违规被开除的失业人员可否领取失业保险金问题

失业保险金，是失业保险经办机构依法支付给符合条件的失业人员的基本生活费用，是对失业人员在失业期间失去工资收入的一种临时性补偿，目的是保障失业人员失业期间的基本生活。失业保险金依法从失业保险基金中列支。

根据《社会保险法》第45条的规定，参加失业保险的城镇企业事业单位职工失业后要领取失业保险金，必须符合一定的条件：

一是按照规定参加失业保险，所在单位和本人已按规定履行缴费义务满1年，这也是最主要的条件。按照规定参加失业保险，是指失业人员原来在城镇企业事业单位工作，并非新生劳动力，如不是刚毕业的学生。参加失业保险，必须按规定履行缴费义务，即按规定的缴费基数、费率和缴费时间缴纳失业保险费。

二是非因本人意愿中断就业。一般来讲，中断就业的原因分两种：（1）非自愿中断就业，即失业人员不愿意中断就业，但因本人无法控制的原因而被迫中断就业；（2）自愿中断就业，即失业人员因自愿离职而导致失业。自愿离职而失业的人员不能享受失业保险待遇。

三是已办理失业登记，并有求职要求。办理失业登记是失业人员领取失业保险金的必经程序，目的是掌握失业人员的基本情况，确认其资格。失业登记是失业人员进入申领失业保险待遇程序的重要标志。失业人员享受失业保险待遇，还须有求职要求，这是考虑到失业保险的一个重要功能是促进失业人员再就业。为实现这一目的，一方面需要加快经济发展，创造更多的就业岗位，同时，发展和完善就业服务事业，为失业人员实现再就业提供服务；另一方面也要求失业人员积极主动地利用各种就业机会和就业服务设施，不断提高自身素质，增加竞争就业的能力。

失业人员必须同时满足上述条件才能申请领取失业保险金及其他待遇。对不符合条件的，失业保险经办机构应当拒绝其申请，并告知其拒绝的理由。

《社会保险法》第45条第（2）项规定，“非因本人意愿中断就业的”，可享受失业保险待遇。但是，该条并没有详细规定判断非自愿失业的相关标准，因而在实践中产生了理解上的不同。

非自愿失业与自愿失业相对，一般是指有工作能力而不愿意工作的情况，通常不被视为是真正意义上的失业。原劳动和社会保障部2000年10月26日发布的《失业保险金申领发放办法》第4条对哪些情形属于“非因本人意愿中断就业”作了规定，主要包括：终止劳动合同的、被用人单位解除劳动合同的、被用人单位开除、除名和辞退的、用人单位违法或者违反劳动合同导致职工辞职的及法律、行政法规另有规定的。出现上述情形造成职工失业的，职工有权申领失业保险金。

2. 退休人员因犯罪被判缓刑后享受养老保险待遇问题

退休指职工达到法定退休年龄后退出工作岗位，享受社会养老保险待遇的制度。劳动者退休后便结束劳动关系，转入社会保障体系。我国实行法定退休制度，始于20世纪50年代，时至今日，计划经济时代遗留的痕迹依然清晰可见。

原劳动和社会保障部办公厅2001年3月8日发布的《关于退休人员被判刑后、有关养老保险待遇问题的复函》规定，退休人员因涉嫌犯罪被通缉或在押未定罪期间，其基本养老金暂停发放。如果法院判无罪，被通缉或者羁押期间的基本养老金予以补发。

原劳动和社会保障部办公厅2001年3月8日发布的《关于退休人员被判刑后有关养老保险待遇问题的复函》规定，退休人员因涉嫌犯罪被通缉或在押未定罪期间，其基本养老金暂停发放。如果法院判无罪，被通缉或者羁押期间的基本养老金予以补发。根据该文件规定，在押期间停发基本养老金，仅仅是一种临时性措施，是否予以补发，完全取决于当事人本身是否构成犯罪以及是否受羁押。

被判缓刑仍可享受养老保险待遇。缓刑不是一种刑罚，而是对被判处拘役3年以下有期徒刑的犯罪分子，根据其犯罪情节和悔罪表现所规定的一个考验期，而且，国家推行养老保险制度的目的是保障丧失劳动能力的职工的基本生活，因此，退休人员因犯罪被判缓刑后，可以继续享受养老保险待遇。

3. 用人单位与劳动者约定放弃基本医疗保险问题

基本医疗保险是我国社会保险制度的一项重要组成部分，它是指国家通过立法确定的，在公民因为生病或者其他原因需要就医治疗时，由国家或者社会为其提供必需的医疗服务及相关物质帮助的一种社会保险制度。2011年7月1日起正式施行的《社会保险法》第3章专门规定了基本医疗保险制度的相关内容，其中包括参保范围和缴费、新型农村合作医疗、城镇居民基本医疗保险制度、待遇标准撤费年限、基本医疗保险基金支付范围等。

另外，法律规定参加基本医疗保险的人群范围更为广泛了。依照《社会保险法》的规定，职工基本医疗保险制度覆盖所有用人单位，既包括机关事业单位，也包括各类公司企业；既包括城镇企业，也包括各类乡镇企业。同时，该法也规定了无雇工的个体工商户、未在用人单位参加职工基本医疗保险的非全日制失业人员以及其他灵活就业人员可以参加职工基本医疗保险，由个人按照国家规定缴纳基本医疗保险费。因此，个体工商户及其他灵活就业人员可以凭自己的意愿，选择参加职工基本医疗保险，对此类人群，法律没有强制性的规定。

根据《社会保险法》第 23 条的规定，职工基本医疗保险费应当由用人单位和职工共同缴纳。因此，每位劳动者的基本医疗保险费应当由用人单位和其本人分担。实践中，对于如何分担这一问题，则是由各个地方通过立法或者出台相关政策进行细化、确定，并不是在全国范围内对于这一分担比例实施“一刀切”的原则。按照国务院《关于建立城镇职工基本医疗保险制度的决定》的规定，用人单位缴费率应控制在职工工资总额的 6% 左右，职工缴费率一般为本人工资收入的 2%。随着经济的发展，用人单位和职工缴费率可以作相应调整。该规定中的缴费比例只是对于用人单位和劳动者缴纳基本医疗保险费的原则性规定，并不是具体确定个人缴费比例的法律规定。

基本医疗保险是为补偿劳动者因疾病风险造成的经济损失而建立的一项社会保险制度。通过用人单位和个人缴费，建立医疗保险基金，因参保人员患病就诊而发生医疗费用后，由医疗保险经办机构给予一定的经济补偿，以避免或者减轻劳动者因患病、治疗等所带来的经济风险。

《劳动合同法》第 26 条第 1 款第（2）项明文规定，用人单位免除自己法定责任、排除劳动者权利的，该劳动合同无效。《社会保险法》第 23 条规定，职工应当参加职工基本医疗保险，由用人单位和职工按照国家规定共同缴纳基本医疗保险费。因此，职工基本医疗保险体现了国家意志，具有法定性和强制性，违反这一规定的，该约定无效。

基本医疗保险是一种具有强制力的法定社会保障是法律规定的用人单位必须履行的法定义务，既符合社会公共利益，又能保护劳动者的合法权益。因此，对于基本医疗保险，无论是用人单位还是劳动者都必须遵守，任何单位和个人都不得通过协商的方式不予缴纳基本医疗保险费。即使经过双方协商、同意、签字、盖章，在形式上符合合同的基本要件，但是就实质而言，也不能达到双方预期的法律效果。任何单位试图通过任何方式改变或主变相改变都是不可以的，不管这种改变是强迫的还是自愿的。

下篇 03

判解研究

第一章

劳动合同纠纷判解研究

一、试用期维权纠纷

案例：小李与某台资企业劳动争议纠纷①

[基本案情]

江苏苏州某台资企业，为了控制人力成本特别是企业流动人员成本的开支，在规章制度中规定试用期支付给员工相当于同岗位正式职工工资的50%，其理由是新员工试用期主要是岗前的培训和教育，本身并不为企业创造价值。同时，其规章制度还规定，新员工在试用期内的社会保险暂不缴纳，如果员工能够通过试用期考核，将补缴试用期间的社会保险；如果新员工不能通过试用期考核，则企业在解除劳动合同的同时，并不负责补缴试用期间社会保险，其理由是新员工不能按期转正，说明该员工不符合企业生产经营要求，不能为企业创造价值，所以企业并不需要为其补缴社会保险。此种制度实行了5年之久，并未有人提出异议。2010年2月1日，制造部小李因未通过3个月的试用期考核，被该企业解除劳动合同。

同年2月12日，小李即向当地劳动争议仲裁委员会提出申诉，要求某台资企业补齐其试用期至少相当于同岗位正式员工80%的工资，同时要求该企业为其补缴试用期3个月的社会保险。

劳动争议仲裁委员会经审理，支持了小李的申诉请求。

[判解研究]

---

① 王勤伟，《劳动争议实务操作与案例精解》，中国法制出版社2015年版，第7—8页

本案中，某台资企业的做法首先违反了我国劳动法律关于试用期工资标准的强制性规定。试用期工资应严格遵照《劳动合同法》的规定执行。《劳动合同法》第20条规定："劳动者在试用期的工资不得低于本单位相同岗位最低档工资或者劳动合同约定工资的百分之八十，并不得低于用人单位所在地的最低工资标准。"为避免对此条的理解产生歧义，《劳动合同法实施条例》第15条进一步规定："劳动者在试用期的工资不得低于本单位相同岗位最低档工资的80%或者不得低于劳动合同约定工资的80%，并不得低于用人单位所在地的最低工资标准。"因此，某台资企业在规章制度中规定试用期支付给员工相当于同岗位正式职工工资50%的做法是违法的，小李要求某台资企业补齐其试用期至少相当于同岗位正式员工工资80%的要求正当合法，故得到了劳动争议仲裁委员会的支持。

其次，本案中，某台资企业规章制度规定员工在试用期内的社会保险暂不缴纳也是违法的，侵害了劳动者的合法权益。社会保险作为国家和企业对劳动者履行的社会责任，具有强制性、保障性、福利性和普遍性等特点，企业在员工与其存在劳动关系期间即应履行相应的缴纳义务，并承担相应法律责任。本案中，小李可以在某台资企业出具解除劳动合同通知书之前，抢先向该企业提出解除劳动合同并要求该企业支付其3个月工龄的相应的经济补偿金主动维护自己的合法权益。

[实务分析]①

1. 劳动者在试用期间同时进入医疗期的劳动合同解除问题

根据原劳动部《关于发布〈企业职工患病或非因公负伤医疗期规定〉的通知》（劳部发〔1994〕479号）第2条的规定，所谓医疗期，是指企业职工因患病或非因工负伤停止工作治病休息不得解除劳动合同的时限。《劳动合同法》第42条规定："劳动者有下列情形之一的，用人单位不得依照本法第四十条、第四十一条的规定解除劳动合同：……（三）患病或者非因工负伤，在规定的医疗期内的；……"可见，劳动者在医疗期内仅仅是不得按照第40条和第41条

① 王林清，《劳动纠纷裁判思路与规范解释》（第三版），法律出版社2016年版，第178—179页（本书实务分析部分赞同并吸收了该书研究成果，专此致谢）

的规定解除劳动合同，而试用期期间用人单位与劳动者解除劳动合同的法律依据是第 39 条第（1）项规定的在试用期间被证明不符合录用条件。但是，《劳动合同法》第 21 条却明确规定了“在试用期中，除劳动者有本法第三十九条和第四十条第一项、第二项规定的情形外，用人单位不得解除劳动合同。用人单位在试用期解除劳动合同的，应当向劳动者说明理由”。

劳动者在试用期同时进入医疗期正是符合《劳动合同法》第 40 条第 1 款的规定，即“劳动者患病或者非因工负伤，在规定的医疗期满后不能从事原工作，也不能从事由用人单位另行安排的工作的”，但是假如用人单位在试用期没有与劳动者解除劳动合同，那就会陷于一种很尴尬的境地，即劳动者连试用期都没有通过，就直接享受了 3 个月的医疗期，一旦医疗期满，试用期也期满结束了，那么能说这位劳动者通过了试用期的试用了吗？劳动者在试用期期间生病住院治疗进入医疗期？用人单位是否可以在试用期内解除劳动合同？对此存在争议：

第一种观点认为，劳动者在试用期内同时进入医疗期，医疗期满后试用期也结束，只不过是从期限上来说通过了，但是实质上一天试用期都没有经历过，因此按照试用期已满来进行解释于情于理于法都是说不通的。劳动者在试用期间进入医疗期的，用人单位可以解除劳动合同。

第二种观点认为，《劳动合同法》第 21 条严格限制了试用期内解除劳动合同的条件，医疗期内用人单位不得解除劳动合同，医疗期如果同时也是试用期的，自然也不得解除劳动台同。

笔者认为，劳动者在试用期同时进入医疗期，用人单位可以解除劳动合同，但必须按照法定程序进行，归纳起来主要有以下几个方面：一是用人单位必须在通过民主程序依法制定的规章制度中声明，在试用期间无论何种原因，累计缺勤 10 个工作日（包括事假、病假等各类假期和旷工导致的缺勤）以上视为不符合录用条件，用人单位可以解除劳动合同。二是劳动者进入医疗期后不能立即解除劳动合同，而是在缺勤满一段时间（例如满 10 天）后立即出具《劳动合同解除通知书》告知劳动者：由于其缺勤已满 10 天，劳动合同应当予以解除，但由于劳动者处在医疗期内，因此上述已经依法解除的劳动合同顺延至医疗期满。这种做法主要依据《劳动合同法》第 40 条第 1 款的规定，劳动者可以享有一定期限的医疗期，因此劳动合同的试用期出现了阻碍情形，应当视为试用期中止，第一种情形是医疗期未满，劳动者即可恢复健康上班，则试用期接续，当然用人单位也可以以劳动者在试用期内缺勤满一定时限为由解除劳动合同。第二种情形是劳动者医疗期满后依然无法正常上班，那么用人单位应当按照劳动者在试用期内不符合录用条件的规定解除劳动合同。上述两种情形用人单位都是在试用期内解除劳动合同，因此是不需要支付劳动者任何经济补偿的。第三种情形是劳动者在试用期直接进入医疗期，用人单位已经提供了医疗期的待遇，但是出于人道主义精神，用人单位可以适当给予劳动者一定的经济补偿。

对女职工的特殊保护并不代表“三期”女性劳动者可以在“三期”内无视用人单位的规章制度而为所欲为，因为《劳动法》第25条同时也规定：“劳动者有下列情形之一的，用人单位可以解除劳动合同：（一）在试用期间被证明不符合录用条件的；（二）严重违反劳动纪律或者用人单位规章制度的；（三）严重失职，营私舞弊，对用人单位利益造成重大损害的；（四）被依法追究刑事责任的。”《劳动合同法》第39条规定除对上述四项内容予以复制外，还增加了两项用人单位可以解除劳动合同的内容，即“（四）劳动者同时与其他用人单位建立劳动关系，对完成本单位的工作任务造成严重影响，或者经用人单位提出，拒不改正的；（五）因本法第二十六条第一款第一项规定的情形致使劳动合同无效的”。用人单位在根据上述规定行使劳动合同解除根时并没有限制性规定，而且原劳动部《关于贯彻执行〈中华人民共和国劳动法〉若干问题的意见》（劳部发〔1995〕309号）第30条明确规定：“劳动法第二十五条规定用人单位可以解除劳动合同的条款，即使存在第二十九条规定的情况，只要劳动者同时存在第二十五条规定的四种情形之一，用人单位也可以根据第二十五条的规定解除劳动合同。”因此，即使劳动者的试用期怀孕，如果其行为符合某些法定情形，用人单位同样可以解除劳动合同。

2. 用人单位试用期内解除劳动合同是否还需要向劳动者支付经济补偿的问题

劳动合同试用期，是劳动关系当事人双方建立劳动关系时，依照法律规定，在平等自愿、协商一致的基础上订立劳动合同的同时，在劳动合同期限之内特别约定的一个供当事人双方互相熟悉、考察的期间。试用期的一大特点就是合同解除条件上无严格限制，试用期内劳动者提前3天通知可以任意解除劳动合同，而用人单位如果发现劳动者不符合录用条件，也可以即时解除劳动合同。试用期的这一特点决定了在此期间双方解约的频繁性。

经济补偿金是指在劳动合同解除或终止后，用人单位依法一次性支付给劳动者的经济上的补助，《劳动合同法》第 46 条规定："有下列情形之一的，用人单位应当向劳动者支付经济补偿：（一）劳动者依照本法第三十八条规定解除劳动合同的；（二）用人单位依照本法第三十六条规定向劳动者提出解除合同并与劳动者协商一致解除合同的；（三）用人单位依照本法第四十条规定解除劳动合同的；（四）用人单位依照本法第四十一条第一款规定解除劳动合同的；（五）除用人单位维持或者提高劳动合同约条件续订劳动合同，劳动者不同意续订的情形外，依照本法第四十四条第一项规定终止固定期限劳动合同的；（六）依照本法第四十四条第四项、第五项规定终止劳动合同的；（七）法律、行政法规规定的其他情形。"

如果用人单位在试用期内解除劳动合同，是否需要支付经济补偿金？对此问题有不同观点：

第一种观点认为，不需要支付。理由是：用人单位依照《劳动合同法》第 39 条的规定解除试用期合同．原因在于劳动者本人有过错，因此，用人单位当然不必支付经济补偿。另外，《劳动合同法》第 46 条明确规定了用人单位依法应当支付经济补偿金的情形，这些情形中不包括用人单位依据第 21 条与试用期员工解除劳动合同。

第二种观点认为，用人单位解除劳动合同是否有义务支付经济补偿，取决于解除合同依据的法律条款，如果解除劳动合同依据的是《劳动合同法》第 39 条规定的，不需要支付劳动者经济补偿金；如果按照《劳动合同法》第 40 条第（一）（二）项规定解除劳动合同的，应该支付劳动者经济补偿金。

笔者倾向于第二种观点，理由是：

首先，《劳动合同法》第 4 章关于解除劳动合同的经济补偿的规定是适用所有解除情形的，并不因为试用期内解除和试用期后解除而不同。因此，在试用期内依据第 39 条解除则不必支付经济补偿，在试用期内依据第 40 条解除则需要支付经济补偿。

其次，认为用人单位在试用期解除劳动合同只需要适用《劳动合同法》第

39 条而不必适用第 40 条第（一）（二）项规定的观点是不符合立法意图的。

再次，认为《劳动合同法》第 46 条明确规定了用人单位依法应当支付经济补偿金的情形，这些情形中不包括用人单位依据第 21 条与试用期员工解除劳动合同的理解也是错误的。因为《劳动合同法》第 21 条规定的只是禁止用人单位在试用期内解除劳动合同的情形，用人单位在试用期内解除劳动合同依据的实际上并不是第 21 条，而是第 39 条和第 46 条，而第 46 条明确规定了“用人单位依照本法第四十条规定解除劳动合同的”应当向劳动者支付经济补偿。

最后，下列可以作为司法实践中认定不符合录用条件的参考依据：（1）劳动者未通过单位指定医院的体验；（2）劳动者患有传染性、精神性、不可治愈性以及其他严重疾病，故意而不报的；（3）劳动者个人简历、求职登记表中所涉及内容与实际情况不同的；（4）伪造学历、证书与工作经历的；（5）劳动者提供的用工手续不完备的；（6）劳动者不能胜任岗位要求或者完成相应的工作任务的；（7）劳动者在试用期间缺勤超过 10 天或者迟到早退共超过 8 次的；（8）劳动者拒绝接受上司交办的工作任务的；（9）劳动者非因工负伤无法继续提供劳动的；（10）劳动者同其他员工发生打架斗殴或者任何严重违反公司规章制度的行为的。

二、劳动合同纠纷

案例：陈某与成都某宾馆劳动争议纠纷

［基本案情］

陈某于 1998 年 2 月 20 日起在成都某宾馆厨房点心部从事糕点制作工作。2006 年 3 月 26 日至 2008 年 12 月 25 日，该宾馆与信息咨询服务部（业主为陈某甲）签订《厨房承包协议》，约定成都某宾馆将餐饮部厨房全部承包给信息咨询服务部，信息咨询服务部授权一名管理人员全权负责厨房管理，信息咨询服务部有权决定厨房工作人员的工资待遇及考勤工作，信息咨询服务部每月应将聘用人员人事变动及工资表报宾馆总经理办公室备案；信息咨询服务部有权分配承包费，涉及工资部分应接受宾馆监督，成都某宾馆不负责厨房员工的加班费、奖金、中夜班费、年终奖等各项货币补助；信息咨询服务部应严格履行《劳动法》的有关内容，如信息咨询服务部违反劳动法规定引起劳动争议等方面的问题，并由此造成成都某宾馆的损失由信息咨询服务部承担。协议履行期间，信息咨询服务部业主委托陈某乙全面负责餐饮部厨房的工作。

2007 年 2 月 7 日和 2008 年 7 月 24 日，陈某与信息咨询服务部两次签订《厨房员工进店履约条例》，均约定由于陈某在信息咨询服务部工作，须遵守信息咨询服务部的各项规章制度等。2008 年 12 月 25 日，成都某宾馆与信息咨询服务部签订《厨房承包协议》，其约定内容与之前的《厨房承包协议》的约定内容相同，协议履行时间为 2008 年 12 月 26 日至 2009 年 12 月 25 日。2009 年 11 月 25 日，陈某通过电话向厨房人员黄某请病假，被同意休假半天。同月 26 日和 27 日，陈某继续休假，但未履行正常的请假手续。同月 28 日陈某上班后，因是否履行了正常请假手续的问题，陈某与陈某乙在厨房发生严重争执。

2009 年 12 月 3 日，信息咨询服务部作出《关于辞退陈某的处理决定》，并向陈某宣布。陈某不服，遂提起劳动仲裁。

劳动争议仲裁委员会经审理，裁决：驳回陈某的申诉请求。

陈某不服，向法院提起诉讼。

法院审理阶段，另查明如下事实：(1) 陈某于 1998 年 6 月 1 日初次参保，单位为成都某宾馆，最末缴费月为 2001 年 4 月。(2) 1998 年 2 月 20 日，成都某宾馆向陈某收取了 300 元培训费。(3) 2005 年，陈某取得的“食品类健康体检合格证”上载明工作单位为成都某宾馆。(4) 陈某与成都某宾馆签订的《劳动合同》(2006 年免费专用版) 该合同文本印制时间为 2006 年 3 月，但合同签订的落款时间却为 2005 年 6 月 30 日。(5) 2007 年度、2008 年度及 2009 年度，陈某的工资均从陈某乙处领取。2007 年度领取工资总额为 14800 元，2008 年度领取工资总额为 16165 元 (其中 1 月份月工资为 1400 元)，2009 年 1 月至 11 月领取工资总额为 15400 元。陈某没有领取信息咨询服务部向其发放的 2009 年 11 月 26 日至 12 月 2 日的工资 465 元。2008 年 12 月、2009 年 1 月至 11 月，陈某的月工资均为 1400 元。(6) 成都某宾馆《员工手册》规定，员工 1 月内旷工 1 天以上，2 天以内 (含 2 天) 将被处以最后警告，如 6 个月内又违反宾馆规则，将被立即辞退。(7) 信息咨询服务部的经营范围为国内商务信息咨询。

本案审理过程中，成都某宾馆表示如果法院认定陈某是与其建立的劳动合同关系，其愿意恢复与陈某的劳动合同关系，但陈某表示不愿意恢复劳动合同关系，要求成都某宾馆支付经济补偿金。

法院经审理后，作出判决：（1）成都某宾馆于本判决生效之日起10日内向陈某支付经济补偿金16800元；（2）成都某宾馆于本判决生效之日起10日内向陈某支付从2008年2月1日至12月31日未签订劳动合同的双倍工资差额部分14765元；（3）驳回陈某的其他诉讼请求。

[判解研究]

成都某宾馆自2001年2月起，将其餐饮部厨房承包给信息咨询服务部，从其签订的《厨房承包协议》内容看，承包者须接受成都某宾馆管理，且工商管理部门核准的信息咨询服务部经营范围无餐饮经营内容，因此，成都某宾馆与信息咨询服务部之间协议的性质为内部承包协议。信息咨询服务部在总体经营过程中必须接受成都某宾馆的管理，其对餐饮部行使的仅是内部的管理职责，故而，与陈某建立劳动关系的，不是厨房的承包人——信息咨询服务部，而是成都某宾馆。再者，成都某宾馆亦没有提交证据证明已告知陈某其已将厨房承包给他人，所以，应当认定与陈某建立劳动关系的相对方仍然是成都某宾馆，厨房承包者——信息咨询服务部仅是行使内部管理职责。

因此，成都某宾馆应当向陈某支付从2008年2月1日至12月31日未签订劳动合同的双倍工资差额部分14765元。陈某虽然旷工两天，但根据成都某宾馆《员工手册》规定，其行为还不足以达到《员工手册》规定的辞退后果，所以成都某宾馆同意信息咨询服务部将陈某辞退的行为，属于违法与陈某解除劳动合同关系，应当按照陈某工作年限向其支付经济补偿金16800元。

劳动关系是指劳动者与用人单位（包括各类企业、个体工商户、事业单位等）在实现劳动过程中建立的社会经济关系，是指用人单位招用劳动者为其成员，劳动者在用人单位的管理下提供有报酬的劳动而产生的权利义务关系。劳动关系的具体特征可概括为以下几方面：

（1）劳动是一种劳动力与生产资料的结合关系。劳动关系的本质是强调劳动者将其所有的劳动力与用人单位的生产资料相结合。这种结合关系从用人单位的角度观察就是对劳动力的使用，将劳动者提供的劳动力作为一种生产要素纳入其生产过程。在劳动关系中，劳动力始终作为一种生产要素而存在，而非产品。

（2）劳动关系是具有显著从属性的劳动组织关系。劳动关系一旦形成，作为劳动关系一方的劳动者，要成为另一方所在用人单位的成员，所以虽然双方的劳动关系是建立在平等自愿、协商一致的基础上，但劳动关系建立后，双方在职责上则具有了从属关系。用人单位作为劳动力使用者，要安排劳动者在组织内与生产资料结合，而劳动者则要通过运用自身的劳动能力，完成用人单位交给的各项生产任务，并遵守用人单位内部的规章制度。这种从属的劳动关系具有很强的隶属性，即成为一种隶属主体间的以指挥和服从为特征的管理关系。

（3）劳动关系兼具人身关系和财产关系的属性。由于劳动力的存在和支出与劳动者人身不可分离，劳动者向用人单位提供劳动力，实际上就是劳动者将其人身在一定限度内交给用人单位，因而劳动关系就其本质意义上来说是一种人身关系。但是，由于劳动者是以让渡劳动力使用权来换取生活资料，用人单位要向劳动者支付工资等物质待遇，因此，在此种意义上来说，劳动关系又是一种以劳动力交易为内容的财产关系。

［实务分析］

1. 未明确约定服务期，劳动者主动辞职是否应当承担违约责任的问题

对于服务期协议的定义，学界目前还没有形成统一的观点。有学者指出，所谓劳动关系中的服务期，是指劳动者与用人单位约定的，劳动者因享受用人单位给予的特殊待遇而应当为用人单位工作的期限。也有人认为，服务期是指劳动者基于和单位的特殊约定而必须为单位服务的期限。在立法中一般将服务期条款解释为：用人单位和劳动者在劳动合同签订之时或劳动合同履行过程中，经双方协商一致由用人单位出资招用、培训或者提供其他特殊待遇，确定劳动者服务期限的特别约定条款。

对于服务期的法律性质，有观点认为，服务期的法律性质可以有两种选择：第一，赋予服务期与劳动合同期限同样属性，当服务期长于原劳动合同期限时，可视为是原劳动合同期限的延长，在延长期间内双方可继续履行原劳动合同义务，也可以约定变更原劳动合同义务。第二，原劳动合同期限届满而服务期尚未届满时，劳动者有义务在剩余服务期内与用人单位续订劳动合同，而新劳动合同所约定的权利义务与原劳动合同的约定可以一致，也可以不一致。该观点认为，在作出方案选择时，应当先明确服务期制度的价值取向。首先，劳动者

的服务期义务是其享受特殊待遇的代价，基于权利与义务相一致的精神，应当强调服务期对劳动者的约束力，但也应当兼顾劳动者的合法权益，尤其是择业自由权。其次，为了提高服务期制度的可行性，应当尽可能降低劳动者违反服务期义务的成本，基于上述价值取向，宜作出将服务期定性为劳动合同期限的选择。而在司法实务中，判定服务期与劳动合同期限约定的主要依据就是看用人单位有无为劳动者先履行或承诺履行相应的金钱或实物给付的义务，如果有，则可认定双方服务期约定的协议有效成立。至于其协议具体约定内容的效力，则应作具体地分析。如果用人单位没有对劳动者作出先履行或承诺履行相关义务的行为，则其与劳动者关于所谓“服务期”的约定实质上就是对劳动合同期限的约定，劳动者可以按照《劳动合同法》有关解除劳动合同的规定解除劳动合同双方约定的违约金条款没有法律效力，不应得到法律支持。而如果用人单位没有《劳动合同法》规定的合同解除情形的，则在劳动合同期限内不得解除劳动合同。

《劳动合同法》第22条规定，用人单位出资为劳动者提供专业技术培训的，可以与劳动者约定在本单位的服务期限及违反协议约定劳动者应承担的违约责任，这是用人单位的一项法定权利。

笔者倾向于第二种观点。

笔者认为，劳动合同期限和服务期是完全不同的两个概念。劳动合同期限是指用人单位与员工在劳动合同中约定的劳动合同的有效期间。它是劳动合同的必备条款，所有的劳动合同均应有劳动合同期限条款。服务期则是指劳动合同订立时或劳动关系存续期间，用人单位为劳动者提供专项培训费用对其进行专项技术培训后，经双方协商一致确定的一个服务期限。服务期并不是劳动合同的必备条款，它既可以在劳动合同订立时约定，也可以订立培训协议另行约定，并非所有劳动合同都会有服务期的约定。

用人单位虽未与劳动者签订培训期协议，也未约定具体服务期，但劳动者仍应当向公司赔偿相应的培训费。根据原劳动部办公厅发布的《关于试用期内解除劳动合同处理依据问题的复函》（劳办发〔1995〕264号）的规定，用人单位出资对职工进行各类技术培训，职工提出与单位解除劳动关系，如果在试用期内，则用人单位不得要求劳动者支付该项培训费用。如果试用期满，在合同期内，则用人单位可以要求劳动者支付该项培训费用。具体支付方法是：约定服务期的，按服务期等分出资金额，以职工已履行的服务期限递减支付；没约定服务期的，按劳动合同期等分出资金额，以职工已履行的合同期限递减支付；没有约定合同期的，按 5 年服务期等分出资金额，以职工已履行的服务期限递减支付。用人单位对劳动者进行专业技术培训，通常需要投入巨大的资金和物力，根据上述劳办发［1995］264 号文的规定，用人单位虽然可以得到一定金额的违约金，但为了避免约定不清给自己带来不必要的损失，用人单位在出资对劳动者进行专业培训前，还是最好与劳动者签订培训协议，明确约定劳动者接受培训后应当为企业服务的期限及违反服务期约定劳动者应当承担的违约责任。

2. 用人单位未经民主程序制定的内部规章制度的效力认定问题

用人单位的规章制度是用人单位制定的组织劳动过程和进行劳动管理的规则和制度的总和，也称为企业内部劳动规则，是企业内部的“法律”。规章制度内容广泛，包括了用人单位经营管理的各个方面。《劳动合同法》第 4 条第 1 款规定：“用人单位应当依法建立和完善劳动规章制度，保障劳动者享有劳动权利、履行劳动义务。”此外，劳动法律法规和相关劳动争议司法解释详细规定了用人单位规章制度的法律效力。如《劳动法》第 25 条规定：“劳动者有下列情形之的，用人单位可以解除劳动合同：……（二）严重违反劳动纪律或者用人单位规章制度的……”第 89 条规定：“用人单位制定的劳动规章制度违反法律、法规规定的，由劳动行政部门给予警告，责令改正；对劳动者造成损害的，应当承担赔偿责任。”《劳动争议解释》第四条规定，人民法院在审理劳动争议案件时，可以将用人单位依法制定的，并已向劳动者公示的规章制度作为判案依据。这就进一步明确了规章制度的法律效力。《劳动合同法》第 39 条规定，劳动者严重违反用人单位的规章制度的，用人单位可以解除劳动合同。同时，《劳动合同法》对规章制度的内容、制定程序、异议程序、告知程序及法律责任进行了规范。用人单位规章制度的生效需要具备法定的要件，即用人单位规章制度的内容合法且制定程序合法。

（1）用人单位制定的规章制度内容要符合法律。

用人单位规章制度体现的是用人单位管理者的意志，但这种意志仍然受国家法律法规的制约。用人单位应当依照国家的法律法规规定制定规章制度，这是法律赋予用人单位的权利，也是为其规定的义务。因此，规章制度的内容应该是法律法规的细化和具体实施办法，应有上位法根据，不能与法律相抵触，更不能违法，损害劳动者的合法权益。实践中，有的用人单位制定的规章制度在工时、休假方面违反了国家规定的基本标准，甚至规定劳动者在劳动合同期间不能结婚生育，劳动者入职要交一笔保证金等，这些都是违反法律法规的规定，依法应确认无效。

（2）用人单位规章制度的制定程序合法。

相关司法解释和《劳动合同法》对用人单位制定规章制度的程序进行了严格的规定，用人单位规章制度必须经过法定程序制定，才具有法律效力。归纳起来，用人单位规章制度发生法律效力在程序上主要大致包括两个方面，即规章制度制定主体合法，通过民主程序制定。

其一，制定规章制度的主体必须合法。有权以用人单位名义制定规章制度的，应当是该单位有权对用人单位的各个组成部分和全体劳动者全面和统一管理的机构，用人单位的内部职能部门如车间、班组、党组织虽然可参与用人单位规章制的制定，或者直接负责拟定规章制度的人力资源管理部门，都不能直接制定规制度，必须经过用人单位审批并以用人单位名义发布，否则，该规章制度就无效。

其二，规章制度的内容必须经过民主程序确定。具体来说，应当分为两个步骤：第一步是经过职代会或全体职工讨论，提出方案和意见。第二步是与工会或者职工代表平等协商确定；未建立工会的，与职工代表协商确定。值得注意的是，并不是所有规章制度或者事项都要通过如此程序，而是直接涉及职工切身利益的或者重大事项的必须通过上述程序。

（3）用人单位规章制度制定后须公示。

规章制度是劳动者在劳动过程中要遵循的行为规范，应对其适用的人进行明示，未经明示，劳动者无所适从，对其不具有约束力。实践中，一些用人单位在制定规章制度后，将规章制度文件束之高阁，大部分劳动者都不知其内容，这种做法显然违背了制定规章制度的初衷。《劳动合同法》第 4 条第（3）（4）款规定：“在规章制度和重大事项决定实施过程中，工会或者职工认为不适当的，有权向用人单位提出，通过协商予以修改完善。用人单位应当将直接涉及劳动者切身利益的规章制度和重大事项决定公示，或者告知劳动者。”在公示过程中，要注意保存公示的证据，比如将劳动纪律作为劳动合同的附件，在劳动合同中专款约定“劳动者已经详细阅读，并愿遵守用人单位的劳动纪律”；将劳动纪律交由员工阅读，并且在阅读后签字确认。实践中，一定要注意公示方式，可以张榜公布，也可以以发放工作手册等其他形式，关键是强调公示效果必须使劳动者能够知悉该劳动规章制度。一般而言，公示应当采用正规的、公开的、可以永久或较长时间持续的方法。为便于日后在劳动争议处理过程中履行举证责任，用人单位对公示和告知劳动者应当作书面记载。

基于上述分析，规章制度效力的判断主要基于三个方面：一是规章制度制定是否经过民主程序；二是经民主程序制定的规章制度内容是否合法；三是规章制度是否向劳动者公示。严格地说，只有经过民主程序、内容合法且经过公示的劳动规章制度才具有法律效力。

根据 1997 年 11 月原劳动部颁发的《关于对新开办用人单位实行劳动规章制度备案制度的通知》，规章制度主要包括：劳动合同管理、工资管理、社会保险福利待遇、工时休假、职工奖惩以及其他劳动管理规定。用人单位制定规章制度，要严格执行国家法律、法规的规定，保障劳动者的劳动权利，督促劳动者履行劳动义务。《劳动合同法》要求用人单位建立和完善规章制度应当依法进行，不得任意规定内部奖惩规则，任意剥夺或侵犯劳动者的正当劳动报酬权、休息休假权等合法权益，其第 80 条明确规定：“用人单位直接涉及劳动者切身利益的规章制度违反法律、法规规定的，由劳动行政部门责令改正，给予警告；给劳动者造成损害的，应当承担赔偿责任。”因此，依法建立和完善劳动规章制度是用人单位应承担的劳动义务之一。

不过，对于未经民主程序的规章制度，其效力判定还需从以下角度进一步判定：

首先，在效力判断上，从保护劳动者角度来讲，应当判断是否对劳动者发生效力，而对于用人单位而言，应始终具有约束力，如此才能体现倾向保护劳动者权利的原则。

其次，《劳动合同法》规定的规章制度与实践中劳资双方所称的“规章制度”往往存在“同名异质”的现象。用人单位与劳动者在劳动合同中关于劳动报酬等涉及劳动者切身利益的约定往往以指代方式引到用人单位所存在的规章制度或《员工手册》的具体内容，或者在签订合同前已明确告知劳动者存在特定的规章制度，此时该规章制度实际上已属于双方合意的内容，是否经过民主程序制定已不重要，故《劳动合同法》第 4 条所规定的规章制度应当指未纳入劳动合同范畴的情形。而对于事实劳动关系而言，劳动关系建立时已经公示的，亦应视为劳动者接受的条件。

最后，实践中，很多中小企业普遍未设立职工代表机构或工会，根本无法实现《劳动合同法》第 4 条规定的用人单位内部规章应经职工讨论的要求，对待这些未经民主程序制定的企业内部规章，笔者认为，“平等协商确定”主要是程序上的要求，如果平等协商无法达成一致，最后决定权在用人单位。根据《劳动合同法》第 4 条第 3 款，劳动者“认为不适当的，有权向用人单位提出，通过协商予以修改完善”。这同样是为了保障劳动者对于规章制度制定上的程序参与权，目的在于经由劳动者的参与，能够反映劳动者的诉求，以使得规章制度内容合理可行。规章制度的最终决定权在用人单位，如果制定的规章制度未经过《劳动合同法》第 4 条第 2 款规定的民主程序，但内容未违反法律、行政法规及政策规定，不违反公序良俗，不存在明显不合理的情形，并且已向劳动者公示或告知的，该规章制度应属有效，可以作为用人单位用工管理的依据，也可以作为人民法院的裁判依据。此外，在告知的方式上，随着现代化办公方式的普及，很多用人单位的规章制度往往通过单位局域网、网上办公系统、电子邮件等方式进行公示或告知，如果用人单位确实履行了上述告知方式，且又通知或提醒劳动者及时查看或查收的，可以认定为用人单位已经履行了公示或告知程序。另外，部分用人单位规章制度虽未向劳动者公示或告知，但劳动者存在长期迟到、旷工、盗窃用人单位财产等行为的，由于不得迟到早退、不得盗窃公司财物属于不言自明的基本劳动纪律，任何正常的劳动者对此理所当然应当明知，故而劳动者以用人单位未向其告知相应规章制度的，应不予支持。

3. 公司保安等特殊岗位的值班人员主张加班费的实务问题

“值班”与“加班”虽然只是一字之差，却含义迥异。加班，是指劳动者根据用人单位的要求，在 8 小时之外，休息日、法定节日等时间从事生产或工作；值班，是指劳动者根据用人单位的要求，在正常工作日之外担负一定的非生产性的责任，主要是因单位安全、消防、假日等需要，担任单位临时安排或制度安排的与劳动者本职工作无关的值班。值班具有以下特点：工作内容通常与本职工作不同，有特定内容和目的；工作强度比正常工作小，没有实际生产任务；执行的工作制度和规章与正常工作的规章制度不同，比较宽松；可以休息，自由安排时间。而且，在实际生产生活中，用人单位通常将加班工资作为工资组成的一部分归属于人力成本，直接从生产成本中列支；而将值班费作为日常管理，从企业管理费中列支。

实践中，公司保安等值班人员索要加班费的情况屡见不鲜，而用人单位则通常认为属于值班而不是加班，我国法律也没有对值班进行过规定或解释，因此，司法实践中对此问题的处理不一。

第一种观点认为，保安超过每周 40 小时的正常工作时间的，超过的时间应当认定为加班，用人单位应当支付加班费。

第二种观点认为，保安的工作具有特殊性，工作时间较长固然是一重要特征，但工作强度并不大，因此即便认定为加班，对于加班时间、加班费也应严格控制。

第三种观点认为，保安的工作时间相对而言一般较长，这是保安工作的性质所需，保安的工作强度并不大，除了处理一些突发情况外，保安的工作往往更多的带有值班性质，因此不应认定为加班。

笔者基本倾向于第三种观点。

值班与加班存在区别，认定加班还是值班，主要看劳动者是否继续在原来的岗位上工作，或者是否有具体的生产或经营任务。值班只需支付“值班津贴”，具体标准由用人单位按其规章制度确定。用人单位安排劳动者从事与本职工作无关的值班任务的，劳动者无权要求用人单位支付加班工资，即使用人单位安排劳动者从事与其本职工作有关的值班任务，劳动者也只能要求用人单位按照劳动合同、规章制度或惯例等支付相应待遇，此待遇不等于要按国家规定的日工资的倍数来处理。据此，笔者认为，不宜直接将值班认定为加班，否则用人单位将要付出沉重代价，可能引起劳动者竞相讨要加班工资，造成企业破产倒闭，城镇失业人口猛增，甚至引发社会动荡。这种结果会严重损害劳动者、用人单位和国家的利益，不利于体现按劳分配原则和公平公正原则。

对进一步规范值班问题，笔者认为，应当在劳动法律法规中引入值班概念，填补法律空白，使值班这种用工形式真正得到规范。用人单位安排劳动者从事与其本职工作无关的非生产性值班，或用人单位安排劳动者从事与其本职工作有关的值班任务，但值班期间可以休息的，认定为值班，由用人单位支付值班费，以区别于加班工资。这样有利于体现法律的公平公正，有利于保持劳动关系的和谐稳定，促进社会经济又好又快的发展。

4. 高温津贴的性质与劳动者解除合同合法性问题

高温津贴是为保证炎热夏季节高温条件下经济建设和企业生产经营活动的正常进行，保障企业职工在劳动生产过程中的安全和身体健康，决定适当提高职工夏季清凉饮料费发放标准。国家规定，用人单位安排劳动者在高温天气下（日最高气温达到35℃以上），露天工作以及不能采取有效措施将工作场所温度降低到33℃以下的，应当向劳动者支付高温津贴。1960 年 7 月 1 日，原卫生部、原劳动部、全国总工会联合公布了《防暑降温措施暂行办法》（以下简称《办法》），其仅适用于“工业、交通运输业及基本建设工地的高温作业和炎热季节的露天作业”以及“小型厂矿和田间作业”，只对防范高温作业引起的危险后果作了模糊规定，并未明确规定气温达到多少摄氏度可以停工、哪些工种应该停工或采取什么措施等。该《办法》已适用了 50 余年，劳动工具、劳动条件都发生了巨大变化，2012 年 6 月 29 日国家安全生产监督管理总局、卫生部、人力资源和社会保障部、中华全国总工会联合发布了《防暑降温措施管理办法》，原《防暑降温措施暂行办法》同时废止。

对于高温津贴的性质，实践中存在不同认识：

第一种观点认为，高温津贴是用人单位给予的福利，用人单位未发或按时足额发放高温津贴的，劳动者不得以此解除劳动合同。

第二种观点认为，高温津贴是法律特别规定的，对户外高温作业者应发放的劳动报酬，用人单位拒发高温津贴的，劳动者可以解除劳动合同。

笔者倾向于第一种观点。

司法实践中，不少用人单位没有按照规定发放“高温津贴”，而是以提供绿豆汤、学糕等方式代替“高温津贴”，或者以“生活补贴”“凉茶费”等形式发放“高温津贴”，但发放的额度明显少于政府部门的规定。发放对象也有区别，有的单位发放高温津贴既未“一刀切”，也不与高温下的劳动强度挂钩，而是与“级别”“编制”挂钩，高温津贴甚至成为了一种身份的标志。一些“临时工”、农民工、劳务派遣员工等所谓“编外人员”享受不到高温津贴，有的地方甚至发生过农民工申请高温津贴被辞退的事件，这些行为侵犯了职工的合法权益。

笔者认为，用人单位不能以其他补贴形式代替高温津贴，像绿豆汤、雪糕等给员工消暑的方法只能算是企业的关爱行为，企事业单位可以给员工夏日消暑提供多种方式，但不能以其他形式抵销员工享有的正常高温津贴补助。高温津贴属于“劳动保护费”，是在有碍身体健康环境中工作的保健费用，是为了防止工伤事故和职业病的伤害而采取的保护措施。也就是说，者并不是一种可有可无的福利，而是一项必不可少的权利，而福利的好坏由单位性质、经济效益、领导价值取向等决定，并没有强制规定。由于工资是劳动的报酬，津贴则是为补偿特殊劳动消耗而支付的报酬，因此，高温津贴应当认定为工资组成部分。国税总局也表示，个人取得的高温补助要并入工资、薪金所得，计算缴纳个人所得税。按照规定，用人单位在岗且提供正常劳动的职工都属高温津贴发放对象。职工未正常出勤的，用人单位可按其实际出勤且提供正常劳动的天数折算发放。但是，用人单位未发放高温津贴的，劳动者不得以此为由解除劳动合同并请求经济补偿，主要理由在于：高温津贴从广义上看虽然是工资的组成部分，但实质而言，高温津贴更是一种福利待遇，且是一种法定的福利待遇。《劳动合同法》第 38 条并未规定，用人单位不提供福利待遇，劳动者有权解除劳动合同。这样规定的原因，是由于高温津贴并不是劳动者安身立命的物质依赖，它的缺失并不会对劳动者的生存和健康造成实质性影响。因此，用人单位拒付福利待遇的，劳动者不享有解除权，但用人单位应当补发。

对高温津贴的发放，各地有“按月发放”和“按天发放”两种模式。北京、浙江、江苏等地采用“按月发放”模式，规定在 6 月至 8 月间，用人单位必须每月向符合条件的职工发放一定数额的高温津贴，上海、重庆、河南等地采用“按天发放”模式。但“按天发放”并不意味着发放的月份没有限制。从高温津贴全称为“高温李节津贴”看，只在高温季节发放，但哪几个月属高温季节？法律法规未明确规定。各地气候不一样，也不可能统一规定，无论采用哪种发放模式，当地政府规定的只是最低标准，企业还应结合生产经营特点和具体条件，建立高温季节津贴制度，并通过民主协商，合理确定本企业的高温季节津贴发放条件、范围及具体标准。

三、劳务派遣纠纷

案例：刘某与北京某物业公司、某劳务派遣中心劳动争议纠纷①

[基本案情]

刘某原系北京某物业公司的员工，于2001年6月到该物业公司工作，具体负责中关村某住宅小区的环境保洁工作，其月工资标准为北京市最低工资。2007年7月1日，该物业公司与北京某劳务派遣中心签订了《劳务派遣协议》，协议约定：劳务派遣中心同意根据物业公司的需要和要求，向其派遣劳务人员从事有关工作，劳务派遣中心与派遣到物业公司的劳务人员签订劳动合同，建立劳动关系。2007年10月15日，该劳务派遣中心与刘某签订了劳动合同，合同期限自2007年10月15日起至2008年6月30日止。按照劳动合同的约定，劳务派遣中心派遣刘某到物业公司从事保洁工作，刘某的工作内容、工作地点未发生变化。2008年4月23日，物业公司与北京某保洁公司签订了《保洁服务委托合同》，合同期限自2008年4月23日起至2009年4月23日止，合同约定：物业公司将其所管理的中关村某小区住宅楼的保洁服务委托给保洁公司管理，保洁公司配备77名保洁员向物业公司提供现场保洁服务。2008年7月1日起保洁公司接管了中关村某住宅小区的环境卫生保洁及垃圾外运工作，并接受了包括刘某在内的原保洁员77人，此后刘某在保洁公司的安排下继续在中关村某小区从事保洁工作，2008年7月起刘某按月从保洁公司领取工资，其月工资为800元。

刘某系农民工，物业公司、劳务派遣中心、保洁公司均未为刘某办理养老保险和失业保险。2009年3月刘某以用人单位未依法为其缴纳社会保险费为由，提出辞职，并于同年4月向北京市某区劳动争议仲裁委员会提出申诉，要求物业公司向其支付未签订劳动合同的2倍工资差额、加班工资、未缴纳社会保险

① 王勤伟，《劳动争议实务操作与案例精解》，中国法制出版社，2015年，第50—52页

费的赔偿金等。

劳动争议仲裁委员会经审理，裁决驳回了刘某的申诉请求。

刘某不服该裁决，向北京市某区人民法院提起诉讼

本案审理过程中，一审法院依法追加劳务派遣中心、保洁公司作为被告参加诉讼。经审理，一审法院判决物业公司向刘某支付2001年6月至2007年9月期间的一次性养老保险待遇及失业保险一次性生活补助费，劳务派遣中心向刘某支付2007年10月至2008年6月期间的一次性养老保险待遇及失业保险一次性生活补助费。物业公司应对劳务派遣中心的给付义务承担连带责任。

一审判决后，物业公司、劳务派遣中心不服提起上诉，经二审法院调解，双方自愿达成了调解协议。

[判解研究]

本案件涉及劳务派遣关系中各方主体的责任承担问题。

本案中，2007年10月15日刘某与劳务派遣中心签订了劳动合同，劳务派遣中心派遣刘某到物业公司工作，此时刘某与劳务派遣中心建立了劳动关系，劳务派遣中心为劳务派遣单位，物业公司为用工单位。2008年7月1日起保洁公司根据其与物业公司签订的《保洁服务委托合同》，接管了物业公司原负责的中关村某住宅小区的环境卫生保洁及垃圾外运工作，包括刘某在内的保洁员由保洁公司接收，此后保洁公司按月向刘某支付工资，并对刘某实施劳动管理，由此可以认定，2008年7月1日起刘某与保洁公司建立了劳动关系。

刘某的工作地点和工作内容始终未发生变化，无论用人单位主体如何发生变化，其所从事的保洁工作未发生中断，基于上述情况，刘某向物业公司主张权利没有超过诉讼时效。刘某系农民工，《农民合同制职工参加北京市养老、失业保险暂行办法》规定，农民合同制职工与用人单位终止、解除劳动关系后，符合规定的可以享受一次性养老保险待遇和失业保险一次性生活补助费。农民合同制职工因用人单位未参加社会保险或者未足额缴纳养老、失业保险费，不能享受养老保险待遇和失业保险一次性生活补助费待遇的，用人单位应当按照本办法规定的标准予以补偿。本案中，物业公司、劳务派遣中心未为刘某缴纳劳动关系存续期间的养老保险和失业保险，依据上述规定，物业公司应当向刘某支付2001年6月至2007年9月期间的一次性养老保险待遇及失业保险一次性

生活补助费，劳务派遣中心公司应向刘某支付2007年10月至2008年6月期间的一次性养老保险待遇及失业保险一次性生活补助费。依据《劳动合同法实施条例》第35条之规定，物业公司应对派遣中心的给付义务承担连带责任。物业公司、劳务派遣中心均未提出与刘某解除劳动关系，劳务派遣中心亦与刘某签订了期限至2008年6月30日的劳动合同，刘某要求物业公司、劳务派遣中心向其支付解除劳动合同的经济补偿金，未签订劳动合同的2倍工资差额的请求，均缺乏充分的事实依据，故其上述请求没有得到法院支持。

［实务分析］

1. 司法实践中被派遣劳动者的同工同酬权落实问题

同工同酬，是指用人单位对于从事相同工作、付出等量劳动且取得相同劳绩的劳动者，应支付同等的劳动报酬。"同工同酬"是富有思想感召力的响亮口号和美好追求，也是劳动生活领域里的一项重要法律原则，承载着现代劳动立法捍卫平等、反对歧视的价值理念。从国际人权立法到各国人权实践，从国际劳工公约到各国劳动立法，从宪法原则到部门法规定，"同工同酬"都赫然嵌入其中，俨然成为一项不言自明、应然正当的法律公理。关于同工同酬的含义，主要劳动立法并未给出严格而明确的解释，只有1951年国际劳工大会通过的《男女工人同工同酬公约》和1994年原劳动部办公厅印发的《关于<劳动法>若干条文的说明》（以下简称《条文说明》）给出了两个直接的解释。《男女工人同工同酬公约》采用解释性定义方式明确规定，男女工人同工同酬是指报酬率的规定，不得有性别上的歧视。而《条文说明》第46条第3款规定："同工同酬是指用人单位对于从事相同工作，付出等量劳动且取得相同劳动业绩的劳动者，应支付同等的劳动报酬。"该规定虽然对同工同酬作了相对规范的解释，但也并非严格意义上的立法定义。此外，我国台湾地区"两性工作平等法"第10条对男女同工同酬问题也作出了规定：雇主对受雇者薪资之给付，不得因性别而有差别待遇；其工作或价值相同者，应给付同等工资。但基于年资、奖惩、绩效或其他非因性别因素之正当理由者，不在此限。不过，这一规定显然没有对同工同酬进行立法定义，充其量只不过是一种对通过义务的设定而进行的间接解释。在学理上，当前国内主要的劳动法学著述大都未涉及同工同酬问题，更没有提供权威或共识的学理解释。《现代汉语词典》将同工同酬解释为："不分种族、民族、性别、年龄，做同样的工作，工作的质量、数量相同的，给予同样的报酬。”

对于如何具体把握被派遣劳动者的同工同酬权，司法实践中理解不一，存在较大争议：

第一种观点认为，实践中，很多被派遣劳动者与用工单位劳动者从事相同的业务，却因为“派遣工”的身份而在工资报酬方面差距巨大，俨然沦为“二等公民”，有鉴于此，《劳动合同法》第63条规定被派遣劳动者享有与用工单位的劳动者同工同酬的权利，所谓的“同工同酬”就是指从事相同的工作应获得相同的报酬，具体而言就是指在从事同类工作的情况下，“派遣工”与“固定工”拥有相同报酬。

第二种观点认为，同工同酬中的“工”可以解释为工作身份、工作岗位、工作业绩，其中，工作业绩又由工作数量、质量构成和体现。同工同酬中的“酬”具体包括报酬标准和报酬数额。所谓“同工同酬”应区分宏观和微观两个层面来阐释和期求：宏观层面是指同样的工作岗位应确立和适用同样的报酬标准或报酬率；微观层面是指同等（同值）的工作业绩应获取等量数额的工作报酬，即“同值同酬”。

第三种观点认为，“同工同酬”原则源于反歧视运动，同时也是从反歧视语境中获得进步的。然而，我国曾经尝试抛开反歧视这一源语境来独立推行同工同酬原则，却因为缺乏可操作性而收效甚微。结合本土法律资源和域外经验，让同工同酬原则回归反歧视语境正是现阶段我国劳动法落实分配公平的主要进步，只有利用好反歧视法律工具方能真正实现“同工同酬”。

同工同酬包含两层含义：一方面，同工同酬是为了进一步贯彻按劳分配原则，体现出提供同等价值的劳动者实行同一工资支付制度；另一方面，是为了防止工资分配中的歧视行为，保护不同性别、不同年龄、不同身份的劳动者公平获得劳动报酬。在我国，劳动报酬不仅包括基本工资，还包括附加报酬。同工同酬是劳动者享有的宪法权利，必须贯彻执行，这不仅是一个法律问题，也是一个社会问题。但在劳务派遣领域，同工不同酬现象广泛存在且非常突出，对于被派遣的劳动者而言，提供同样劳动，得到的劳动报酬却远远低于企业内部正式职工。

鉴于此，《劳动合同法》明确规定了被派遣劳动者享有同工同酬的权利。《劳动合同法》第63条规定，被派遣劳动者享有与用工单位的劳动者同工同酬的权利。用工单位无同类岗位劳动者的，参照用工单位所在地相同或者相近岗位劳动者的劳动报酬确定。第58条规定："被派遣劳动者在无工作期间，劳务派遣单位应当按照所在地人民政府规定的最低工资标准，向其按月支付报酬。"此外，第62条第1款第（3）项规定，用工单位有向被派遣劳动者支付加班费、绩效奖金，提供与工作岗位相关的福利待遇的义务。这些规定就是为了保障被派遣劳动者在用工单位"同工同酬"。

然而，立法强调的"同工同酬"只是相对的同工同酬，而非绝对的同工同酬，是从宏观方面倡导用工单位实行同工同酬，避免对被派遣劳动者因身份产生歧视，毕竟被派遣劳动者存在个体差异，能力水平、熟练程度等不可能完全一样，要求绝对的同工同酬既不公平也不现实。因此，在理解劳务派遣中的同工同酬时应当注意把握以下几方面：

第一，用工单位应对被派遣劳动者的劳动报酬进行细化并区别对待，一些关乎劳动者基本生存的劳动报酬，应当实行同等待遇。例如，在最低工资、劳动安全保障费、教育培训费、有毒有害等特殊工作环境的津贴等方面，应当实行同工同酬，而劳动报酬中的其他方面，例如奖励福利、附加报酬等，可以不实行。

第二，用工单位可以对不同岗位上的被派遣劳动者实施区别对待，如在临时性、短期性、可替代性强的非核心、非主业岗位上，应当容忍对被派遣劳动者的同工不同酬；而在核心、主业岗位实施派遣劳动，则应当同工同酬。

第三，连续用工的，应当实行同工同酬，并实行正常的工资调整机制。连续用工，即延续原用工期限或不间断地再次使用同一个派遣工的，应当同工同酬，并按照本单位正常的工资调整机制，提高被派遣劳动者的劳动报酬。只有这样不"一刀切"，才既能保障用工单位的经营自主权，又能保持被派遣劳动者工作的积极性，不受身份歧视之压力。

2. 用工单位违法退回被派遣劳动者，派遣单位与用工单位承担连带责任

劳务派遣法律关系涉及三方主体：派遣单位、用工单位与被派遣劳动者。派遣单位承担用工之名，是《劳动合同法》上的用人单位，与劳动者存在劳动

关系；用工单位承担用工之实，但与被派遣劳动者却不存在劳动关系。在这样的法律安排下，用工单位如不愿再使用劳动者，不能直接解除劳动关系，而只能将劳动者退回派遣单位。因此，所谓“退回”，是指用工单位无法行使解除权和终止权，而又发生法定的解除或终止情形时，用工单位将被派遣劳动者返还给派遣单位，由派遣单位来处理被派遣劳动者的一种做法。从本质上说，退回是由于劳务派遣间接雇用的特殊性所产生的。《劳动合同法》第 65 条第 2 款规定：“被派遣劳动者有本法第三十九条和第四十条第一项、第二项规定情形的，用工单位可以将劳动者退回劳务派遣单位，劳务派遣单位依照本法有关规定，可以与劳动者解除劳动合同。”《劳务派遣暂行规定》第 12 条规定：“有下列情形之一的，用工单位可以将被派遣劳动者退回劳务派遣单位：（一）用工单位有劳动合同法第四十条第三项、第四十一条规定情形的；（二）用工单位被依法宣告破产、吊销营业执照、责令关闭、撤销、决定提前解散或者经营期限周满不再继续经营的；（三）劳务派遣协议期满终止的。被派遣劳动者退回后在无工作期间，劳务派遣单位应当按照不低于所在地人民政府规定的最低工资标准，向其按月支付报酬。”

根据上述法律规定，用工单位只有在符合法定情形的情况下方能将被派遣劳动者退回。如果用工单位在不存在上述法定情形的情况下将劳动者退回，即构成违法退回，对此应如何承担责任，实践中存在争议：

第一种观点认为，用工单位与派遣单位依据派遣协议而存在合同关系，用工单位违法将被派遣劳动者退回，应按照派遣协议向派遣单位承担相应的法律责任；派遣单位与被派遣劳动者存在劳动合同关系，双方的权利义务依据劳动合同确定。由于劳动合同中约定了用工单位及派遣期限，用工单位违法将劳动者退回，事实上造成派遣单位对劳动合同的违反，故应由派遣单位对劳动者承担赔偿责任。

第二种观点认为，用工单位违法退回被派遣劳动者，因此而给劳动者造成损害的，应与派遣单位一起承担连带责任。

笔者倾向于第二种观点。

《劳务派遣暂行规定》第 24 条规定：“用工单位违反本规定退回被派遣劳动者的，按照劳动合同法第九十二条第二款规定执行。”《劳动合同法》第 92 条第

2 款的规定："劳务派遣单位用工单位违反本法有关劳务派遣规定的，由劳动行政部门责令限期改正；逾期不改正的，以每人五千元以上一万元以下的标准处以罚款，对劳务派遣单位，吊销其劳务派遣业务经营许可证。用工单位给被派遣劳动者造成损害的，劳务派遣单位与用工单位承担连带赔偿责任。"该款针对劳务派遣单位、用工单位违反有关劳务派遣规定的情形设置了四项法律责任，第一是由劳动行政部门责令改正；第二是逾期不改正的，处以罚款；第三是吊销劳务派遣单位的业务经营许可证；第四是对因此而给劳动者造成的损害由派遣单位和用工单位承担连带责任。前面三项均为行政责任，第四项为民事责任。

关于此种情形下损害的范围为何？被派遣劳动者可否请求经济补偿金或赔偿金？对此《劳动合同法》及《劳务派遣暂行规定》均未明确。笔者认为，劳务派遣是一种特殊的用工安排，存在三角关系，尽管从实质上说，用工单位将被派遣劳动者违法退回相当于合同制用工时的违法解除劳动合同，但是，与合同制用工下劳动合同解除时劳动者丧失工作机会及收入保障不同，被派遣劳动者被退回后并不一定丧失收入保障，被退回后其与派遣单位的劳动关系仍然存在，在其无工作期间派遣单位需按照当地最低工资标准按月支付报酬，派遣单位基于经济考量，可能很快将劳动者派往其他工作岗位，因此，违法解除劳动合同的经济赔偿金并不适用。然而，如果用工单位违法将劳动者退回后，派遣单位随即将该劳动者解除，此时，劳动者可请求违法解除劳动合同的经济赔偿金，当然，此时经济赔偿金的支付主体应为派遣单位。

第二章

特殊用工关系纠纷判解研究

案例：张某与某安装公司劳动争议纠纷①

［基本案情］

张某系某企业下岗职工，与该企业签订有无固定期限劳动合同。下岗期间，该企业仍为张某缴纳各项社会保险费。下岗后张某被某安装公司聘用，双方未签订劳动合同。2 年后某安装公司解除与张某的劳动关系。张某提出支付加班费、未签订劳动合同的 2 倍工资差额的要求，遭到某安装公司拒绝。张某遂向当地劳动争议仲裁委员会申请劳动仲裁。

劳动争议仲裁委员会经审查，裁决张某与某安装公司不存在劳动关系。

张某不服该裁决，起诉至人民法院。

法院认为，张某虽系下岗职工，与原企业签订了无固定期限劳动合同。但是，我国法律并不禁止劳动者具有双重劳动关系。张某下岗后到某安装公司工作，双方已经形成了事实劳动关系，且张某的双重劳动关系之间并不矛盾，其与某安装公司的劳动关系应当依法受到保护，故判决支持张某的诉讼请求。

［判解研究］

一般来说，劳动法原理以全日制用工的劳动者只存在一个劳动关系为原则，但是，鉴于我国目前存在的下岗、内退、停薪留职、企业经营性放长假人员等特殊情形，国家法律法规对这一部分劳动者到新的用人单位工作，与新的用人单位之间是什么关系没有作出规定。为了保护这一群体的利益，2010 年 9 月 14 日实施的《最高人民法院关于审理劳动争议案件适用法律若干问题的解释

① 王旭光，《劳动争议纠纷诉讼指引与实务解答》，法律出版社 2017 年版，第 81—82 页

（三）》第8条规定："企业停薪留职人员、未达到法定退休年龄的内退人员、下岗待岗人员以及企业经营性停产放长假人员，因与新的用人单位发生用工争议，依法向人民法院提起诉讼的，人民法院应当按劳动关系处理"，该条规定认定了此种情形下，双方为劳动关系。相应地，该部分劳动者与新的用人单位之间因劳动关系产生的争议也应当适用劳动法律法规。

具体来说，第一，新用人单位有缴纳社会保险的义务。在停薪留职、提前退休、下岗待岗、企业经营性停产放长假等情形下，劳动者与新用人单位建立用工关系的，应当由新用人单位与劳动者按照相关规定缴纳社会保险费用。第二，发生工伤事故时新用人单位有赔偿的义务。根据相关政策、法规可知，劳动者于新用人单位工作期间发生工伤事故的，应当由新用人单位承担工伤待遇的各项义务。第三，在劳动合同解除或终止后新用人单位有补偿的义务。劳动者与新用人单位解除或终止劳动合同的，有关解除权的产生、行使以及解除或终止后的法律后果包括经济补偿金、赔偿金等事项，都应当适用《劳动法》和《劳动合同法》的相关规定。

［实务分析］

1. 用人单位的分支机构的用工主体资格问题

一些单位随着自己业务的扩张，可能在外地设立相应的分支机构，以更好地开展当地业务。实践中，这类分支机构有多种表现形式，名称也有多种，例如分公司、支公司、分部、办事处、办事点、代办点，等等。在工商登记方面，有的进行了相应的工商登记，有的则没有办理工商登记。这些分支机构开展业务，往往也需要一定的工作人员，在招用人员方面，有的以自己的名义招录，有的则以单位的名义招录。工资发放方面，有的以自身账户直接支付，有的则由原单位支付。总体而言，用人单位分支机构的法律地位比较特殊，不具有独立的法人资格，但仍具有相对的独立性。分支机构是否具备用工主体资格即是否可以独立的以用人单位的名义招用劳动者，是一个需要澄清的问题。

关于用人单位的分支机构是否属于《劳动合同法》中所称的用人单位，实践中主要有两种观点：

第一种观点认为，用人单位的分支机构不具有独立的法人资格，不能独立承担责任，因而不具有用工主体资格，应由用人单位承担用工主体责任。

第二种观点认为，对用人单位的分支机构不能一概而论，对于那些办理了注册登记，取得了营业执照或者登记证书的，可以成为用工主体；对于那些未取得营业执照或者登记证书的，则由用人单位承担用工主体责任。此外，如果分支机构受用人单位委托，也可以招用劳动者，不过用工主体仍是作为委托方的单位。

笔者倾向于第二种观点。

《劳动合同法实施条例》第 4 条规定："《劳动合同法》规定的用人单位设立的分支机构，依法取得营业执照或者登记证书的，可以作为用人单位与劳动者订立劳动合同；未依法取得营业执照或者登记证书的，受用人单位委托可以与劳动者订立劳动合同。"据此，用人单位分支机构具有一定的用工资格，但同时受到一定的限制，关键是分支机构是否已经依法取得营业执照或登记证书。如果依法取得了营业执照或登记证书，则可以独立地招用劳动者，订立劳动合同；否则只有在获得用人单位授权的情况下才能够招用劳动者，而不能独立地作为用人单位订立劳动合同。

结合最高人民法院《关于适用〈中华人民共和国民事诉讼法〉的解释》（法释〔2015〕5 号）（以下简称《民诉法解释》）第 52 条关于"其他组织"的规定可知，取得执照用人单位分支机构包括：（1）法人依法设立并领取营业执照的分支机构；（2）中国人民银行、各专业银行设在各地的分支机构；（3）中国人民保险公司设在各地的分支机构。依法取得营业执照的分支机构具有用工主体资格，可以作为用人单位与劳动者订立劳动合同，可以直接作为劳动合同中的甲方（用人单位）。

未依法取得营业执照的分支机构，只能受用人单位委托与劳动者订立劳动合同，即劳动合同中的用人单位只能是设立该分支机构的单位，不能将分支机构直接列为用人单位。江苏省高级人民法院《劳动争议案件审理指南》规定："未依法领取营业执照或登记证书的用人单位分支机构，受用人单位委托直接与劳动者签订劳动合同，双方发生劳动争议时，应当将与其签订劳动合同的用人单位作为当事人。"

2. 双方"长期两不找"的劳动关系是否应当解除问题

所谓"长期两不找"主要是指劳动者与用人单位之间几年、十几年甚至几十年未曾联系，劳动者在此期间未向用人单位提供劳动，用人单位未给劳动者发放工资、福利待遇等，但双方之间未正式解除劳动关系，或者劳动者主张双方之间存在劳动关系，而用人单位主张双方劳动关系已经解除但不能证明已经将解除劳动关系的书面通知送达给劳动者，而如今劳动者提起仲裁或诉讼，要求补发工资福利待遇补贴、补缴社会保险费、办理退休手续等。

针对该类纠纷，审判实践中主要存在三种不同观点：

第一种观点认为，应当认为双方之间的劳动关系依然存在，根据法律法规的规定，对于劳动关系的解除有着严格的适用条件并且应当遵循一定的解除程序要求，而本类纠纷中虽然劳动者没有提供劳动，但是用人单位也没有将解除劳动关系的书面通知送达给劳动者，双方之间一般未正式履行解除劳动关系的程序，用人单位对此应当负有责任，对于劳动者的主张人民法院应当予以支持。

第二种观点认为，既然双方之间实际上已经多年没有互相履行劳动权利义务，则应当认定双方之间劳动关系已经实际解除，劳动者的请求不予支持。

第三种观点认为，用人单位与劳动者的劳动关系处于中止状态。

笔者倾向于第三种观点。

在职工擅自离岗后长期不归而用人单位又无法与其解除劳动关系的情况下，用人单位无须继续向其支付工资或履行其他劳动法上的义务，此种情形属于劳动法律关系的中止履行，中止期间双方均无须负担劳动法上的义务。

我国目前的法律虽然没有关于劳动关系中止履行的规定，但认定“长期两不找”属于中止履行仍然具有一定的法律依据。《劳动法》第64条规定：工资分配应当遵循按劳分配原则。按劳分配原则的含义之一即多劳多得，不劳不得。当然，特殊情况除外，比如妇女孕期或职工病假或工伤。根据按劳分配原则，劳动者无正当理由不为用人单位提供劳动，当然没有权利主张相应的报酬。反之，用人单位既然不支付劳动者报酬，当然也无权利要求劳动者提供劳动。双方均处于既不享受权利也不负担义务的状态，即所谓的中止履行状态。

由于用人单位与劳动者“长期两不找”，违背劳动关系合作履行的原则，阻却劳动关系继续生效，根据按劳分配等现行的法律原则，应认定为双方处于中止履行劳动关系的状态，双方均互不享有权利、互不负担义务。在这种情形下，用人单位是不必继续支付劳动者工资或为其缴纳社会保险的。

《北京市劳动和社会保障局、北京市高级人民法院关于劳动争议案件法律适用问题研讨会会议纪要》（2009 年）第 14 条规定，劳动者长期未提供劳动，用人单位又未依法与其解除劳动关系，双方“长期两不找”，可以认定双方劳动关系处于中止履行状态，中止履行期间用人单位和劳动者不存在劳动法上的权利义务关系，也不计算为本单位工作年限。“两不找”不属于自动离职，而属于劳动关系中止，如此后一方当事人提出解除劳动关系，另一方因不同意解除而申请仲裁，劳动仲裁委或人民法院经审查后如认为上述解除符合法律有关规定的，应当确认解除。

从北京市的规定可以看出，“两不找”实际属于劳动关系的中止，也就是劳动关系暂时处于停顿状态，在这种情况下，劳动者可随时要求上班，也可要求解除或终止劳动关系。如果劳动者选择履行劳动合同，用人单位应安排其工作岗位；如果劳动者选择解除合同，用人单位应给予经济补偿。

（3）业主委员会与受雇人员是否构成劳动关系问题

业主，一般意义上是指物业所有权人。对于商品房而言，业主是指办理了产权过户手续，被登记为产权人的买受人；即使已经办理了商品房预售或者出售合同登记，也不能成为业主。对于公房而言，使用权人不能称为业主，业主为国家或者单位。业主团体，也称区分所有权人团体，是指为了方便管理物业，由全体业主共同组成的社会组织。业主大会，是指代表和维护物业管理区域内全体业主在物业管理活动中的合法权益的组织，它由每一个特定的物业管理区域内全体业主组成。业主委员会是指经业主代表大会选举产生的，代表业主利益，维护业主合法权益的组织。业主委员会由业主大会从全体业主中选举产生，对业主大会负责，受业主大会和广大业主的监督。

对于业主委员会的法律地位，目前我国理论界存在不同的认识，主要的观点有：

（1）业主委员会是一级法人组织。该观点主张业主委员会是依法成立、有必要的经费和财产、有自己的名称、组织机构和场所，属于一级法人，它的法律地位完全独立于各业主，享有拟制的人格，能够按照自己意思表示独立行使民事权利；同时，其行为和决策后果应由自己承担，其效果不能直接归于各个业主。也就是说，业主委员会有自己完全独立的意志，不仅仅是对各业主意志的简单反映，而且可以根据自己的独立意志行事。同时，业主委员会行为和决策后果应由自己承担，其效果不能直接归于各个业主。

(2) 业主委员会是“其他组织”。该观点不赞成业主委员会是法人组织，认为它是一种具有一定组织机构和运营财产，享有独立的诉讼主体资格的非法人组织，可以行使民事权利、承担民事责任，享有独立的诉讼主体资格。

(3) 业主委员会是既非法人，也无独立诉讼主体资格的一般组织。此观点认为，业主委员会既不是法人，也不属于独立的非法人组织，不享有《民事诉讼法》中“其他组织”的独立诉讼主体资格，而仅仅是特定民事主体——业主团体的代表机构。

(4) 社会公益团体。该观点认为业主委员会属于社会公益团体，即从事和举办社会福利事业的社会团体，其并不涉及民事权利、义务、责任的承担。

在实践中，常有住宅小区的业主或租客受雇于小区业主委员会，作为协助管理处工作的专职人员，报酬由管理处从物业管理费中支取并代为发放，这种情形下，受雇人员与管理处、业主委员会是否形成劳动关系，对此司法实践中存在不同认识：

第一种观点认为，业主委员会与受雇人员形成了指挥、管理的用工关系，符合劳动关系的本质特征，应认定双方存在劳动关系。

第二种观点认为，业主委员会不具备《劳动合同法》所规定的用工主体资格，其与受雇人员形成的属劳务关系而非劳动关系。

《物业管理条例》第10条规定，业主在物业所在地的区、县人民政府房地产行政主管部门指导下成立业主大会，并选举产生业主委员会。第16条规定，业主委员会应当自选举产生之日起30日内，向物业所在地的区、县人民政府房地产行政主管部门备案。可见，业主委员会是依据法律规定成立的且经过行政主管部门备案的组织。然而，“备案”究竟不同于登记，“备案”的性质是什么？就《物业管理条例》来看并不明确，对于业主委员会的性质需要综合分析。

根据我国民事诉讼法理论，某一主体是否具有独立的民事主体资格，主要看其有无独立的意思能力以及承担法律责任的能力，换言之，对某一组织而言，是否具有独立的民事主体资格主要看其有无独立的意思机关以及相对独立的财产。就业主委员会而言，其具有一定的组织架构。业主委员会是常设机构，有自己的章程，有固定的人数，一般设有主任、副主任及秘书。主任、副主任等依据法律规定以及业主委员会章程，可以代表业主委员会作出相应的意思表示。可见，业主委员会具备自身的意思表达机关，具有意思能力。

就财产方面而言，我国业主委员会拥有一定财产，财产的来源主要有三个方面：一是占住宅区总投资一定比例的划拨款；二是物业管理用房和占总建筑面积一定比例的商业用房；三是业主交纳的管理费。此外，我国的业主委员会也具备固定的办公场所，这些办公用房也是开发商必须提供的，可见，业主委员会也具有一定的责任能力。现实中，业主委员会作为社会中的重要存在，也以自己独立的地位实现着相应的社会功能。例如，设立物业维修基金，并负责该基金的筹集、使用和管理；选聘或解聘物业管理公司，与物业管理公司签订物业管理合同，形成债权债务关系；监督物业管理公司；审核物业管理服务年度计划；监督公共建筑、公用设施的合理使用；等等。因此，对业主委员会的性质，笔者更倾向于“其他组织”说，即业主委员会属于非法人组织，具有独立的民事主体资格。

由于业主委员会是具有独立民事主体资格的非法人组织，故而从理论上说，业主委员会与其所雇用的工作人员应成立劳动关系，这也符合《劳动合同法》上劳动用工主体资格逐步扩大的法律发展趋势。但是，由于业主委员会只是经过房地产行政主管部门的备案，并未经过正式的登记程序，因而没有组织机构代码证，为此，有论者提出法律应当规定由房地产行政主管部门办理业主委员会登记。经登记的委员会即具有民事主体资格，可以以自己的名义参与民事活动、进行民事诉讼。未办理登记的业主委员会，不具备成为法律拟制主体的形式要件，因此不能成为民事主体。但是，由于业主委员会没有组织机构代码证，当前社保部门不受理业主委员会办理社保的申请，使得业主委员会无法为其雇佣人员办理社保。

就目前而言，如果认定业主委员会与受雇人员存在劳动关系，将导致后续一连串实际上无法执行的难题。故在当前的情形下，还是应当认定业主委员会与其受雇人员之间的关系为劳务关系。不过，从长远而言，在有关业主委员会的法律规定进一步完善的情况下，业主委员会与其受雇人员的劳动关系是可以成立的。

3. 档案纠纷问题

档案并不属于劳动合同约定的范畴，但是，档案纠纷并非是人事档案内容本身的纠纷问题，往往涉及竞业禁止协议、服务期协议、培训协议以及特别给付之偿还，并与上述纠纷结合在一起。随着劳动力市场的深度发展，这类纠纷逐渐呈上升趋势，因此，对此类纠纷的解决就显得尤为重要。

我国档案制度形成于计划经济时期，1987 年 9 月 5 日全国人大常委会通过了《档案法》，并于 1996 年修正。但就其总体来说，应属于一部档案行政法，并没有就档案的本质、属性以及档案归属问题作出明确的规定。该法也没有区别公档与私档，使档案的权属基本属于规制的空白地带。而企业人事档案是属于国家、企业还是职工个人，也没有定论。可以说，档案纠纷产生的主要原因在于制度的陈旧导致的法律规制不足。

人事档案纠纷是否属于劳动纠纷，对此，实践中主要有四种观点：

第一种观点认为，在计划经济时代，政府对劳动者的档案进行统一管理。实行市场经济改革后，根据 1992 年制订的《企业职工档案管理工作规定》第 5 条，职工档案由所在企业的劳动（组织人事）职能机构管理。实行档案综合管理的企业单位，档案综合管理部门应设专人管理职工档案。因此，用人单位管理劳动者的档案是履行行政义务，并不是用人单位基于劳动合同应当对劳动者履行的义务，人事档案纠纷属于行政争议而非劳动者争议，劳动仲裁机构及人民法院不应受理。

第二种观点认为，《劳动合同法》第 84 条规定：“用人单位违反本法规定，扣押劳动者居民身份证等证件的，由劳动行政部门责令限期退还劳动者本人，并依照有关法律规定给予处罚。用人单位违反本法规定，以担保或者其他名义向劳动者收取财物的，由劳动行政部门责令限期退还劳动者本人，并以每人五百元以上两千元以下的标准处以罚款；给劳动者造成损害的，应当承担赔偿责任。劳动者依法解除或者终止劳动合同，用人单位扣押劳动者档案或者其他物品的，依照前款规定处罚。”据此，人事档案纠纷应由劳动行政部门责令用人单位办理或/及处以罚敦，而不应由人民法院受理，并且法院受理之后也难以执行。

第三种观点认为，人事档案独立于劳动合同，但由于用人单位与职工存在管理与被管理的关系，用人单位对劳动者的人事档案负有保管义务。因此，人事档案纠纷是用人单位与劳动者之间因保管合同产生的纠纷，属于一般民事争议，劳动者无须申请劳动仲裁，可以直接向人民法院起诉。

第四种观点认为，《企业职工档案管理工作规定》第 18 条规定：“企业职工调动、辞职、解除劳动合同或被开除、辞退等，应由职工所在单位在一个月内将其档案转交其新的工作单位或其户口所在地的街道劳动（组织人事）部门。”据此，在企业职工调动、辞职、解除劳动合同或被开除、辞退等情况下，用人单位负有将档案移转到相应部门的法定义务。在性质上，这是劳动合同解除时和解除后所产生的附随义务。用人单位未履行该附随义务而发生纠纷的，属于劳动合同履行争议的延伸，性质上仍属于劳动争议，劳动仲裁机构及人民法院应当受理。

笔者认为应具体问题具体分析，不应将非劳动争议视为劳动争议要求用人单位承担责任。

笔者认为，实践中，档案纠纷主要包括劳动者要求用人单位转移档案，而用人单位拒绝或者拖延办理转档手续而引起的纠纷，因用人单位将劳动者档案损坏或丢失，劳动者要求用人单位补办档案、赔偿损失引起的纠纷等。对于档案纠纷是否属于劳动争议范畴，应当具体问题具体分析。

2006 年 6 月 13 日发布的最高人民法院《关于人事档案被原单位丢失后当事人起诉原用人单位补办人事档案并赔偿经济损失是否受理的复函》明确了人民法院应当对案件关系人起诉请求补办档案、赔偿损失的，作为民事案件受理。2006 年 10 月 1 日起施行的《劳动争议解释（二）》第 5 条对上述复函进行了更为明确的限制，该条规定将转档纠纷直接规定为劳动争议，即劳动者与用人单位解除或者终止劳动关系后，请求用人单位返还其收取的劳动合同定金、保证金、抵押金、抵押物产生的争议，或者办理劳动者的人事档案、社会保险关系等转移手续产生的争议，经劳动争议仲裁委员会仲裁后，当事人依法起诉的，人民法院应予受理。《劳动合同法》第 50 条第 1 款规定：“用人单位应当在解除或者终止劳动合同时出具解除或者终止劳动合同的证明，并在十五日内为劳动者办理档案和社会保险关系转移手续。”依据上述规定，对于劳动者要求用人单位办理转移档案或者要求就丢失、损坏档案赔偿损失的，应当属于用人单位在劳动合同履行过程中应当承担的法定义务，与劳动合同本身具有密不可分的联系。

根据1992年6月9日原劳动部、国家档案局发布的《企业职工档案管理工作规定》第18条规定，企业职工调动、辞职、解除劳动合同或被开除、辞退等，应由职工所在单位在1个月内将其档案转交其新的工作单位或其户口所在地的街道劳动（组织人事）部门。职工被劳教、劳改，原所在单位今后还准备录用的，其档案由原所在单位保管。据此，“企业职工调动、辞职、解除劳动合同或被开除、辞退等”，单位有将档案移转到相应部门的法定义务。同时，这也是劳动合同解除和解除后产生的附随义务纠纷，理应属于劳动合同履行争议的延伸，这样有利于扩大在上述情况下对劳动者的救济渠道。具体来讲：就争议的主体看，一方是劳动者而另一方是用人单位，他们之间的地位并不平等，不能用一般的民事保管关系处理。根据《劳动合同法》第50条的规定，从档案转移纠纷的性质来看，劳动者与用人单位解除劳动合同后，劳动者所在单位应当在15日内将职工档案转交新的工作单位或其户口所在地的街道劳动组织人事部门，这是用人单位在与劳动者终止劳动关系后必须履行的义务，应视为劳动合同的重要内容之一，受《劳动合同法》的调整。这与《劳动合同法》的立法宗旨是一致的，同时也符合《劳动合同法》适用范围的规定。

在档案丢失的情况下，对劳动者造成的侵害也主要涉及劳动权利方面的侵害，如就业、养老保险、失业保险的缴纳等，故应当作为劳动争议案件受理。因迟延转档或档案丢失，劳动者主张用人单位赔偿损失的，为避免双方今后产生新的纠纷，应判令用人单位一次性给付，赔偿数额应根据双方当事人的过错程度、劳动者受损失情况酌情确定。

但对于劳动者要求用人单位补办档案手续的纠纷，则不属于劳动争议范畴。因为档案具有历史性，不可复制，档案通常由用人单位保管，在档案丢失后，劳动者亦不知道原档案都存在哪些内容，无法完成举证任务，即使能举证，用人单位也无法予以补办；人民法院即使判决，也难以执行。因此，对于补办档案手续的纠纷，不属于劳动争议，劳动者与用人单位可通过其他途径解决。笔者曾代理一京剧演员要求扬州市歌舞剧院有限公司补办档案并赔偿损失案就是因为该演员从未有档案转入该院而败诉，扬州歌舞剧院从未接受到移交的该原告档案也就不存在丢失档案或进行赔偿的问题。

因迟延转档或档案丢失，劳动者主张用人单位赔偿损失，为避免双方今后产生新的纠纷，应判令用人单位一次性给付，赔偿数额应根据双方当事人过错程度、劳动者受损失情况酌情确定。

第三章

保密义务与竞业限制纠纷判解研究

案例：赵某与某电子科技公司劳动争议纠纷

［基本案情］

某电子科技有限公司为一家外商独资企业，主要生产各种精密的电子设备，产品主要销往美国及欧盟地区。赵某是湖南某国企的高级工程师，2005 年 1 月，他从单位正式辞职，跳槽至某电子公司，受聘担任某电子公司的首席技术顾问。赵某与某电子公司签订了为期 3 年的劳动合同，有效期限自 2005 年 1 月 31 日起至 2008 年 1 月 31 日止。该劳动合同约定，赵某每个月的工资为 115000 元，某电子公司为其办理社保手续并交纳相关费用。由于赵某的工作涉及某电子公司的核心技术，为了保守公司的商业秘密，2006 年 10 月下旬，某电子公司与赵某签订了保密及竞业限制协议，主要内容为：赵某在某电子公司任职期间及劳动合同终止后不得泄露公司的商业秘密，并在劳动合同期满两年之内，不得在与某电子公司生产或者经营同类产品、从事同类业务的有竞争关系的其他用人单位任职，也不得自己开业生产或者经营同类产品、从事同类业务；劳动合同期满后两年之内，某电子公司每个月支付经济补偿金人民币 4000 元；如果赵某违反约定，应向某电子公司支付违约金人民币 15 万元。2008 年 2 月劳动合同期满后，赵某离开了某电子公司。依据该竞业限制协议的约定，某电子公司一直按月通过银行向赵某支付经济补偿。2008 年 6 月，赵某瞒着某电子公司到其竞争对手——A 电子科技有限公司任总工程师。一个月后，A 电子公司向市场推出了新型电子设备产品，其性能几乎与某电子公司的产品一模一样。由于采取了低价营销策略，在不到 3 个月的时间内，A 电子公司的电子设备产品抢占了某电子公司 80% 的市场份额。对于 A 电子公司的产品抢占市场的现象，某电子公司展开了商业调查。经过一番调查，某电子公司发现，赵某瞒着某电子公司到A电子公司任职，并故意泄露某电子公司的商业秘密，使A电子公司能生产出与某电子公司的产品性能几乎完全一样的电子设备产品。

由于赵某的行为严重违反了保密及竞业限制协议，为了维护自己的合法权益，2008年9月，某电子公司向当地的劳动争议仲裁委员会提起劳动仲裁，要求仲裁机构裁决赵某履行保密协议，并承担违约责任。

本案开庭审理后，劳动争议仲裁委员会认为，赵某与某电子公司签订的保密及竞业限制协议符合法律规定，具有法律约束力，在保密及竞业限制协议有效期内，赵某到竞争对手A电子公司任职并故意泄漏某电子公司的商业秘密，构成违约，应依法承担违约责任。据此，劳动争议仲裁委员会裁决，赵某构成违约，应当支付某电子公司违约金15万元。

[判解研究]

这是一起因劳动者侵犯用人单位的商业秘密而引发的劳动争议案件。

为了保护用人单位的商业秘密，我国劳动法和劳动合同法均允许用人单位与劳动者约定由劳动者承担保密义务，即劳动者有义务保守用人单位的商业秘密和与知识产权相关的秘密。《劳动法》第22条规定："劳动合同当事人可以在劳动合同中约定保守用人单位商业秘密的有关事项。"《劳动合同法》第23条第1款规定："用人单位与劳动者可以在劳动合同中约定保守用人单位的商业秘密和与知识产权相关的保密事项。"

除了上述劳动者的保密义务外，作为商业秘密保护的延伸，我国劳动法律法规还允许用人单位与劳动者约定竞业限制条款，由用人单位与劳动者约定劳动者在终止或解除劳动合同后的一定期限内不得在生产同类产品、经营同类业务或有其他竞争关系的用人单位任职，也不得自己生产与原单位有竞争关系的同类产品或经营同类业务。《劳动合同法》第23条第2款规定："对负有保密义务的劳动者，用人单位可以在劳动合同或者保密协议中与劳动者约定竞业限制条款。"

根据《劳动合同法》第23条、第90条的规定，如果劳动者违反保密义务或者竞业限制义务，要向用人单位支付违约金或承担赔偿责任。本案中，赵某与某电子公司签订的保密及竞业限制协议为合法有效的合同，赵某有义务保守某电子公司的商业秘密及遵守竞业限制约定，某电子公司也有义务支付赵某经济补偿。保密及竞业限制协议生效后，某电子公司已依约履行自己的法定义务，按月向赵某支付经济补偿，而赵某却违反协议约定，到某电子公司的竞争对手A电子公司任职，并故意泄露某电子公司的商业秘密，致使A电子公司能生产出与某电子公司的产品性能几乎完全一样的电子设备产品。赵某的行为既违反了保密义务，也违反了竞业限制条款，构成违约。由于赵某的违约行为侵犯了原用人单位某电子公司的合法权益，故劳动争议仲裁委员会依法裁决赵某承担违约赔偿责任，向某电子公司支付违约金15万元。

[实务分析]

1. 竞业限制协议效力问题

竞业限制不仅涉及用人单位商业秘密权，同时也涉及劳动者的就业权。为了保护用人单位的商业秘密，劳动者在竞业限制期间不能运用自己所掌握的知识为原用人单位的竞争对手提供服务，也不能自行经营或从事与原用人单位存在竞争关系的业务。劳动者实际上不仅不能利用在原用人单位所获得的知识——这部分知识并不一定构成商业秘密，甚至失去了利用入职原用人单位之前所掌握的知识以及自身技能谋取在部分用人单位可能存在的就业机会。实际上作为竞业限制对象的劳动者往往是用人单位的高级管理人员或高级技术人员，由于其长期从事相应的专业工作，竞业限制对其就业的影响其实是客观存在的，其“无法在自己最擅长的专业领域施展才能，有可能失去丰厚的报酬进而危及其生存”。虽然说竞业限制并非完全限制或并非使劳动者完全脱离原行业，但对于劳动者而言，一旦实施竞业限制，其就业权确实无法完全实现。所以，竞业限制可以理解为经劳动者同意，劳动者让渡了部分就业权。竞业限制制度便是对单位权益与劳动者就业权、生产权之间冲突的调和。劳动者承受了竞业限制的不利后果，用人单位必须支付相应的经济补偿，以保障竞业限制期间劳动者的基本生活。同时，这也是权利义务对等的表现。

对于未约定经济补偿的竞业限制条款的效力，我国实践和理论对此问题有不同观点：

第一种观点认为，此类竞业限制条款属于无效条款。理由主要有：一是未约定经济补偿的竞业限制条款显失公平，应当认定无效；二是根据《劳动合同法》第26条之规定，即用人单位免除自己的法定责任、排除劳动者权利的，劳动合同无效。对于未约定竞业限制补偿的协议，应当参照上述法律规定认定其无效，以保护劳动者的就业权和生存权。

第二种观点则认为，未约定经济补偿金的竞业限制条款对劳动者不发生效力。例如，江苏省高级人民法院、江苏省劳动争议仲裁委员会发布的《关于审理劳动争议案件的指导意见（2009）》第13条规定：用人单位与劳动者约定了竞业限制条款但未约定经济补偿，或者约定了经济补偿但未按约定支付的，该竞业限制条款对劳动者不具有法律约束力。劳动者依约遵守了竞业限制条款，但用人单位未按约支付经济补偿，劳动者请求用人单位支付经济补偿的，应予支持。双方没有约定补偿标准或约定的补偿标准低于《江苏省劳动合同条例》第17条规定的标准，劳动者请求按照《江苏省劳动合同条例》第17条规定的标准补足的，应予支持。用人单位在竞业限制期限届满前已通知劳动者解除竞业限制条款，劳动者请求用人单位继续履行竞业限制条款并支付经济补偿的，不予支持。

第三种观点则认为，未约定经济补偿金的竞业限制条款应当认定为有效。主要理由在于，认定此类竞业限制条款无效，不利于建立正常有序的市场秩序、保护用人单位的合法权益；认定此类合同有效并同时保证劳动者的竞业补偿请求权，可以有效平衡劳资双方的权益；认定此类竞业限制条款无效不符合《劳动合同法》第23条及《合同法》关于合同无效的规定。

笔者倾向于第二种观点。

《劳动争议解释（四）》第6条对此作了规定，认为未约定经济补偿金的竞业限制条款不宜认定为无效。不主张无效的主要原因，更多的是考虑到如果认定此类条款无效，而劳动者又履行了竞业限制，则劳动者的权利基础反而丧失了，并不利于保护劳动者合法权益。

竞业限制所限制的是劳动者的劳动权利，而劳动权利又是劳动者生存的依赖。认定竞业限制无效，虽然从法理上可以言之有物，但实践效果上未必真能起到保护劳动者的作用。因此，《劳动争议解释（四）》可以说是在理想与现实之间作出了艰难选择，劳动者履行了竞业限制义务的，即可向用人单位主张经济补偿，即确认未约定经济补偿金的竞业限制条款的效力。

2. 竞业禁止条款的公平与劳动者权益问题

竞业限制的实施客观上限制了劳动者的就业权，进而影响了劳功者的生存权，故其存在仅能以协议的方式确立，比如，竞业限制的范围、地域、期限由用人单位与劳动者约定。尽管用人单位因此支付了一定的代价，但一般而言，该代价不能完全弥补劳动者因就业限制而遭受的损失。因此，为了保护劳动者的合法权益，《劳动合同法》第 24 条在强调约定的同时对竞业限制进行了必要的限制。

在实践中，常会出现因约定的禁止竞业的种类太过广泛、地域过大、年限过长或违约金过高等情势而被判定过于苛刻，在这种情况下，法院是否可以调整，对此存在不同观点：

第一种观点认为，竞业限制是用人单位与劳动者双方约定的结果，如果禁止竞业的种类广、地域大、期限长，用人单位可能也支付了较高的经济补偿，因此不能轻易调整。对于违约金过高的，则可以根据《合同法》第 114 条予以调整。

第二种观点认为，禁止竞业的种类过广、地域过大、年限过长或违约金过高，人民法院均可以调整。

违约金可以参照《合同法》第 114 条第 2 款以及最高人民法院《关于适用〈中华人民共和国合同法〉若干问题的解释（二)》第 28、29 条予以适当调整；其他如期间、地域、种类等过于苛刻者，则应采用“全有或全无”规则。虽然在逻辑上法院还可以采取适当合理化的方式来判决调整，但这种做法看似有“合理性”，事实上运作的结果却刚好相反。第一，法院不能脱离商业判断规则的约束，擅自调整经营规则；第二，竞业禁止合同条款制定者是用人单位一方，其当然希望条款能够有效执行，而最不愿条款归于无效。如采用“全有或全无”规则，则用人单位为了考虑条款能百分之百有效执行，势必尽可能地接近一般认为合理的范围内，甚至比一般公认的合理范围还要更合理，以确保条款在任何情况下都能经得起合理与否的检视。由此一来，劳动者所受束缚也会达到最低，可谓实现劳资双赢。

3. 用人单位违法解除劳动合同，竞业限制条款失去履行基础

竞业限制，是指用人单位在劳动合同或者保密协议中，与掌握本单位商业

秘密和知识产权的劳动者约定，在劳动合同解除或者终止后的一定期限内，不得到与本单位生产或者经营同类产品、从事同类业务。竞业限制的约束力始于劳动合同解除或者终止，劳动合同“协商解除”“预告解除”“裁员解除”后，劳动者应当按照竞业限制协议履行竞业限制义务毋庸置疑。

如果用人单位违法解除劳动合同，是否有权要求劳动者履行竞业限制义务？就此问题，司法实践中的观点不一：

第一种观点认为，雇主滥用解雇权与非竞争条款的效力是两回事，前者是违反法律的行为，而后者则是信守诺言的行为，前者的出现并不能导致后者的消失。

第二种观点则认为，合同的履行必须坚持诚实信用原则，雇主任意撕毁合同就是不讲诚实信用的表现，因而他也应失去在该条款上的债权，要求因雇主过错而丢掉工作的劳动者继续履行竞业限制条款有失公正。

笔者倾向于第二种观点。

对此问题，法学界持赞成用人单位违法解除劳动合同导致竞业限制条款无效观点，该观点认为，应当以诚信的合同原则和保护弱者利益的劳动法原则为取舍依据，优先保护劳动者的就业权利。主要理由是：首先，劳动者的另行择业是非预见性的、非自愿的和被动的，与合同到期终止或劳动者主动选择辞职不同。如果用人单位滥用解除权恶意解除劳动合同的，再限制劳动者在同行业就业，对于劳动者而言无疑是进一步的伤害，这与《劳动合同法》以保护劳动者为主旨的立法目的相冲突。其次，在劳动合同关系的订立和履行中，诚信原则应当得到遵守，这是涉及以人为主体的双务合同所必须贯彻落实的，企业没有履行合同的约定而提前解雇了劳动者，也就无权要求劳动者履行约定义务，这也体现了公平原则。再次，在劳动关系中，劳动者相对企业而言总是处于弱势地位，解雇与竞争限制直接关系到劳动者的最基本权益——劳动权、生存权，在这一问题上如果加重企业方的责任，有利于限制企业滥用解雇权，减少劳动纠纷，促进劳动关系稳定。最后，劳动者不再负有竞业限制的责任并不意味着必然导致用人单位商业秘密的泄露，劳动者不受竞业限制的约束，并不是免除了劳动者的保密义务，如果劳动者因泄露商业秘密造成用人单位损失的，仍然要承担相应的法律责任，这点在《劳动合同法》第 90 条已经明确规定。在《劳动合同法》立法过程中，多数学者同意规定企业违反法律或劳动合同规定而解除劳动合同时，竞业限制条款无效。有些地方立法甚至对此已有体现，如《深圳经济特区企业技术秘密保护条例》第19条规定，企业违反劳动合同以及提前解雇员工的，竞业限制协议自动终止。

第四章

经济补偿金等纠纷判解研究

案例：姚某与上海某物业公司劳动争议纠纷①

［基本案情］

姚某系上海某酒店的待岗人员。2009 年 4 月 23 日，姚某进入某物业公司工作，担任水电维修工，月薪为人民币 2000 元。姚某与某物业公司曾签订三份劳动合同，最后一份劳动合同签订于 2011 年 4 月 15 日，期限至 2012 年 4 月 29 日止。该份劳动合同约定，本合同订立时所依据的客观情况发生重大变化，致使本合同无法履行的，某物业公司提前 30 日通知姚某，可以解除本合同；某物业公司依照协议约定解除劳动合同的，应当依照劳动合同法的相关规定向姚某支付经济补偿金。2012 年 3 月 1 日，某物业公司向姚某发出《解除特殊劳动关系通知书》，载明："因我公司负责的金丽大厦物业项目由于大厦的整体修缮已经被迫终止，故我公司与你的劳动关系已无法实际履行。依照相关条文，此类情况属于劳动协议订立时所依据的客观情况发生重大变化致使劳动合同无法履行，由此我公司书面通知你，自你收到本通知之日起满 1 个月后解除劳动关系。请你在接到本通知之日起与我公司办理解除特殊劳动关系的相关事宜。"姚某实际工作至 2012 年 4 月 1 日止。姚某离职前 12 个月的月均工资为 2000 元。

姚某于 2012 年 3 月 6 日向上海市某区劳动人事争议仲裁委员会申请仲裁，要求某物业公司支付其 2010 年 4 月 1 日至 10 月 31 日期间世博会伙食补贴 1417 元，2009 年 4 月至 2012 年 3 月期间 40 天未休年休假工资 3836.80 元，解除劳动合同经济补偿金 3 个月工资共计 6000 元。

---

①　王勤伟，《劳动争议实务操作与案例精解》，中国法制出版社 2015 年版，第 190—191 页

某物业公司认为，姚某在2012年3月15日之后缺勤，姚某的旷工行为致姚某与某物业公司之间的劳动关系解除，不应由某物业公司支付经济补偿金。

劳动争议仲裁委员会经审理后，裁决某物业公司支付姚某2011年及2012年共计18天未休年休假工资2742.53元，申请人的其他请求事项不予支持。

姚某对该裁决不服，向法院提起诉讼。

案经一审、二审，法院最终判决某物业公司支付姚某经济补偿金6000元，支付姚某某2011年及2012年共计18天未休年休假折算工资2742.53元。

［判解研究］

本案是一起由于客观情况发生变化而导致劳动合同解除的典型案例。

本案中，某物业公司所管理的物业项目被终止，致使某物业公司无法继续承接该项目，姚某与某物业公司签订劳动合同时所依据的客观情况发生了变化，因此，某物业公司与姚某解除劳动合同并无不当。以姚某当时的身份，其与某物业公司之间形成的是特殊劳动关系（双重劳动关系），双方的劳动合同就经济补偿有着明确的约定，该合同是双方在自愿平等基础上签署的，姚某、某物业公司均应遵守该合同的约定。姚某要求某物业公司支付经济补偿金的请求，符合双方合同的约定，且依照《最高人民法院关于审理劳动争议案件适用法律若干问题的解释（三）》第8条的规定，企业停薪留职人员、未达到法定退休年龄的内退人员、下岗待岗人员以及企业经营性停产放长假人员，因与新的用人单位发生用工争议，依法向人民法院提起诉讼的，人民法院应当按劳动关系处理，因此，姚某的诉求于法有据，应当得到法院的支持。

［实务分析］

1. 劳动者非因用人单位原因而辞职用人单位不应支付经济补偿金

劳动者即时解除劳动合同，是指劳动者在法律规定的情况下，一般是用人单位存在过错的情况下，劳动者可以无须预告即可在通知用人单位的同时单方解除劳动合同。由于劳动者即时解除合同，会使用人单位在毫无准备的情况下缺少必要人员代替工作，从而影响正常的生产经营，因此，对劳动者即时解除一般限制在用人单位有过错的情况下。

《劳动法》第32条规定类似于国外的推定解雇，将劳动者即时解除分为三种情形：第一种是在试用期内的；第二种是用人单位严重违约，“未按照劳动合同约定支付劳动报酬或者提供劳动条件”；第三种是用人单位严重侵权，“以暴力、威胁或者非法限制人身自由的手段强迫劳动”。《劳动法》的缺陷是未将上述第二、三种情况规定为支付经济补偿金的情形，《劳动合同法》第38条在此基础上对劳动者即时解除劳动合同作了扩展，且不再有严重违约和严重侵权的界限，只能从程序上分为：一类是随时通知解除；另一类是不需事先告知解除。

1. 随时通知解除

《劳动合同法》第38条第1款将《劳动法》中“用人单位未按照劳动合同约定支付劳动报酬或者提供劳动条件”的严重违约情形细化为以下六种情形，在这六种情形下，劳动者可以随时通知用人单位解除劳动合同：(1) 用人单位未按照劳动合同约定提供劳动保护或者劳动条件的。(2) 用人单位未及时足额支付劳动报酬的。(3) 用人单位未依法为劳动者缴纳社会保险费的。(该项是《劳动合同法》新增的规定。现实中，未依法缴纳社会保险费的原因比较复杂，除用人单位故意不缴纳外，也存在社保制度原因导致无法缴纳等情况，不应一概而论。) (4) 用人单位的规章制度违反法律、法规的规定，损害劳动者权益的。(该项也是《劳动合同法》新增的规定，但对于规章制度是否违法，普通劳动者可能没有足够的认知判断能力。) (5) 用人单位以欺诈、胁迫的手段或者乘人之危，使劳动者在违背其真实意思的情况下订立或者变更劳动合同的，用人单位免除自己的法定责任、排除劳动者权利的，违反法律、行政法规强制性规定，致使劳动合同无效的。(6) 法律、行政法规规定劳动者可以解除劳动合同的其他情形。

2. 不需事先告知解除

《劳动合同法》第38条第2款将《劳动法》中“用人单位以暴力、威胁或者非法限制人身自由的手段强迫劳动的”侵权性解除合同的规定也做了一定程度的扩大，规定为：“用人单位以暴力、威胁或者非法限制人身自由的手段强迫劳动者劳动的，或者用人单位违章指挥、强令冒险作业危及劳动者人身安全的，劳动者可以立即解除劳动合同，不需事先告知用人单位。”

《劳动合同法》确定了劳动者在被动地消灭劳动关系时用人单位需支付经济补偿金的制度，尽管形式上劳动者辞职是主动的，但由于即时解除从实质上看是推定解雇，因此，《劳动合同法》第46条第(1)项将劳动者即时解除规定为用人单位应当支付经济补偿金的情况。

司法实践中经常出现这样一种情形，就是如果劳动者以其他理由辞职，后又以用人单位存在《劳动合同法》第38条情形（如本案用人单位未依法缴纳社会保险）致其被迫辞职，从而索要经济补偿该如何处理。对此，实践中存在两种不同观点：

第一种观点认为，用人单位应当支付经济补偿。因为社会保险是我国一项法定的社会保障制度，具有法定性、强制性（它要求劳动者及其用人单位必须强制参加）、保障性、普遍性的特点。它既是国家对劳动者履行的社会责任，也是劳动者应该享受的基本权利。《劳动合同法》和《社会保险法》相继出台的初衷和目标，就是通过办理社会保险，使人人尽享社保待遇，人人共享社会成果，促进社会稳定。劳动者与用人单位必须参加社会保险，在各自的范围内履行缴费义务，也就是说，用人单位为劳动者缴纳社会保险是其法定的义务。只要用人单位不依法为劳动者缴纳社会保险的客观事实存在，用人单位就应当承担法定责任，劳动者就有权要求用人单位支付经济补偿，而不管劳动者辞职的理由是否是以用人单位存在违法行为为前提。用人单位支付经济补偿是以其存在法定的违法情形为要件，与劳动者的辞职理由没关系。

第二种观点认为，用人单位不应支付经济补偿，因为劳动者违反了诚实信用原则。辞职是劳动者单方免除自己为用人单位提供劳动义务的行为，发生解除劳动合同的效力。无论劳动者的辞职有无理由，以及理由是身体不适还是家中有事，还是《劳动合同法》第38条规定的法定情形，只要是其真实意思表示，均不影响其辞职行为的效力。但辞职理由不同，劳动者获得经济补偿的法律后果不同：劳动者主动辞职无权主张经济补偿，如是被迫辞职，则有权主张经济补偿，这是法律明确规定的。只有劳动者的辞职书上写明其辞职理由是因用人单位违法行为导致其被迫辞职，才符合用人单位应当支付经济补偿的法定条件，如果劳动者以其他理由辞职，则应视为劳动者主动辞职，用人单位无须支付经济补偿。劳动者的辞职理由决定了不同的法律后果，因此，不应认可劳动者擅自变更辞职理由，以获取额外经济补偿的行为。劳动者将辞职理由由“主动”变更为“被迫”来主张经济补偿的，不应支持。

笔者倾向于第二种意见。笔者代理一大型国企的劳动争议案件，劳动者写明因自身家庭原因主动辞职而无法获得经济补偿金，企业主动接受了法院调解。《劳动合同法》规定用人单位之所以要承担经济补偿，是因其不履行法定义务而应承担的法定责任，与劳动者辞职的理由毫不相干。只要用人单位存在《劳动合同法》第38条规定的违法情形之一的客观事实存在，劳动者即享有法定解除权，用人单位就应当向劳动者支付经济补偿。也就是说，用人单位存在违法行为导致劳动者辞职的，必然导致用人单位承担支付经济补偿的法律后果，意即劳动者的辞职理由是必须符合法律规定的用人单位存在违法行为的情形，从而导致其被迫辞职。如果劳动者的辞职理由并未体现出用人单位存在法律规定的违法情形，即使用人单位的该违法情形客观存在，也不必然导致用人单位应当承担支付经济补偿的法定责任。因为劳动立法同时规定，劳动者的辞职理由不同，导致用人单位在支付经济补偿上的法律责任不同。如果劳动者以其他理由主动辞职，则用人单位无须支付经济补偿，只有因用人单位的原因导致劳动者被迫辞职，用人单位才须支付经济补偿。也就是说，劳动者的辞职理由与用人单位是否支付经济补偿的法律责任息息相关。

无论劳动者是主动辞职还是被动辞职，都会发生劳动合同解除的法律后果，但在用人单位是否支付经济补偿的法律责任上，人民法院需要判断劳动者行使的是何种权利，即是主动辞职还是被动辞职。由于辞职主动权掌握在劳动者手中，辞职理由作为劳动者行使解除劳动合同权利的体现，其辞职理由的充分选择权也由劳动者掌握，因此，一旦劳动者确定了辞职理由，即决定了用人单位应当承担的法律责任，也就确定了劳动者能否享受经济补偿的权利。在辞职理由不同，用人单位承担不同法律责任的情况下，如果允许劳动者随意、擅自变更辞职理由，以此额外获取经济补偿，则对用人单位是不公平的，因此不允许劳动者变更对自己有利的辞职理由，以获取经济利益。人民法院在判断劳动者的辞职理由时，应以劳动者最初的真实意思表示作为判断依据，不应以变更后的辞职理由作为依据。

当然，如果劳动者有证据证明其最初的辞职理由存在违背自己真实意思表示的情形，则应当允许其变更辞职理由，以最变更后的理由作为认定用人单位责任的依据。因为，辞职涉及一系列复杂的离职手续的办理，均需用人单位配合才能完成，即使用人单位存在《劳动合同法》第38条规定的导致劳动者被迫辞职的法定事由，劳动者往往因为担心用人单位报复、不配合办理离职手续，或者因恐吓、欺骗，不敢在辞职书上写明具体事由，更不敢写明用人单位存在的不是和违法行为，而只好在辞职书上写一些违心的理由，比如身体不适、家里有事、另寻工作、能力不足等，该种情形表面上看是劳动者自行辞职，实际上仍是用人单位的原因逼迫劳动者辞职，属于劳动者被迫行使法定解除权的情形，用人单位应当支付经济补偿。

司法实践中，已有地方法院对上述问题作出规定，在统一法律适用方面作出了有益的探索。如深圳市中级人民法院《关于审理劳动争议案件相关法律适用问题的座谈纪要》（深中法〔2006〕88 号）第 7 条中就明确作出规定：用人单位实际存在违法情形，理应支付劳动者经济补偿金的，但劳动者系以“待遇低、压力大”“家中有事”“身体不适”等原因为由提出辞职，后又以用人单位存在上列情形迫使其辞职为由而要求用人单位支付经济补偿金，不予支持。2012 年《广东省高级人民法院、广东省劳动人事争议仲裁委员会关于审理劳动人事争议案件若干问题的座谈会纪要》（粤高法〔2012〕284 号）第 28 条规定，劳动者以其他理由提出辞职，后又以用人单位存在《劳动合同法》第 38 条规定情形迫使其辞职为由，请求用人单位支付经济补偿的，不予支持。第 29 条规定，劳动者与用人单位均无法证明劳动者的离职原因，可视为用人单位提出且经双方协商一致解除劳动合同，用人单位应向劳动者支付经济补偿。

笔者认为，对于劳动者辞职理由应当根据是否明确具体来认定。如果辞职理由明确具体，则应当直接按照劳动者的辞职理由决定用人单位是否需要承担支付经济补偿的责任。如果劳动者的辞职理由不明确、不具体，较为笼统，则应结合用人单位是否客观存在《劳动合同法》第 38 条规定情形来决定用人单位是否需要支付经济补偿。必要时，应当在庭审中向劳动者解释说明，要求劳动者明确其辞职理由，以便确定是否符合《劳动合同法》第 38 条规定情形。具体来讲，如果劳动者以“个人原因”“因故”等笼统事由辞职，后又在案件审理中变更辞职理由，主张其系依据《劳动合同法》第 38 条规定情形被迫辞职，而用人单位确实存在上述法定情形，则应支持劳动者的主张。如果劳动者以“个人事业发展”“照顾家人”“上班不方便”等明确具体的理由辞职，后又在案件审理中变更辞职理由，主张其系依据《劳动合同法》第 38 条规定情形被迫辞职，此时无论用人单位客观上是否存在上述法定情形，均不应支持劳动者的主张。这样更有利于保护劳动者的合法权益。

2. 用人单位未依法为劳动者缴纳社会保险费、未及时足额支付加班费的情形下的合同解除及经济补偿问题

劳动合同的解除，是指劳动合同在订立以后，尚未履行完毕或者未全部履行以前，由于合同双方或者单方的法律行为导致双方当事人提前消灭劳动关系的法律行为，可分为协商解除、法定解除和约定解除三种情况。

《劳动合同法》第38条规定的是一种法定的特别解除权，是劳动者无条件单方解除劳动合同的权利。具体来说是指如果出现了法定的事由，劳动者无须向用人单位预告就可通知用人单位解除劳动合同。由于劳动者行使特别解除权往往会给用人单位的正常生产经营带来很大的影响，所以，立法在平衡保护劳动者与企业合法利益基础上对此类情形做了具体的规定，仅限于在用人单位有过错的情况下才允许劳动者行使特别解除权。

而在现实生活中，用人单位未依法为劳动者缴纳社会保险费、未及时足额支付加班费的情况比较普遍，如何应对由于《劳动合同法》第38条第（2）（3）项的规定产生的大量合同解除及经济补偿要求就成为了一个问题。

对于上述问题，司法实践中存在不同观点：

第一种观点认为，为员工缴纳社保、及时足额支付加班费是劳动者的法定义务，用人单位违反该法定义务的，不论基于何种原因，均应按照《劳动合同法》的规定向劳动者支付经济补偿金。

第二种观点认为，对该问题应区别对待，社保问题成因复杂，未能缴纳社保除用人单位的主观原因外，还可能因其他客观原因导致无法缴纳，例如异地接续，对于非因用人单位主观原因导致的社保未缴纳，则不应由用人单位支付经济补偿金；加班费问题同样如此，如果未及时支付加班费是因为双方对加班时间、计算标准存在争议，一时无法达成一致所致，也不应认定为用人单位未及时足额支付加班费。

笔者倾向于第二种观点。

为尽量维护劳动关系的稳定，根据法不溯及既往的原则，应当对劳动者因用人单位未依法缴纳社会保险费、未及时足额支付工资的情况下解除合同并请

求经济补偿的权利进行合理限定。一直以来，由于诸多原因，特别是加班费计算基数很难确定，企业拖欠加班费的现象比较普遍，如果不区分《劳动合同法》实施前后的状况，一概允许劳动者以企业不支付加班费为由解除合同并请求经济补偿金，可能会导致劳动关系极不稳定。而社会保险费的缴纳，特别是养老保险费的缴纳问题欠账较多，且社会保险账户在短时期内尚无法实现自由转移，再加上社会保险费缴费的工资基数是变动且滞后的，如在用人单位未足额缴纳或欠缴社会保险费的情况下，一律认定劳动者享有单方解除劳动合同权，可能引发大量劳资纠纷，不利于劳动关系的稳定与和谐。故可以采取以下措施，以缓解这个问题带来的压力：

（1）劳动者以用人单位在《劳动合同法》实施之前未及时足额支付延长劳动时间的劳动报酬为由，请求解除劳动合同并要求用人单位支付经济补偿金的，除符合《劳动争议解释》第 15 条规定的情形外，不予支持。《劳动合同法》实施后，用人单位未及时足额支付劳动报酬，劳动者请求解除劳动合同并要求用人单位支付经济补偿金的，应予支持。

（2）劳动者以用人单位在《劳动合同法》实施前未按当地规定的险种缴纳社会保险费为由，请求解除劳动合同并要求用人单位支付经济补偿金的，不予支持。《劳动合同法》实施后，用人单位未按当地规定的险种为其建立社会保险关系，劳动者请求解除劳动合同并要求用人单位支付经济补偿金的，应予支持，但经济补偿金支付年限应从 2008 年 1 月 1 日起开始计算。

（3）对“未及时”“未足额”及“未缴纳”情形应适度把握。用人单位依法向劳动者支付劳动报酬和缴纳社会保险，是用人单位的基本义务，但劳动报酬和社会保险的计算标准在实际操作中往往比较复杂。法律规定的目的就是要促使劳动合同当事人双方都诚信履行，无论是用人单位还是劳动者，其行使权利、履行义务都不能违背诚实信用原则。如果用人单位存在有悖诚信的情况，从而拖欠支付或拒绝支付的，才属于立法所要规制的对象。因此，用人单位因主观恶意而“未及时”“未足额”支付劳动报酬或者“未缴纳”社会保险的，可以作为劳动者解除劳动合同的理由。但对确因客观原因导致计算标准不清楚、有争议，导致用人单位未能及时、足额支付劳动报酬或未缴纳社会保险的，不能作为劳动者解除劳动合同的理由。例如，用人单位已为劳动者缴纳社会保险，但期间有中断（即断缴），或缴费基数低于实际工资水平（即欠缴），这属于劳动者可通过行政手段寻求救济途径的情形。此种情形下，劳动者以用人单位未依法缴纳社会保险提出解除劳动关系，并主张解除劳动关系经济补偿金的，法院通常应不予支持。如用人单位在劳动者在职期间非因政策原因从未为劳动者缴纳社会保险或缴纳险种不全，劳动者以用人单位未依法缴纳社会保险提出解除劳动关系，并主张解除劳动关系经济补偿金的，则法院应予以支持。

3. 用人单位单方解除劳动合同问题

用人单位过错性解除劳动合同，又称即时辞退，是指用人单位无须向劳动者预告就可以单方解除劳动合同的行为。用人单位行使这项权利，事前不必得到劳动者的同意，被辞退的劳动者不享有经济补偿金。

《劳动合同法》第 39 条在《劳动法》第 26 条的基础上，将用人单位即时解除劳动合同的条件规定为六种情形，我国实行的是只有符合法定理由才可解雇的制度，在员工有过错的情况下，用人单位须证明劳动者的行为已经符合了六个法定理由之一的，方可行使过错性解除的权利。

用人单位即时解除劳动合同是一种严厉的解雇行为，因此，法律上对用人单位行使即时解除权限定较严。对于该种解除权，《劳动法》作了三个方面的制约，包括劳动行政部门的制约、工会的制约和劳动者本人的制约。《劳动合同法》则进行了较大幅度地调整，加强了相关制约措施。

从解除理由上看，《劳动合同法》将过错性解除的理由主要限定在依据用人单位的规章制度来进行解除，并从三个方面加强了对用人单位规章制度的限制：（1）加大工会在制定规章制度方面的权利，从而使我国企业的规章制度由用人单位与工会共同决定；（2）加大规章制度的行政干预，用人单位制定直接涉及劳动者切身利益的规章制度及其执行的情况成为劳动监察内容；（3）加大劳动者个人权利，《劳动合同法》第 38 条规定，用人单位的规章制度违反法律、法规的规定，损害劳动者权益的，劳动者可以解除劳动合同，用人单位还需支付经济补偿金。

从解除程序上看，过错性解除虽然可以不必提前通知，但作出解除时仍要通知劳动者本人，并办理相应的退工、社会保险转移手续。《劳动合同法》第 43 条规定，用人单位单方解除劳动合同，应当事先将理由通知工会，用人单位违反法律、行政法规规定或者劳动合同约定的，工会有权提出意见要求用人单位纠正，用人单位应当研究工会的意见，并将处理结果书面通知工会。

对于用人单位单方解除劳动合同的尺度应如何掌握，一直以来都是司法实践中的难题，存在不同认识：

第一种观点认为，单方解除权是用人单位用工自主权的表现，法律已经对用人单位的单方解除权作了范围限制，用人单位以法定的六种理由单方解除劳动合同的，应尊重用人单位的用工自主权，尊重用人单位的判断，审查应当适度从宽。

第二种观点认为，用人单位单方解除劳动合同是一种严厉的、带有惩处性质的行为，将使劳动者丧失工作机会，因此司法实践中必须从严掌握，一方面审查实体上是否符合《劳动合同法》第39条；另一方面审查程序上是否符合法律规定。

笔者倾向于第二种观点。

《劳动合同法》在赋予劳动者单方解除权的同时，也赋予用人单位对劳动合同的单方解除权，以保障用人单位的用工自主权，但为了防止用人单位滥用解除权，随意与劳动者解除劳动合同，立法上严格限定企业与劳动者解除劳动合同的条件，以保护劳动者的劳动权，司法实务中同样应当严格掌握，禁止用人单位随意或武断地与劳动者解除劳动合同。《劳动合同法》对用人单位解除劳动合同的条件作出了规定，但这些规定存在较大的弹性，在实践中引发了争议。如《劳动合同法》第39条第（2）项规定，严重违反用人单位的规章制度的，用人单位有权行使解雇权。这里的“严重违反”是一个不确定的概念。而《劳动合同法》第40条第（2）项规定，劳动者不能胜任工作，经过培训或者调整工作岗位，仍不能胜任工作的，用人单位有权行使非过失解雇权。这里的“不能胜任工作”也较难确定。故对于用人单位行使解雇权的审查可以综合考虑以下几个因素：用人单位是否有通过合法程序制定并且向劳动者公示的规章制度；劳动者所犯违纪行为在规章制度中是否有明确规定；规章制度对于劳动者违纪行为的处罚是否合情合理，是否明显失当；劳动者是否屡劝不改；劳动者有无“故意”犯错之意图；劳动者是否给用人单位或他人造成重大损害。

不过，在现实生活中，很多小企业根本没有规章制度，而劳动者又明显存在重大违纪行为，此时如果一律判令用人单位承担败诉后果，与劳动关系的实际运行现状明显存在较大差距。且《劳动合同法》对于个体工商户等个体经济组织一体适用，要求个体工商户也建立完善的规章制度尤其不现实。因此，对这类企业的解雇条件在法律允许的框架内可以适当从宽，这样更具有可操作性。例如，劳动者存在长期旷工失联等情形，严重违反了基本的劳动纪律及守则，并造成恶劣影响，即便用人单位未通过民主程序制定或未公示规章制度，在依法履行告知及送达程序的情形下，亦可以提出与劳动者解除劳动关系，无须支付解除劳动关系补偿或赔偿。

另外，特别值得说明的是，《劳动争议解释（四）》第 12 条规定："建立了工会组织的用人单位解除劳动合同符合劳动合同法第三十九条、第四十条规定，但未按照劳动合同法第四十三条规定事先通知工会，劳动者以用人单位违法解除劳动合同为由请求用人单位支付赔偿金的，人民法院应予支持，但起诉前用人单位已经补正有关程序的除外。"据此，用人单位行事单方解除权时，必须按照法定程序通知工会，否则将视为违法解除。不过，解除之时未通知工会的，可在劳动者起诉之前补正。

4. 离开公益岗位不应享受经济补偿

公益岗位，主要指由政府出资扶持或社会筹集资金开发的符合公共利益的管理和服务类岗位。主要有三大类：（1）社区管理岗位：包括社区劳动保障管理员、交通执勤、城市管理、环境管理、物业管理等。（2）社区服务岗位：包括社区保安、卫生保洁、环境绿化、停车场管理、公用设施维护、报刊亭、电话亭、社区文化、教育体育、保健、托老托幼服务。（3）社区内单位的后勤岗位：包括机关事业单位的门卫、收发、后勤服务等临时用工岗位。

对离开公益岗位是否可请求支付经济补偿金的问题，实践中人们认识并不一致：

第一种观点认为，公益岗位所建立的也是劳动关系，劳动合同解除或终止时，如果符合《劳动合同法》第 46 条的情况，用人单位便应当支付经济补偿金。

第二种观点认为，与一般劳动关系下的工作岗位不同，公益岗位是政府部门出于就业安置的政策性目的所设置的，因此离开公益岗位时不应享受经济补偿。

笔者倾向于第二种观点。

根据《劳动合同法实施条例》第12条的规定，地方各级人民政府及县级以上地方人民政府有关部门为安置就业困难人员提供的给予岗位补贴和社会保险补贴的公益性岗位，其劳动合同不适用劳动合同法有关无固定期限劳动合同的规定以及支付经济补偿的规定，因此，劳动者离开公益岗位后是不能享受经济补偿待遇的。

第五章

社会保险纠纷判解研究

案例：贺某与某材料公司劳动争议纠纷

［基本案情］

贺某是某材料公司的员工。2006 年 5 月 10 日，某材料公司油压车间发生爆炸，造成贺某多处骨折。2006 年 5 月 10 日至 2006 年 10 月 11 日，贺某在萍乡市第二人民医院住院治疗所花费的治疗费用全部由某材料公司付清。2008 年 4 月 22 日，萍乡市第二人民医院骨科出具证明：患者贺某，于 2006 年 5 月 10 日至 2006 年 7 月 10 日在本科住院期间有护理人员二人，2006 年 7 月 11 日至 2006 年 10 月 11 日在本科住院期间有护理人员一名，并指明护理人员为贺某妻子樊某及其儿子贺某某。2006 年 5 月 15 日，某材料公司对贺某要求进行丧失劳动能力程度鉴定，签署“同意按程序申报”的意见。2007 年 7 月 2 日，贺某由萍乡市第二人民医院骨科出具病伤情况及诊断意见。之后，某材料公司收到萍乡市劳动鉴定委员会 2007 年 9 月 15 日做出的《丧失劳动能力程度鉴定书》，劳动鉴定委员会意见栏内有“同意鉴定为因工伤残七级”字样，但未加盖单位公章，在劳动鉴定专家技术诊断意见栏内有一名医师签名，并诊断为“伤残 7 级”。2007 年 11 月 28 日，贺某向劳动争议仲裁委员会申请劳动仲裁。

仲裁期间，某材料公司提出对贺某提供的《丧失劳动能力鉴定书》有异议，理由是鉴定书上只有一个医生签名，并没有加盖公章，无法确认这份鉴定书的真实性和合法性。

2008 年 3 月 19 日，劳动争议仲裁委员会裁决由某材料公司一次性赔偿贺某伤残补助金、就业补助金、医疗补助金等共计人民币 71626.80 元。

某材料公司认为，依据《工伤保险条例》的规定，对于因工伤不能胜任原岗位工作的职工，用人单位可安排其他适合岗位工作，而劳动争议仲裁委员会直接裁决某材料公司向贺某支付一次性伤残就业补助金 29400 元，不符合该规定。该裁决书认定事实不清，证据不足，在程序和适用法律方面都存在瑕疵，遂向一审法院提起诉讼，请求法院依法撤销劳动争议仲裁委员会的裁决，判决某材料公司不承担仲裁裁决确定的赔偿责任。

一审法院审理期间，某材料公司于 2008 年 4 月 28 日书面申请要求对贺某伤残程度作重新鉴定。一审法院于 2008 年 5 月 22 日按程序组织当事人双方，并按双方一致同意，选定江西省萍乡司法鉴定中心为鉴定机构。2008 年 5 月 26 日该机构作出“被鉴定者贺某，伤残程度九级”的结论。2006 年 1 月至 12 月，贺某在某材料公司的平均工资经法院庭审后复查工资底册原件认定为 1441 元。2008 年 6 月 13 日某材料公司正式收到原由萍乡市劳动保障局做出的《丧失劳动能力程度鉴定书》的邮件，已在原鉴定范本基础上加盖公章。贺某在事故发生后，已向某材料公司借款 16400 元。

一审法院审理后，判决某材料公司支付贺某一次性伤残补助金、一次性治疗补助金、一次性就业补助金、停工留薪期间工资、住院期间伙食补助费、护理费共计人民币 72230.6 元。除去已支付的 16400 元，尚应支付 55830.6 元，限判决生效后 7 日内付清。

某材料公司不服，提出上诉。

二审法院经审理，判决驳回上诉，维持原判。

［判解研究］

本案是一起因工伤待遇问题引起的劳动争议纠纷，其主要焦点是劳动能力鉴定结论的认定问题。

本案中，萍乡市劳动能力鉴定委员会于 2007 年 9 月 15 日做出了贺某因工伤残七级的鉴定，虽然某材料公司当时收到的鉴定书未加盖鉴定单位的公章，且只有一个医师签名，但贺某向劳动争议仲裁委员会提出的鉴定书已加盖公章，该劳动能力鉴定委员会的鉴定结论证据得到补强，这份鉴定书的真实性和合法性应予认定，劳动争议仲裁委员会以此鉴定作为依据合法有效。某材料公司与贺某之间的纠纷系因工致残的工伤职工享受工伤待遇而引发的劳动争议纠纷，有权进行丧失劳动能力鉴定的法定机构是劳动能力鉴定委员会。某材料公司已经知道萍乡市劳动能力鉴定委员会对贺某做出了“因工伤残七级”的鉴定结论，但是并未对该鉴定结论提出异议，更没有在法定期间内向上级劳动能力鉴定委员会申请重新鉴定，萍乡市劳动鉴定委员会的鉴定即具有法定效力。一审中，某材料公司在事后书面申请要求对贺某伤残程度进行重新鉴定，一审法院亦按程序由双方当事人选定萍乡司法鉴定中心为鉴定机构，该机构做出“被鉴定者贺某，伤残程度为九级”的结论，但根据《工伤保险条例》第26条，申请鉴定的单位或者个人对设区的市级劳动能力鉴定委员会做出的鉴定结论不服的，可以在收到该鉴定结论之日起15日内向省级劳动能力鉴定委员会提出再次鉴定申请，省级劳动能力鉴定委员会做出的劳动能力鉴定结论为最终结论，某材料公司未在收到鉴定结论之日起15日内向省级劳动能力鉴定委员会提出再次鉴定申请，因此，萍乡市劳动能力鉴定委员会对贺某做出的“因工伤残七级”的鉴定结论依法应予采信。对于双方当事人选定萍乡司法鉴定中心重新作出了“贺某伤残程度为九级”的鉴定，根据法律法规的规定，对工伤伤残程度的最终结论只有省级劳动能力鉴定委员会才有权作出，因此，该鉴定结论应当不予采信，用人单位应支付一次性工伤医疗补助金和伤残就业补助金。所以，某材料公司提出不愿支付补助金而宁愿安排贺某工作岗位的要求不能得到法院支持。

［实务分析］

1. 离退休人员在现工作单位工作时间内受伤的，应适用《工伤保险条例》

1997年原劳动部办公厅《对〈关于实行劳动合同制度若干问题的请示〉的复函》（劳办发〔1997〕88号）第2条规定，对被再次聘用的已享受养老保险待遇的离退休人员，其聘用协议可以明确工作内容、报酬、医疗、劳动保护待遇等权利、义务。其协议解除应当按照双方约定办理，未约定的，应当协商解决，不能依据《劳动法》第28条执行，即不能享受经济补偿金待遇。《劳动合同法》第44系规定，劳动者开始依法享受基本养老保险待遇的，劳动合同终止。《劳动合同法实施条例》第21条规定，劳动者达到法定退休年龄的，劳动合同终止。按照原劳动部规定及《劳动合同法》的规定，其前提是劳动者开始享受养老保险待遇，其与单位的劳动关系视为终止，返聘或到其他单位继续工作，工作内容、报酬、医疗待遇等相关权利义务双方可平等协商，按劳务关系处理。《劳动争议解释（三）》第7条亦规定：“用人单位与其招用的已经依法享受养老保险待遇或领取退休金的人员发生用工争议，向人民法院提起诉讼的，人民法院应当按劳务关系处理。”至此，对于离退休人员到新工作单位工作的，与新工作单位形成劳务关系。

对于离退休人员在新工作单位工作时间内受伤的是否适用《工伤保险条例》，实践中存在争议：

第一种观点认为，既然离退休人员与新用人单位之间形成劳务关系，则离退休人员在工作中受伤就不应适用《工伤保险条例》，而是应按照人身损害赔偿寻求救济途径，否则就与司法解释矛盾。

第二种观点认为，离退休人员在新单位工作中受伤，应当认定为工伤，适用《工伤保险条例》。因为工伤待遇虽然也按劳动争议程序处理，但其不是以存在劳动关系为前提。新的用人单位仍然要为离退休人员缴纳工伤保险，发生工伤时，仍然应享受工伤保险待遇。

笔者倾向于第二种观点。

2007年7月5日，最高人民法院行政审判庭针对重庆市高级人民法院的请示，作出［2007］行他字第6号《关于离退休人员与现工作单位之间是否构成劳动关系以及工作时间内受伤是否适用〈工伤保险条例〉问题的答复》，认为根据《工伤保险条例》第2条、第61条等有关规定，离退休人员受聘于现工作单位，现工作单位已经为其缴纳了工伤保险费，其在受聘期间因工作受到事故伤害的，应当适用《工伤保险条例》的有关规定处理。2011年6月29日发布的人力资源和社会保障部《实施〈中华人民共和国社会保险法〉若干规定》第9条规定，职工（包括非全日制从业人员）在两个或者两个以上用人单位同时就业的，各用人单位应当分别为职工缴纳工伤保险费。职工发生工伤，由职工受到伤害时工作的单位依法承担工伤保险责任。根据上述规定，离退休人员在新单位工作时受伤适用《工伤保险条例》。虽然《劳动争议解释（三）》将离退休人员与新用人单位之间的关系定性为劳务关系，但并未就工伤问题作出规定，并不影响离退休人员在新单位工作时受伤适用《工伤保险条例》，享受工伤保险待遇。此外，根据2014年最高人民法院颁布实施的《关于审理工伤保险行政案件若干问题的规定》第4条第（1）项“职工在和工作场所内受到伤害，用人单位或者社会保险行政部门没有证据证明是非工作原因导致的”，社会保险行政部门认定为工伤的，人民法院应予支持的规定，也支持了上述观点。依据该条规定，职工与两个以上单位存在劳动关系的，应当以发生工伤事故时，职工实际为之工作的单位为承担工伤保险责任的用人单位。此种情况下，如果难以区分多个劳动关系主次，工伤认定应当以“谁受益、谁负责”的原则界定责任主体。

另外，最高人民法院还针对超过法定退休年龄的务工农民因工伤亡作出了《关于超过法定退休年龄的进城务工农民因工伤亡的，应否适用〈工伤保险条例〉请示的答复》（［2010］行他字第10号），明确：“用人单位聘用的超过法定退休年龄的务工农民，在工作时间内、因工作原因伤亡的，应当适用《工伤保险条例》的有关规定进行工伤认定。”并在2012年对江苏省高级人民法院的《关于超过法定退休年龄的进城务工农民在工作时间内因公伤亡的，能否认定工伤的答复》（［2012］行他字第13号）中再次申明了上述观点。

2. 用人单位以商业保险免除其承担的工伤保险的补充赔偿责任问题

用人单位在为劳动者投保工伤保险的同时，为减轻其赔偿责任，有的用人单位还为其应承担的工伤保险补充赔偿责任投保商业保险。由此带来的一个问题是，在商业保险机构已理赔的情况下，用人单位是否还应承担工伤保险补充赔偿责任？

对上述问题，实践中人们意见存在分歧：

第一种观点认为，用人单位为劳动者投保了商业保险之后，便不应再就工伤保险承担补充赔偿责任，否则用人单位没有动力投保。

第二种观点认为，用人单位为劳动者投保了商业保险之后是否应再就工伤保险承担补充赔偿责任，不能一概而论，要区分情况区别对待。如果用人单位投保的是人身保险，保险受益人是劳动者，用人单位不能免除责任；如果投保的是责任保险，那么用人单位可以免除责任。

笔者倾向于第二种观点。

用人单位为劳动者所购买的商业补充工伤保险的保险项目为工伤保险的一次性伤残就业补助金，目的是转移其依据《工伤保险条例》应支付一次性伤残就业补助金的责任，但根据我国《保险法》的规定，如果用人单位为劳动者购买的商业补充工伤保险受益人是被保险人劳动者，则应当认定属于人身保险范畴，而如果用人单位就此免除了支付一次性伤残就业补助金的义务，其变相地成为该保险的受益人，这与商业补充工伤保险合同的约定不相符合，且该险种与社会工伤保险具有不同的性质，两者在法律关系、支付条件、支付主体、适用法律等方面均存在不同。因此，在此种情况下，用人单位不能以保险公司已支付商业补充工伤保险理赔款为由免除其应支付的一次性伤残就业补助金的义务。因为用人单位投保的不是责任险，其保险合同约定的受益人是劳动者，而不是用人单位，故应认为其投保的是人身险，而对于人身险，不论投保多少份，劳动者都可以兼得。同理，如果用人单位为劳动者购买人身意外伤害保险，也不能免除用人单位的工伤保险补充赔偿责任。因为人身意外伤害保险同样不属于责任险，劳动者可以兼得，也应看作用人单位提供的一项福利。

用人单位要想免除其责任，应投保雇主责任险，受益人应为用人单位。如果用人单位投保商业人身保险，不能免除其应承担的责任。

3. 工伤赔偿请求权与民事侵权请求权重叠时的赔偿问题

工伤赔偿请求权与民事侵权请求权在实践中时常发生重叠，在处理这类案件中，会遇到法律规定不明确、不具体的问题。如 1996 年原劳动部颁布的《企业职工工伤保险试行办法》（已废止）第 28 条规定，由于交通事故引起的工伤，应当首先按照《道路交通事故处理办法》及有关规定处理。交通事故赔偿已给付了医疗费丧葬费、护理费、残疾用具费、误工工资的，企业或者工伤保险经办机构不再支付相应待遇（交通事故赔偿的误工工资相当于工伤津贴）。企业或者工伤保险经办机构先期垫付有关费用的，职工或其亲属获得交通事故赔偿后应当予以偿还。但交通事故赔偿给付的死亡补偿费或者残疾生活补助费，已由伤亡职工或亲属领取的工伤保险的一次性工亡补助金或者残疾生活补助费低于工伤保险的一次性工亡补助金或者一次性伤残补助金的，由企业或者工伤保险经办机构补足差额部分。这实际上主张因第三人侵权引起的工伤不能获得双重赔偿。但 2010 年修订后的《工伤保险条例》没有规定上述条款。最高人民法院于 2006 年 12 月 28 日做出的《关于因第三人造成工伤的职工或其亲属在获得民事赔偿后是否还可以获得工伤保险补偿问题的答复》则对此规定，根据《安全生产法》第 48 条以及最高人民法院《关于审理人身损害赔偿案件适用法律若干问题的解释》第 12 条的规定，因第三人造成工伤的职工或其近亲属，从第三人处获得民事赔偿后，可以按照《工伤保险条例》第 37 条的规定，向工伤保险机构申请工伤保险待遇补偿。2014 年，最高人民法院出台了《关于审理工伤保险行政案件若干问题的规定》，其中第 2 条明确“人民法院受理工伤认定行政案件后，发现原告或者第三人在提起行政诉讼前已经就是否存在劳动关系申请劳动仲裁或者提起民事诉讼的，应当中止行政案件的审理”，对此类案件的程序处理作出了规定。

当工伤事故与第三人侵权责任发生竞合时，对直接费用（医疗费、护理费、残疾用具费、住院伙食补助费）能否重复赔偿，法律、法规及政策都无明确规定，容易产生分歧。

第一种观点认为，劳动者可享受双重赔偿。

第二种观点则认为，“部分兼得，部分补充”即因第三人侵权而发生的工伤，第三人已给付受害人医疗费、护理费、残疾用具费、误工工资、丧葬费等实际发生的费用的，用人单位不再支付相应待遇；第三人已给付死亡补偿费或者残疾生活补助费的，用人单位不再给付工伤保险的一次性工亡补助金或者一次性伤残补偿金。如：第三人就上述费用的赔偿低于工伤保险待遇标准的，应由用人单位补足差额部分。因第三人逃逸、下落不明等原因，受害人不能获得赔偿的，经有权机关证明，用人单位应按照《工伤保险条例》等相关规定给予受害人工伤保险待遇。江苏省高院《劳动争议案件审理指南》持此观点。

由于民法和劳动法各自从人身损害和社会保险的角度对工伤事故加以规范，从而使工伤事故具有民事侵权赔偿和社会保险赔偿双重性质，基于此，工伤的劳动者就存在两个请求权，一个是基于工伤保险关系而享有的工伤保险待遇请求权；另一个是基于人身损害而享有的民事侵权损害赔偿请求权。世界各国在工伤保险赔偿制度方面形成了不同的救济模式。一是取代救济模式。即工伤保险取代民事侵权损害赔偿，遭受工伤事故的职工只能请求工伤保险待遇，而不能依侵权法请求赔偿，这一模式以德国为典型。二是选择救济模式。即受害职工可以从工伤保险赔偿与民事损害赔偿给付之间任选其一，要么选择工伤保险赔偿，要么选择民事赔偿。这种模式由于其本身的不合理性，逐渐被废止。三是双重救济模式。即受害职工可以同时请求工伤保险赔偿与民事侵权赔偿，从而获得“双重赔偿”，这一模式在英国尤为典型。四是补充救济模式。即受害人对于工伤保险赔偿与民事侵权赔偿可以同时请求，但不得超过其所受损失的总额。采用这一模式的主要有日本、智利以及北欧各国。补充救济模式既分散了用人单位风险，减轻了用人单位的负担，避免了受害人获得双份利益，同时又保证了受害人获得完全赔偿，从而得到了较多的运用。

笔者认为，在工伤保险待遇与侵权赔偿责任相竞合时，应当分情况探讨：

（1）职工在执行任务时因第三人原因受伤，一方面可依侵权行为法向加害人请求损害赔偿，另一方面可依工伤保险的规定请求保险给付。因为工伤保险给付是单位和职工缴纳工伤保险后，作为单位职工应该享有的福利和保险赔付，实行无过错责任原则，只要发生工伤，单位和职工履行了缴纳费用的义务，就应享有待遇。而向第三人请求损害赔偿，是基于第三人的侵权行为而发生的，其适用过错责任原则，实行过错相抵。两者请求权基础不同，归责原则和权利保护范围不一样。因此，即使受损害者获得双份赔偿，也并未损害赔偿者的权益。故而在处理此类问题时不能简单采取工伤保险赔偿和民事赔偿互相排斥的做法。

（2）非因第三人原因造成的工伤，如果用人单位出于故意或者重大过失，明显违反安全生产管理法规，对劳动者人身安全和健康置若罔闻，给劳动者造成的损害明显无法通过工伤保险赔偿获得较为充分的救济的，可以根据案件具体情况判决用人单位承担相应的民事赔偿责任。但该民事补充责任应严格掌握，且必须符合以上限制条件才能适用。

（3）非法用工造成的工伤。此种情形，为及时保护受害人的人身权利，应以工伤对待，以工伤保险待遇予以救济。在非法用工所形成的劳动关系中，虽因违法而无效，但按照《劳动合同法》第28条“劳动合同被确认无效，劳动者已付出劳动的，用人单位应当向劳动者支付劳动报酬”和第86条“劳动合同依照本法第二十六条规定被确认无效，给对方造成损害的，有过错的一方应当承担赔偿责任”之规定，从保护劳动者的利益出发，在劳动合同被认定无效的情况下，无论劳动者对劳动合同的无效是否有过错，对劳动者付出的劳动，均应由用人单位按照订立劳动合同时所约定的劳动报酬或参照本单位同期、同工种、同岗位的工资支付劳动报酬，造成损害的，还应给予赔偿。因此，非法用工造成工伤，有工伤保险的，应由保险机构给予工伤保险赔付；没有缴纳工伤保险的，由单位按照工伤保险待遇赔付。

（4）在适用工伤保险赔偿的场合，亦不能完全排除普通人身损害赔偿的适用。首先，工伤保险待遇的赔偿必须以认定工伤为前提，但在现实生活中，劳动者往往由于各种原因而丧失认定工伤的机会，如超过了1年的工伤认定申请时效，这时，如果仅以没有工伤认定为由对劳动者不给予任何补偿，明显有违社会正义，不利于对工伤职工的保护。因此，对于劳动者超过了工伤认定时效没有认定工伤，但确属工作期间受到伤害的，可以判令用人单位按照人身损害赔偿的标准给予赔偿。其次，工伤保险与民事赔偿在对受害人的遗属的补偿标准上也存在差异。通常情况下，民事赔偿的补偿标准高于工伤待遇（详见下表5－1）。在这种情况下，也不应完全排斥普通民事赔偿，否则会对受害人及其遗属有所不公。

表5－1　工伤保险待遇人身损害赔偿对照表

工伤保险待遇	人身损害赔偿
丧葬补助金：6个月的统筹地区上年度职工月平均工资	丧葬费：按照受诉法院所在地上一年度职工月平均工资标准，以6个月总额计算
供养亲属抚恤金：按照职工本人工资的一定比例发给由因工死亡职工生前提供主要生活来源、无劳动能力的亲属。标准为：配偶每月40%，其他亲属每人每月30%，孤寡老人或者孤儿每人每月在上述标准的基础上增加10%。核定的各供养亲属的抚恤金之和不应高于因工死亡职工生前的工资	被抚养人生活费：根据被抚养人丧失劳动能力程度，按照受诉法院所在地上一年度城镇居民人均消费支出和农村居民人均年生活消费支出标准计算。被抚养人为未成年人的，计算至18周岁；被抚养人无劳动能力又无其他生活来源的，计算20年。但60周岁以上的，年龄每增加1岁减少1年；75周岁以上的，按每增加1岁递减5年计算
一次性工亡补助金：标准为上一年全国城镇居民人均可支配收入的20倍	死亡赔偿金：按照受诉法院所在地上一年度城镇居民人均纯收入标准，按20年计算。但60周岁以上的，年龄每增加1岁减少1年；75周岁以上的，按每增加1岁递减5年计算。 精神损害抚慰金：根据侵权人的过错程度、侵权行为所造成的后果、侵害的手段场合等因素确定

在程序上，《关于审理工伤保险行政案件若干问题的规定》第2条对人民法

院在受理工伤认定行政案件后，发现职工或者用人单位对是否存在劳动关系发生争议的案件作出了规定，并根据不同情况区别处理：第一种情况是，职工和用人单位对是否存在劳动关系发生争议，提起行政诉讼前，已经申请劳动仲裁或者提起民事诉讼的，人民法院应当中止正在审理的工伤认定行政案件；第二种情况是，职工和用人单位对是否存在劳动关系发生争议，没有申请劳动仲裁或者提起民事诉讼的，人民法院可以在审理工伤认定行政案件时一并对是否存在劳动关系进行审查。这样的程序设计的合理性在于，与《民事诉讼法》《劳动争议调解仲裁法》的精神一致的前提下，既考虑到了劳动行政部门在工伤认定程序中，具有认定受到伤害的职工与企业之间是否存在劳动关系的职权；又兼顾了效率和便民的原则。

4. 工伤认定范围问题

（1）如何理解工伤认定中的“工作时间”？

认定职工工伤的“工作时间”是指法律规定的时间、劳动合同约定的工作时间、用人单位规定的工作时间、加班加点的工作时间以及完成用人单位临时指派工作的时间以及备班期间。

（2）如何理解工伤认定中的“工作场所”？

认定职工工伤的“工作场所”是指用人单位能够对其日常生产经营活动进行有效管理的区域和职工为完成其特定工作所涉及的相关区域以及自然延伸的合理区域，包括为方便职工工作和生产、解决职工必要的生理需要而设置的相关区域和场所（如休息室、更衣室、饮水室、消毒间、除尘室、食堂、浴室等）。

（3）如何理解工伤认定中的“工作原因”？

根据《工伤保险条例》第 14 条第 12 页的规定，工伤认定与国际上的“三工”原则相一致。工作原因包括直接工作原因与间接工作原因。

作为判定工伤的间接工作原因之一的生理需求需要多次在司法判例中得到确认（参见最高人民法院公报［2004］第 9 期相关案例）。2016 年《江苏省人力资源和社会保障厅关于实施〈工伤保险条例〉若干问题的处理意见》（苏人社规［2006］3 号）第6 条规定：“《条例》第 14 条规定的‘因工作原因受到事故伤害’，既包括职工在工作时间和工作场所内因从事生产经营活动直接遭受的事故伤害，也包括在工作过程中职工临时解决合理必要的生理需求时由于不安全因素遭受的意外伤害。”体现了对劳动者权益的尊重和保护。

另外，应结合最高人民法院《关于审理工伤保险行政案件若干问题的规定》理解适用认定工伤类别。

参考文献

1. 贾俊玲主编，《劳动法学》，北京大学出版社，2012 年

2. 蒋月著，《社会保障法概论》法律出版社，1999 年

3. 程琥著，《工伤保险前沿问题审判实务》中国法制出版社，2014 年

4. 王林清著，《劳动纠纷裁判思路与规范解释》（第三版），法律出版社，2016 年

5. 王勤伟著，《劳动争议实务操作与案例精解》，中国法制出版社，2015 年

6. 李盛荣，马千里著，《劳动争议案件司法观点集成》，法律出版社，2017 年

7. 董保华主编，《名案背后的劳动法思考》，法律出版社，2012 年

8. 法制出版社法规中心编，《劳动合同法律全书——订立、履行、解除、赔偿》（实用版），法律出版社，2013 年

9. 王旭光主编，《劳动争议纠纷诉讼指引与实务解答》（第二版），法律出版社，2017 年

后 记

习近平总书记在庆祝“五一”国际劳动节（2015 年）大会上指出“我们一定要适应改革开放和发展社会主义市场经济的新形势，从政治、经济、社会、文化、法律、行政等各方面采取有力措施，促进社会公平正义，实现好、维护好、发展好最广大人民根本利益，特别是要实现好、维护好、发展好广大普通劳动者根本利益”。总书记的讲话是我们维护劳动者权益、构建和谐劳动关系的指针。劳动关系是人们在从事劳动过程中发生的社会关系，具体表现为劳动者与用人单位，包括企业、国家机关、社会团体、个体经济组织等之间发生的关系。和谐劳动关系的建立，必须依靠法治。

我国历来重视劳动法制建设，《劳动法》《劳动合同法》《劳动合同法实施条例》《劳动争议调解仲裁法》《社会保险法》《工伤保险条例》等颁布实施，将劳动者权益的保护纳入法制轨道。“徒法不足以自行”，抽象的法律条文给法律的正确适用带来了一定难度，因此，如何让用人单位和劳动者正确理解、全面把握劳动法律法规的内涵，准确适用法律，维护劳动者合法权益，是法律工作者的一项社会义务，也是本书的写作宗旨。著作者为扬州市工会“义工教授志愿者服务队”成员，作为教师兼律师“双师型”法学研究人员注重理论与实际相结合，常年走进机关、学校、企业、社区等单位进行劳动法制的宣讲辅导，为职工普法作出了突出贡献。扬州市工会“义工教授志愿者服务队”获中宣部、中央文明办、全国总工会等十一个部委联合表彰，为学雷锋志愿服务“最佳志愿服务组织”。为劳动者权益写成此书也是我们“义工教授志愿者服务队”的共同心愿。

习近平总书记在视察中国政法大学讲话时（2017 年 5 月 3 日）指出的“法学学科是实践性很强的学科，法学教育要处理好知识教学和实践教学的关系。……法学专业教师要坚定理想信念，带头实践社会主义核心价值观，在做好理论研究和教学的同时，深入了解法律实际工作，促进理论和实践相结合，多用正能量鼓舞和激励学生”。本书作者响应总书记号召坚持理论和实践相结合，写作本书正是积极的底线。个人认为该书有以下几个特点：一是注重理论、突出实务，理论介绍针对实践中的焦点问题展开，典型案例分析紧扣疑难问题有实务指导性。二是法律法规引用新且解释分析详尽，文风朴实。三是研究方法上采用了案例分析法，有助于读者以案学法。该书从劳动者主体地位、劳动者权利义务、劳动合同纠纷、特殊用工关系纠纷、保密义务与竞业限制纠纷、社会保险纠纷等方面对劳动者权益维护的法制问题作了分析引导。

笔者长期在高校从事经济法教学，兼职从事律师、仲裁员工作，对劳动与社会保障法制理论与实务一直关注，参加扬州市总工会“义工教授志愿者服务队”后更是经常地进行劳动法普法工作，本书正是在工作之余对劳动法理论与实务的思考和总结。本书中篇收录了“义工教授”的专题讲座，孟昕写作中篇第二章，夏圣坤写作中篇第三章，其余由我完成。笔者相信本书对广大劳动者维护权益具有帮助作用，理论工作者也可以借鉴本书的实务和案例作为参考。

本书获得扬州大学出版基金资助，得到了扬州市教科文卫产业工会钱永羊主任及扬州市总工会“义工教授进企业”项目负责人夏圣坤、李响等领导的指导帮助，同时也得到了作者所在单位——扬州大学法学院孙鹏书记、王承堂院长等领导的大力支持。著名书法家篆刻家张汉怡先生欣然为本书题写书名，在此一并致以诚挚的谢意！本书写作过程中，参考了众多学者及律界同仁提供的案例及资料，特此致谢！感谢长期以来在我的教师生涯、律师生涯中教育、指导、帮助过我的老师、同事、同学、朋友，正是有了他们的帮助，我才能不断进步！

笔者水平有限，书中错失之处恳请读者朋友批评指正。

孟咸美

写于雅居乐花园

2017 年 10 月

附　录

本书著作团队所获相关证书复印件

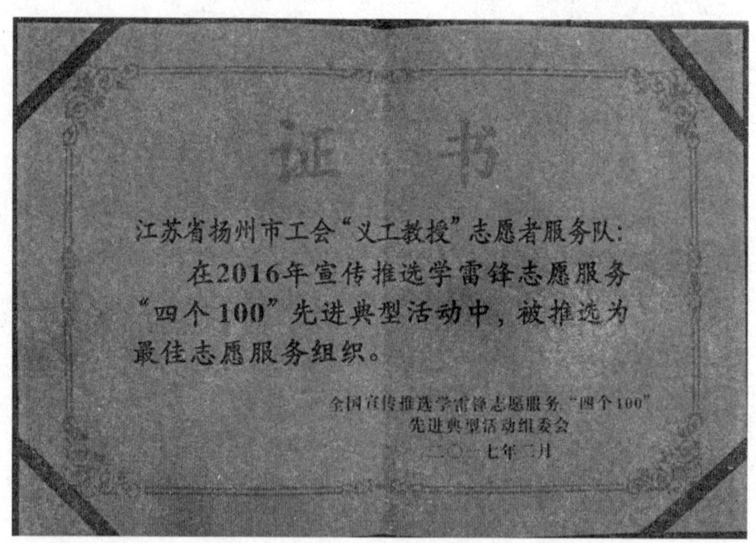

证　书

江苏省扬州市工会“义工教授”志愿者服务队：

在2016年宣传推选学雷锋志愿服务“四个100”先进典型活动中，被推选为最佳志愿服务组织。

全国宣传推选学雷锋志愿服务“四个100”
先进典型活动组委会
二〇一七年二月

最佳志愿服务组织

全国宣传推选学雷锋志愿服务“四个100”先进典型活动组委会
二〇一七年二月